JN180499

バウムテストを読み解く

発達的側面を中心に

中島ナオミ 著

誠信書房

目　次

*

資料

*

図表目次

第1章　はじめに

バウムテストとは，スイスの心理学者であり職業コンサルタントでもあるカール・コッホ（Karl Koch）によって体系化された「実のなる木」を課題とする投映描画法である。現状では，教示や用具に違いがあっても，木を課題とする樹木画法であればバウムテストと呼ばれることもあるが，本書ではコッホのバウムテストに限定する。

さて，木の絵からそれを描いた人のパーソナリティを理解する方法は，同じくスイスの職業コンサルタントのエーミール・ユッカー（Emil Jucker）によって1928年頃から使用されていた。それを1949年にドイツ語の著書（初版とする）にまとめたのがコッホである。

初版に続いて，1952年には初版のほぼ英訳版（英語版とする），1954年には大幅に改訂された第2版，1957年には第3版が出版され，1958年に52歳の若さでコッホは亡くなった。

バウムテストは1961年にわが国に導入され，1970年には英語版（87ページ）の全訳に国吉による「補遺：日本におけるバウム・テスト」を加えた『バウム・テスト――樹木画による人格診断法』（以下，『バウム・テスト』）が公刊された。以来，この『バウム・テスト』はバウムテストの教科書的な存在としてわが国に広まり，筆者の今日に至るまでの長いバウムテストとの関わりもこの『バウム・テスト』から始まった。

ここで，筆者がバウムテストに強い関心を抱くようになった経緯を述べよう。子どもの精神保健に関する研究と臨床を業務とする機関に従事していたその当時の対象は，発達障がいのある子どもや大人，さまざまな症状を示す適応障がいの子どもたちが中心だった。

この子どもたちの中に，発達年齢（精神年齢）が同程度であっても，伸び伸びと振る舞い，持てる能力を十分に発揮している子，逆に，自信がなく萎縮し，本来の能力さえも発揮できない子がいたことから，このような行動特徴も把握できる心理アセスメントの必要性を感じた。つまり，今後の対応方針を立てるには知能の発達水準の査定だけでは不十分で，知的な側面といわゆる性格をも併せたパーソナリティの全体像を把握しなければならないと痛感した。

その際，保護者に実施した質問紙法によって子どもの状態を間接的に把握するのではなく，直接的に，すなわち投映法によって把握するのが最善と考え，言語能力の発達途上にあり，注意の持続時間が短い幼児にも適用できる心理アセスメント法として描画法を利用することにした。子どもにとって親しみやすい人物画法をテスト・バッテリーに組み入れたが，まだこの時点ではバウムテストに対しては特別な関心はなく，ときどき利用する程度だった。

ところが，1980年に，描いた人のパーソナリティが如実に映し出されているバウム[1)]（以下，バウムテストの教示によって描かれた木の絵をバウムと呼ぶ）を2例続けて経験したことから，筆者のバウムテストへの関心が一気に増し，今に続くバウムテストとの深い関わりが始まった。

図1は，小児分裂病（当時の診断名）と診断された中学1年の男子生徒が，ときどき涙ぐんだかと思うとニヤッと笑いながら描いたバウムである。奇妙な言動があるので精神病ではないか，と家族が思ったというこの男子生徒の特徴が，まさに一目瞭然の形でバウムに表れていた。

図2は，「大学はちゃんと卒業できるのに，筆記試験に合格しても面接試験は落ちてばかりで，就職が決まらない」という親の訴えで受診された大学4年の男性[2)]のバウムである。この男性は，8歳時にアスペルガータイプの自閉症と診断されていた。男性から直接感じる，決して不真面目ではないが融通の利きにくそうな真面目さが，丁寧に描かれてはいるが子どもっぽい几帳面さを感じさせるバウムに表れていた。知能水準に比べて社会性の発達が遅れている，というこの男性の特徴が如実に映し出されていた。

1） Baumzeichnungは，樹木画と訳す方が日本語として馴染みやすいが，バウムテストの教示によって描かれた木の絵という意味でこれまでは「バウム画」としてきた。しかし，口頭ではバウムと呼ばれることが多いので，「バウム」とする。また，Zeichnungは線で描かれた絵，つまり描画（線画）であることも意味する。

2） WAIS（当時）で測定したIQは85（V-IQ：97　P-IQ：72）。描画後，自発的に「りんごの木」と書き，すぐに「さくらん坊の木」と書きなおした。

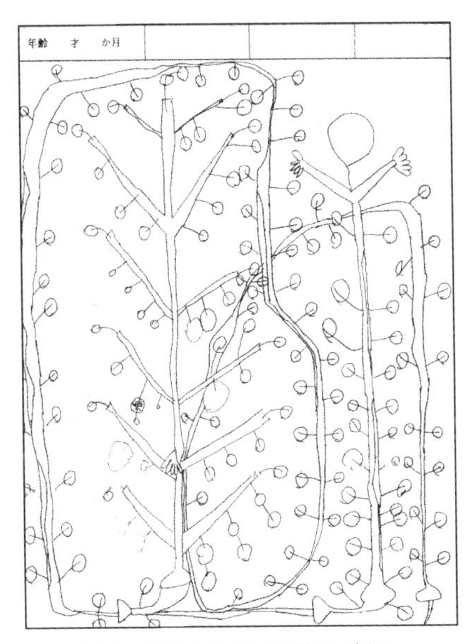

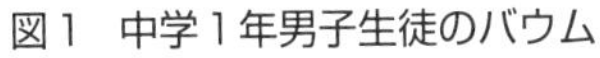
図1　中学1年男子生徒のバウム

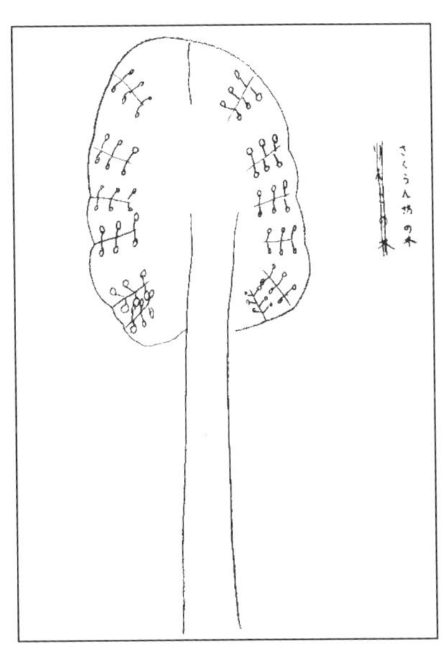
図2　大学4年男性のバウム

この2事例に出会ったことから，バウムテストをきっちりと学びたい，バウムテストを心理臨床に活かしたいと思い，以後，テスト・バッテリーに必ずバウムテストを入れることにした。その結果，バウムテストは筆者の心理臨床における重要なツールとなり，今日に至っている。

今やバウムテストは，紙と鉛筆さえあれば幼児から高齢者までに適用できる心理アセスメント法として広まり，心理臨床領域のみならず教育・産業・司法などの多くの専門職に利用されている。その理由は，言うまでもなく実施法が簡単な割に得られる情報が多く，対応方針を立てるのに有効だと利用者に実感されているからであろう。

ところで，わが国におけるバウムテスト発展の過程には，わが国だけに生じた特異な問題点がある。それは，コッホの原著に対する誤解であり，英語版出版後に初版が大幅に改訂されたという事実が確認されないで『バウム・テスト』が出版されたことであろう。同書の補遺には，バウムテストの原著として1949年を発行年とするドイツ語の原著の書誌情報が紹介（同書 p. 112）されているが，それは発行年だけを1949年に書き換えた第3版の書誌情報である。

さらに，『バウム・テスト』の原本となった英語版は，実際には初版のほぼ英訳本であるにもかかわらず，訳者らのいう1949年発行のドイツ語原著（実際には第3版を指す）から「理論的・研究的な部分は大幅に削られ」た「簡便なマニュアル形式」の出版物（林，1978）であると誤解されていた。

その結果，本来ならバウムテストの教科書として位置付けられるはずの第3版は，英語版の内容を補うための補助的な存在として扱われた。例えば，「Kochの示す判断の各項目を確実かつ忠実にチェックできるようにするとともに，その判断基準を明確化し…（中略）…解釈の前提条件となる共通の項目をチェックできるようにする」（一谷・津田，1982）ために作成された『バウム・テスト整理表とその手引』（1980：以下，『整理表』）においても，第3版は1949年発行のドイツ語原著であると誤解されていた。

つまり，解釈のための着眼点となるバウムの特徴（これを指標と呼ぶ）が増やされ，一部の指標の判定基準が変更され，教示が修正され，解釈理論の充実が図られた第3版に準拠するのではなく，改訂前の原著である英語版に拘泥したバウムテストの理解が進められた。その結果，特に判定基準の理解において，一部とはいえ同一の指標であるにもかかわらず改訂前後の判定基準が別個の指標として採用されるなど混乱が増したことは否めない。当然，コッホのバウムテストそのものが過小評価されるようになった。

さて，バウムテストの存在を『バウム・テスト』で知り，実際に利用してバウムテストの有用性を実感した筆者は同書を熟読した。しかし，熟読すればするほど，多くの疑問が湧いてきた。二線幹の出現率が異常に低いこと，『バウム・テスト』では何故，2つの教示（英語版の教示と補遺の教示）が紹介されているのか？　「T型の幹」の判定基準は？　補遺で幼児向けの教示が紹介されているがその出典は？　『整理表』で紹介されたÄste biz zum Bodenや十字型の判定基準は？　などなど，子どもの特に幼児のバウムを検討していた当時の筆者にとっては，どれもが解決しなければならない疑問点だった。

これらの疑問を解決するためには『バウム・テスト』だけでは限界があると感じていた頃に丁度，1976年発行の258ページから成る第7版の現物を見せていただく機会があった。1983年に初めて見た第7版の巻末には，58の指標（以下，58指標とする）の詳細な出現率表が掲載され，そこで示された二線幹の出現率は納得のいく値，すなわち，わが国で報告されていた値や筆者が得た値とほぼ同じだった。

二線幹とは，幹が１本の縦線ではなく２本の線で表現されたもので，幹が輪郭のある形として描かれていることを意味し，バウムの幹としての最も基本的な特徴を表す指標である。それ故，二線幹の出現率が，スイス（つまり，『バウム・テスト』で示された値）と日本で大きく違うことに筆者はどうしても納得できなかった。しかし，出現率の傾向が同じだと分かり，それをきっかけにバウムテストはコッホの母語であるドイツ語で著された原著（第７版）で学ばなければと痛感した。

もう一つ，第７版を見て分かったことがあった。些細なことと思われるかもしれないが，書名が“Der Baumtest”だったことである。『バウム・テスト』を知った頃は，書名にある中点は木とテストが分かち書きの英語版の“The Tree Test”に由来するものと思い込んでいた。その当時は，テスト名を「バウム・テスト」とする文献が多くみられたが，第７版の書名を知って以来，中点は不要だと判断した。

このように，コッホのドイツ語の原著に直に触れたことがきっかけになり，第７版の発達に関する章を榎本 居氏の協力を得て訳すことにした。すると，それまで『バウム・テスト』や他の文献を読んでも理解し難かった「T 型の幹」をはじめとする指標の判定基準がよく分かり，指標設定におけるコッホの視点も同意できた。その結果，筆者のバウムテストへの期待が増し，バウムテストを自身の心理臨床のツールとしてこれまで以上に重視するようになった。

しかし，『バウム・テスト』（英語版）で示された二線幹以外の出現率は，第７版の値に比べるとどれも微妙に異なっていた。しかも，英語版では年齢別，第７版では学年別に出現率が表示されていたので，このドイツ語原著から英語版が作成されたとは思えず，両者の関係についても調べることにした。

何故なら，その当時，筆者が収集したバウムテスト関連の文献のほとんどで 1949 年を発行年とするドイツ語原著が引用され，林（1977）の見解を疑問視する意見はなかったからである。

さらに，二線幹については『バウム・テスト』出版以前に，わが国での二線幹の出現率は幼稚園児の段階で 90％以上に達する（国吉ら，1962；一谷ら，1968）と発表されていたにもかかわらず，英語版で示された値はあくまでコッホのデータであるとみなされていた[3)]。わが国で得られた二線幹の出現率は補遺

（p. 124）で紹介されているが，そこでは，英語版で示された値との食い違いや，ドイツ語原著で示された値については何ら言及されていなかった。

ところで，幼児のバウムを多数経験していた筆者にとっては，国によって二線幹の出現率が異なるということは看過できない大問題であった。バウムとして描かれる木の種類がその国の植生の影響を受けるのは容易に想像できても，幹の輪郭の有無が育った国の影響を受けるとは考えられなかった。もし，二線幹が文化的影響を反映する指標として設定されていたのなら，筆者のバウムテストに対する信頼は一気に失せたであろう。だが，二線幹の出現傾向がわが国と同じだと確認できたことで，英語版に記された出現率はコッホのデータではなく，英語版作成時に生じたミスが原因だと確信するようになった。

“バウムテストでは，二線幹の出現率は国によって異なる”とも受け取れるバウムテストに生じた誤解を解くためには，英語版の値はコッホが示したデータではなく，何らかの単純なミスによって生じた値であることを明らかにしなければならない。他にも，英語版や『バウム・テスト』には前述した教示や指標の判定基準の問題が数多く存在した。

そこで，1949 年発行のドイツ語原著の情報を得るためにまず，1983 年 12 月に文献検索[4)]を行った。その結果，1954 年発行の改訂第 2 版，1957 年発行の改訂第 3 版，1962 年発行の非改訂第 4 版が国内の大学図書館の蔵書として存在することが判明した。第 2 版については，それまで調べた限りでは一度も引用されていなかったので，この時初めてその存在を知った。こうして，書誌情報だけであったがドイツ語原著は英語版出版後に 2 度も改訂されていたという事実を確認し，同時に，コッホの没年（1958 年）から，非改訂の表示のない第 7 版[5)]は第 3 版の重版であると判断した。

3） 訳者らの編著による『バウム・テストの臨床的研究』(1973) では，日本で二線幹が多くなる理由が以下のように述べられている。「ことばの影響という側面だけを考えてみても，ドイツ語の木（Baum）の語源は英語の光線（beam）と結びついて，“直線”という心像を作りやすい背景を持ち，日本語の木には木片の意味があって，矩形の心像を作りやすいという語源学からの示唆が興味深い」(p. 63)。

4） 大阪大学医学部附属中之島図書館（当時）の協力を得て，『新収洋書総合目録　Union Catalogue of Foreign Books. 1958(Vol. 1)-1980』で調べ，改訂第 2 版は慶応大学，改訂第 3 版は京都大学，非改訂第 4 版は大阪大学と広島大学の各図書館で所蔵されていることが判明した。

5） 第 4 版から第 6 版まではすべて非改訂と表示されていたが，第 7 版以降表示されていない。

翌1984年には英語版[6]を入手し，二線幹の出現率などを確認した上で『バウム・テスト』の訳者に英語版の問題点を伝えたが，筆者の疑問は解決しなかった。

さらに，1949年発行のドイツ語原著については何の情報も得られず，日本国内には存在しないと言っても過言ではない状況だった。

その後，1985年3月に239ページから成る第2版の複写[7]を入手し，第2版と第7版の目次を比較したところ，第7版にある“Raumschema nach Grünwald（グリュンヴァルトの空間図式）”と“Der Wittgenstein-Index（ヴィトゲンシュタイン指数）”の節は第2版には含まれていない，つまり第3版で加筆された内容であることが分かった。このことから，訳者らのいう“1949年のドイツ語原著”は，初版ではなく第3版ないしその重版であると判断した。

しかし，初版については情報がなく頁数さえも把握できなかったので，レグラ・コッホ（Regula Koch）女史に思い切って問い合わせることにした。その内容は，①英語版で示された二線幹の出現率が第2版や第7版と異なるのは何故か，②初版にある出現率は英語版と同じか，③もし，スイスの7歳児の二線幹の出現率が英語版にあるように低いのなら，7歳児にはどんな形態の幹が多いのか，などである。

林勝造先生に住所を教えていただき，同年4月にコッホ女史に手紙を書いたところ，「英語版は初版の英訳本であり，初版は88ページで，初版で使用された資料は出版の2年前に収集されたもの」という返信が1986年1月に届いた。

返信には，二線幹の出現率の低さについては言及されていなかったが，1949年発行のドイツ語原著，すなわち初版の頁数が初めて明らかになり，英語版は初版の英訳版であることが判明した。やはり，英語版出版後に，初版は改訂，しかも大幅に改訂されていたのだ。

その後，1989年8月に届いた初版の全頁複写[8]を見て，英語版の異常な値はミスプリントだと直ぐに気づいた。

---

6) 英語版は絶版となっていたので，東北大学附属図書館より英語版の複写を入手した。
7) ただし，全頁ではないが扉・目次・第2版への序・巻末の出現率表，そして複写が許可される範囲内の本文を慶応大学附属図書館で入手した。
8) 林勝造先生から初版の複写をいただいた。林（1994）によると，この初版はコッホ女史がスイスの古書店で入手したもので，1989年7月に林先生に届けられた。

スイスでも日本でも二線幹の出現率が同じということは，二線幹は文化的影響を受けにくい指標であることを意味する。つまり，バウムテストは一人の人間の，環境の影響を受けにくいパーソナリティの中核部分と環境の影響を受けやすい周辺部分の特徴を，双方同時に1本の木の絵として映し出すことのできる優れた方法だと改めて思った。

（4冊の原著の確認経過を含むバウムテストに関する年表を資料1：「バウムテストと関連事項の年表」に示す。）

その後，長い時間を経て，筆者とは別の観点から英語版訳者らのドイツ語原著に対する誤解を指摘（岸本，2005）した岸本寛史先生に出会い，そこに宮崎忠男先生も加わって第3版の邦訳出版が2010年に実現した。宮崎先生は，日本心理臨床学会第5回大会（1986）で『バウム・テスト』の問題点を指摘した当初から筆者の発表に関心を示され，折に触れ応援をいただいていた。

なお，『バウムテスト第3版――心理的見立ての補助手段としてのバウム画研究』（以下，『バウムテスト第3版』）の出版は岸本先生を中心に行われ，筆者は発達に関する内容を主に担当した。

さて，バウムテストでは前述したように，描かれた木の絵にそれを描いた人のパーソナリティが映し出されている（投映）と仮定する。たまたま右側の枝が左側に比べて長く描かれた，たまたま左側に実が多く描かれただけと済ますのではなく，そこに描いた人の自己像が表れているとみなす。描いた人が意識している心の状態だけではなく，本人であっても気づけない無意識の心の状態も含めた自己像が木の絵として表れる。

バウムテストのように表現に言葉を介しない描画法は，言葉を介する方法よりも無意識の状態がより表れやすく，さらに言語化しにくい感情も表現できるので，バウムには描いた人の心の全体像が表現されている。

しかし，厳密に言うと，バウムには描かれた木の絵そのものだけでなく，描画表現に伴う運動とバウムが描かれた紙面の使用状況も含まれる。

それ故，バウムテストの解釈は，バウムの形態的な特徴（バウムの全体像としての特徴と，幹や枝，樹冠，実や葉などのバウム各部位の特徴），バウムの各部位が描かれる順番，描く人の「生の領域そのものを象徴」（邦訳 p. 288）する紙面でのバウムの配置，描いた人の「心的な生活空間」（邦訳 p. 63）の大きさを表すバウムのサイズ，筆圧やストロークの長さから生じる描線の質，そして

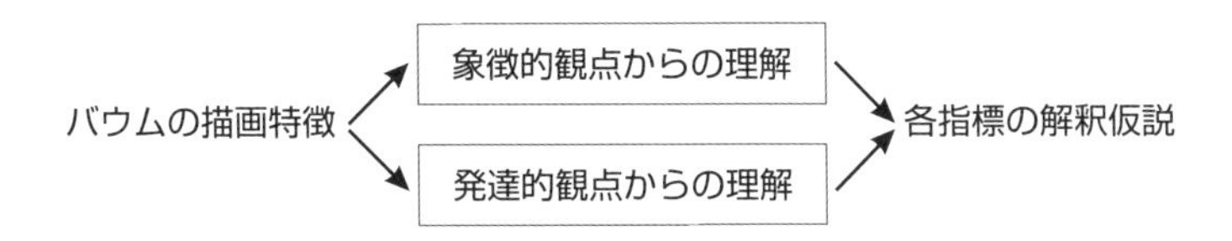

投映法の解釈仮説に発達的観点を積極的に導入

図3　仮説構築における2つの観点

描線の方向などの諸特徴に，描画中に観察された行動特徴を加味して総合的に行う。

バウムテストの指標は，バウムに出現する多種多様な特徴の中から解釈のための着眼点として選定されたものであり，個々の指標が表す意味が検討されて解釈仮説が構築される。

その際，コッホは初版以来，個々の指標の意味を象徴的に理解するだけでなく，発達的な観点からも検討している（図3）。その後，58指標に関する大規模な出現率調査の結果を踏まえた上で初版を大改訂し，第2版で発達的な観点を充実させ，情緒の成熟の度合が把握できる投映法として発展した。「第2版への序」（『バウムテスト第3版』に掲載）に，バウムテストが「情緒面の成熟，または情緒面の発達阻害の判定に有効」であると述べていることからも，バウムテストに対するコッホの姿勢が読み取れる。

情緒的成熟とは，自我に目覚めはじめた1歳頃から自己主張と社会的適応とのあいだの葛藤を通して進められ，社会的成熟と密接な関係をもつものである(心理学事典，1981)。描く人の年齢に応じて木の絵が変化することに着目したコッホは，投映法の解釈仮説の構築に発達的な観点を積極的に導入したのであろう。社会との関わりによって形成される情緒の成熟の度合を，バウムの絵としての発達的変化から検討したこの観点こそがコッホの独自性だと言える。しかしながら残念なことに，バウムテスト利用者の発達的観点への関心は高くないように思われた。それだけでなく，出現率調査の結果が詳細な出現率表として掲載されたせいか，「コッホのバウムテストは，数字ばかりでオモシロクナイ」と揶揄されたこともあった。

投映描画法であるバウムテストを修得するには，指標の解釈仮説を象徴的な観点から学ぶのは当然と言えるが，象徴的な観点だけに偏ることなく発達的な観点からも理解することで解釈に深みが出る。両者はどちらかが優位というのではなく，互いに補完的な関係にある。だからこそ，コッホは大規模な出現率調査を敢行したのだろう。

そこで，本書では『バウムテスト第3版』と併せて読んでいただくことを前提に，バウムテストの発達的側面について，コッホの意図を伝えることを念頭に置いて執筆した。

第7版を手にして以来，ドイツ語を漸く日本語に訳したとしても，内容が理解できないところが多々あり，その解決に向けて長年にわたって原著に取り組んできた。それでも未だ分からないこともあるが，発達臨床に携わってきた経験を活かして，筆者なりに読み解いたことを本書にまとめた。また，筆者が理解できなかったところだけでなく，バウムテストの授業や講習会などで寄せられた多くの質問を思い起こしながら筆を進めた。

加えて，筆者が行った幼児・児童を中心にしたバウムの実態調査についても本書で報告する。これについては，わが国のバウムの樹型・樹種，そして幹や枝などのバウムの主要部位に関する指標の基礎資料として利用していただければ幸いに思う。

なお，本書は2010年12月に提出した学位論文「バウムテストの発達指標に関する研究」に加筆訂正して作成したものであり，平成19-20年度科学研究費補助金（基盤研究（C）課題番号19530643　研究代表者：中島ナオミ「バウムテスト解釈理論の発達的検討」）による成果を発展させたものでもある。

第Ⅱ章　バウムテストの体系化の過程

本章では，発達的な側面を中心にバウムテストの体系化の過程を概観する。初版から第3版までの4冊の原著における内容の変遷を表1にまとめ，体系化の経緯を示す。

1　初版（1949）

対象数と調査時期は明記されていないが，5～16歳の標準児（幼稚園児・初等学校生・第二学校生）を対象に，約50の指標の出現率調査が行われ，その中の8つの指標について，年齢による出現率の推移が報告された。幹下縁立・地面線・追加物[1]・一線幹・全一線枝・全二線枝・ぶら下がっている実・ステレオタイプの8指標である。

また，14～15歳の年齢集団である初等学校8年生と第二学校2年生の学校集団としての特性が，モミ型幹や幹上直などの6つの指標の出現率の比較によって検討された。これによって，バウムテストが個人のパーソナリティの理解だけではなく，集団特性の把握法としても利用できることが示された。

因みに，第二学校（Sekandarschule）とは，「国民学校（Volksschule）と中等学校（Mittelschule）の中間に位置」し，「通常，商業もしくは技術職につくための準備」をする学校であると第2版で説明され，初等学校の7，8年生は，「学区外，第二学校に行きたくない者，あるいは，多くは行けない者から構成」（邦訳 p. 73）されている。

調査時期については，1986年に届いたコッホ女史からの返信に「初版発行の

1)　第2版で「付属品」に改称。

表1　4冊の原著

初版（1949） 88ページ	英語版（1952） 87ページ	第2版（1954） 239ページ	第3版（1957） 258ページ
"Der Baum-Test"	"The Tree Test"	"Der Baumtest"	——→
図像鑑賞の図式	——→	——→	図式の変更
初版の教示	——→	——→	教示の修正
50ほどの指標について年齢による出現率の変化を調査	——→	58指標についての大規模な出現率調査	——→
発達の阻害や退行のサインとなる15の指標を指摘	16番目の指標を追加	早期型	早期型に「多数の木を描くこと」を追加
十字象徴の紹介	——→	十字図式の導入	——→
*	*	バウムの発達的変化を調べる催眠実験	——→
*	*	大きさの比率	「樹冠の左半分と右半分の長さの比」を10：11.3に訂正
*	*	*	グリュンヴァルトの空間図式の導入
*	*	*	ヴィトゲンシュタイン指数の紹介

2年前」と記されていた。

さて，時間経過に伴う心身の変化である発達を調べる方法には，縦断法と横断法がある。例えば5歳から16歳までのバウムの発達的変化を縦断法で調べるには，個々の被験者に11年間にわたる協力を求めなければならない。このように，縦断法では調査期間が長期にわたるので被験者の協力を得にくいが，時間経過にともなう被験者の発達的変化を直接的にとらえることができる。

一方，5歳から16歳までの各年齢の人たちが描いたバウムの発達的変化を検討する横断法では，目的とする各年齢の結果を短期間で得ることができる。しかし，この方法で得た結果は，厳密な意味での発達的変化とは言い難い。

発達研究においては，縦断法と横断法の長所と短所を勘案しながら研究目的に適した方法が選択されるが，実際には横断法による調査・研究が多く，コッホの出現率調査も横断法で行われた。

初版では5事例（A・B・C・D・F）が紹介され，また，情緒面での発達の阻害や退行のサインとなる以下の15の指標が指摘された。

幹下縁立・モミ型幹，特に枝が深い位置にあるモミ型幹・幹上直で一部枝先直・小ささが目立つ樹冠（長すぎる幹，あるいは短くて太い幹の上にあるきのこ型の樹冠）・樹冠より下方の幹の深い位置にある枝・放射状の樹冠（全一線枝）・一線幹・全一線枝・主枝より長い分枝（さまよい）・建て増しされた枝・整合性のなさ[2)]・風景の強調・まっすぐな根元（意味は軽い）・ステレオタイプ・明暗の15指標である。

2　英語版[3)]（1952）

コッホ女史からの返信には，英語版は「初版の英訳本」とあったが，1989年に入手した初版と比較すると内容が一部変更されていた。初版にあったポプラを描くこと・切り株・雑種・幹あるいは太い枝から出た極端に細い枝の4指標が削除され，主枝より長い分枝・建て増しされた枝・丘の形の3指標は英語版で修正されていた。また，初版で列挙された15指標の他に16番目の指標として「角ばった形の樹冠」が追加された。

英語版で行われた改訂は，第2版や第3版に比べると内容的にも量的にもかなり小規模なので，英語版は改訂版というより初版のほぼ英訳版とみなすのが妥当であろう。

ところで，第Ⅰ章で述べたように，英語版には筆者がドイツ語原著に取り組むきっかけとなった校正ミスが存在する。初版のDoppelstrichastが英語版の当該箇所ではdouble stroke branch（二線枝）ではなく，double stroke trunk（二線幹）と印字され（図4），『バウム・テスト』では原文通りに訳されたので，全二線枝の出現率が二線幹の出現率に置き換えられてしまった。

---

2)　主枝の伸びる方向がバラバラの状態を指す。

3)　ボーランダー（1977／高橋訳1999）によると，英語版は「明らかにドイツ語に慣れない人の英訳」で，そのためにアメリカには「コッホの研究に精通している者がほとんどいない」（p. 40）という。筆者は，アメリカでの英語版の評価を1999年に読んだこの訳書で初めて知った。

初版（p.19）

6. Der Doppelstrichast: 0—10 % bis zum 7. Jahr, dann Ansteigen auf 16 %, 44 % im 9. Lebensjahr, dann konstant 50—60 % bis zum 13. Jahr, nachher nochmaliges Ansteigen auf 75 %.

英語版（p.19）

6. The double stroke trunk : 0 to 10 % up to the 7th year, then rises to 16 %, 44 % in the 9th year of life, then constant between 50 % and 60 % until the 13th year, after which there is a further increase to 75 %.

『バウム・テスト』（p.17）

(6) 二本線の幹は，7歳まで 0～10%，以後 16% になり，9歳で 44%，以後 13 歳まで 50～60% を保ち，それ以後 75% にまで高まる。

図 4　初版・英語版・『バウム・テスト』における二線幹の出現率

前述したように，わが国での二線幹の出現率は，国吉ら（1962）によって幼稚園児（5歳児クラス）の段階から 90%を超えることが報告され，その後の一谷ら（1968）も同様な結果[4)]を報告している。さらに『バウム・テスト』の補遺（p. 124）においても，幼稚園児で 93.5%，小学校低学年以降は 99.0%以上という高い出現率が紹介されているが，英語版との差については何ら言及されていない。

筆者がバウムテストに関心を持ち始めた頃には既に，わが国での二線幹の出現率は極めて高いことが広く認識されており，筆者も同様な結果[5)]を得ていた。

そこで，1984 年に英語版の邦訳者に直接，二線幹の出現率が異常に低いことなどを伝えたが，「英語版の値は，コッホがアメリカで収集したデータに違いない」との返答があり，英語版の値は疑問視されることはなかった。

4）　二線幹の出現率は発表されていないが，4歳児クラスの一線幹の出現率が 5 %で，それ以降の学年は出現しない。この結果から，二線幹の出現率は 4 歳児クラスで 95%，5 歳児クラス以降は 100%と読み替えることができる。

5）　中島ら（1982）は，幼児バウムの樹型を検討したものなので幹に関する指標の出現率は詳細に報告していない。改めて算出すると，3 歳児クラス（15 名）・4 歳児クラス（89 名）・5 歳児クラス（90 名）の出現率は，40.0%・78.7%・94.4%であった。

3　第2版（1954）

第2版では，初版の88ページから239ページへと大幅に加筆され，発達的側面に関する内容がかなり充実した。表1に示すようにバウムの発達的変化を調べるための催眠実験が紹介され，さらに58指標の出現率が幼稚園児・初等学校生・第二学校生から成る標準児，知的障がい児・者などを対象に大規模に調査された。これらの結果は，「発達テストとしてのバウムテスト」の章（邦訳の第3章第1節から第3節に相当）にまとめられ，58指標の出現率は，詳細な一覧表として巻末に10ページにわたって掲載された。

そして，幼児期に出現し就学後には消失する指標が検討され，情緒面の発達の阻害や退行のサインとなる指標群は早期型と命名され，早期型のリストが作成された。

さらに，樹冠と幹のサイズを計測してバウムの全体像と樹冠の形態的特徴を数値化し，3つの「大きさの比率」でバウムの特徴を把握する方法が考案された。同時に3つの比率の発達的変化も検討され，「標準バウムの図式」が発表された。

また，木の原型といえる十字の象徴的意味について，初版ではマックス・プルファー（Max Pulver）の考え方が紹介されていたが，第2版で十字図式（邦訳 p. 32）が導入された。

初版以来の5事例（A・B・C・D・E[6]）は巻末にまとめて掲載されるようになり，そこに新たな5事例（F・G・H・I・K）が追加された。

ところで，原著の書名は初版では Baum と Test を複合した“Der Baum-Test”であったが，第2版から“Der Baumtest”となる。「第2版への序」に「初版に見られた多くの不備にもかかわらず，すぐに多くの賛同者を得た」とあることからも，ハイフンの無い複合語で表示された書名からコッホのバウムテストに対する自信が窺える。

6)　初版の事例Fは英語版と第2版で事例Eとして掲載されたが第3版で削除された（第Ⅳ章の図27参照）。第3版では新たな事例が事例Eとして掲載される。

(1) 木の絵の発達的変化に関する催眠実験

コッホは2種類の催眠実験を実施した。一つは，暗示によるある特定の心理状態と木の絵との関連を調べる「図的表現に関する実験」(邦訳 pp. 115–146) であり，もう一つは，暗示で被験者の年齢を操作し，各年齢で描かれた木の絵の発達的変化を調べる「催眠状態における発達的心理学的調査」(邦訳 p. 196) のための実験である。この実験では，「描画の才能は平均を下回らない」(邦訳 p. 59) が「描くことが嫌い」な陸軍仕官中の21歳の商店員の被験者Rと，「描画の才能に恵まれていて，絵を描くのが好き」(邦訳 p. 65) な18歳の被験者Fが対象になり，描画の才能の影響も考慮された。

さらに，被験者の年齢操作に関しても，暗示で年齢を順次下降させる手続きと，一度，年齢を2歳に下げてから上昇させる手続きの二通りの方法で行われた。

被験者Rに対して，1952年12月7日に年齢の下降実験が行われ (邦訳 pp. 111–113)，翌日の12月8日には年齢を2歳に下げてから1歳ずつ年齢を上昇させる実験が行われた[7)]。この上昇実験で得られた2歳から9歳の各年齢で描かれた木の絵をまとめて図5に，そして各年齢で描かれた木の絵の描画特徴を表2に示す。木の絵の部位別の発達的変化をより分かりやすくするために，コッホが作成した発達段階表 (邦訳 p. 65) を一部改変して表2を作成した[8)]。

実験結果の見方については，「催眠下では，表現に関する限り，時間概念は流動的になる」(邦訳 p. 59) ので，何歳でどんな木の絵が描かれたのかというよりも，発達的変化の方向性を読み取ることが重要である。

まず，なぐり描きから木と分かる絵になり，幹は，一線幹のモミ型幹から輪郭のある二線幹のモミ型幹へと変化する。二線幹になるのと同時に幹先端は幹上直となり，幹上直の幹先端から枝が出て幹と樹冠に分化し，次いで根元が広い安定感のある二線幹になる。

主枝 (幹から伸びた太い枝のこと) は，一線枝から輪郭のある二線枝へと変化し，枝の伸びる方向は，幹に対して直角の方向 (水平枝) から斜め上向き (上向枝) へと変化する。

---

7) 「当初は18歳」(邦訳 p. 59) とあるので被験者Rに対する最初の催眠実験が行われたのは，1949年となる。バウム研究法としての催眠実験に対するコッホの強い関心が読み取れる。

8) 邦訳 p. 65の表の9歳での「直交分枝」は原著での校正ミスと思われるので本書では削除した。なお，5歳・6歳での直交分枝は58指標の「全直交分枝」を指す。

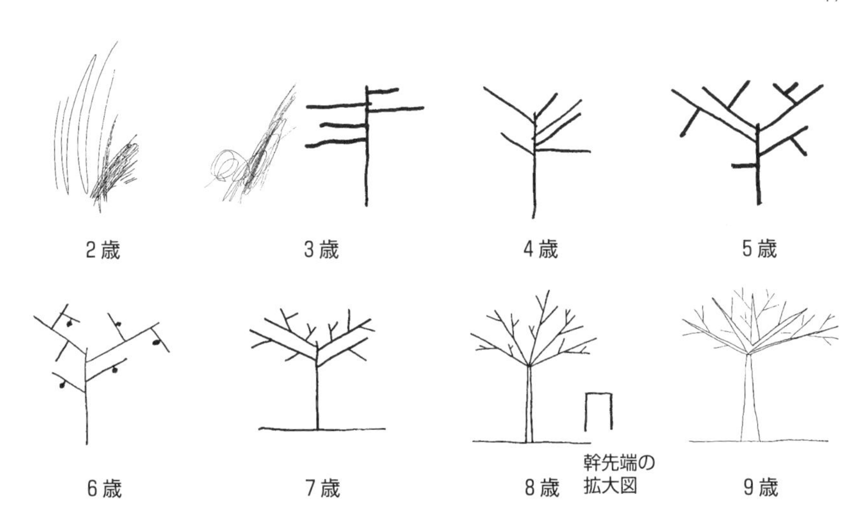

図5　各暗示年齢で描かれた木の絵

表2　木の絵の発達段階表

暗示年齢	2歳	3歳	4歳	5歳	6歳	7歳	8歳	9歳
描　線	上下のなぐり描き	上下のなぐり描き						
		円錯画						
		直線	直線	直線	直線	直線	直線	直線
幹		一線幹	一線幹	一線幹	一線幹	一線幹	二線幹	二線幹
							幹上直	幹上直
		モミ型幹	モミ型幹	モミ型幹	モミ型幹	モミ型幹	幹と樹冠に分化	幹と樹冠に分化
主　枝		一線枝	一線枝	一線枝	一線枝	一線枝	一線枝	二線枝
		水平枝	一部水平枝					
			上向枝	上向枝	上向枝	上向枝	上向枝	上向枝
分　枝				直交分枝	直交分枝	成長方向に伸びた分枝	成長方向に伸びた分枝	成長方向に伸びた分枝
地面線						地面線	地面線	地面線
実					実			
黒塗り					黒塗り			
配　置		右下	まだ右側	中央へ				
サイズ					拡大		さらに拡大	

邦訳 p. 65 の表を一部改変して作成

分枝（主枝から伸びた細い枝のこと）は，直交分枝（主枝に対して直角に伸びた分枝）を経て成長方向，つまり主枝に対して斜めの方向（斜め上/斜め下）に伸びた分枝へと変化する。

そして，紙面上の木の絵の配置は偏った位置から紙面の中央へと移動し，木の絵のサイズは小から大へと拡大することが催眠実験で示された。

ここで注意しなければならないのは，モミ型幹を幹先端から枝が出るタイプのバウム（8，9歳の暗示で描かれたバウム）よりも未熟だと一律に決めつけてはいけないことである。第Ⅳ章で述べるが，幹が上へと伸び，幹の側方から枝が伸びるモミ型幹には，早期型としてのモミ型幹と成熟したモミ型幹の二通りがある。催眠実験で描かれたモミ型幹は，幹と樹冠にまだ分化していないという早期型としての典型的な特徴を欠くが，一線幹に加えてすべての枝が直線枝，すなわち直線の一線枝で描かれているので早期型としての特徴を十分に備えたモミ型幹と言えよう。

催眠実験では，4歳の暗示で水平枝に混じって上向枝が出現したことで「最初の図式主義は克服されつつある」（邦訳 p. 63）とされ，8歳の暗示で幹上直が出現し，幹と樹冠に分化した木の絵が描かれた。次いで，根元が広い幹に二線枝のある木が9歳で描かれ，「二線枝の出現を以って，さしあたり発達がひと段落したことが示される」（邦訳 p. 64)。二線枝は，枝としての輪郭を描くという点において，「枝というよりはむしろ，毛が生えているような感じ」（邦訳 p. 84）と例えられた未熟な枝や一線枝に比べると成熟した表現型である。それ故，二線枝の出現は，木の絵の発達的変化における一つの質的な転換点に到達したサインとみなされた。

以上が，2歳から9歳までの年齢の上昇実験で得られた木の絵の発達的変化の概要である。幹上直の出現年齢が遅い，直線的な表現が9歳になっても消失していないなど，出現率調査の結果と対応しない点もある。しかし，たった一日で7年間にわたるバウムの発達的変化の方向性を示した催眠実験は，とても興味深い。さらに，「9歳から12歳の間は，発達の中では最も穏やかな時期のように思われ，真の変化はその前後で生じるようである」（邦訳 p. 65）とし，真の変化が生じる時期，すなわち成熟したバウムになる時期も催眠実験の結果を踏まえて大まかに予測された。

こうして，催眠実験が行われた翌月の1953年1月から3月にかけて，次に紹介する大規模な横断調査が行われた。[9)]

(2) 58 指標の出現率調査

木の絵の表現型が発達的に変化することに着目したコッホは,「各年齢層の横断的な結果が得られるにとどまっている」(邦訳 p. 58) と横断法のもつ限界を認識した上で,大規模な出現率調査を行った。

第2版のための横断調査は,1953年1～3月にスイスのチューリッヒ市内で実施され,標準児群の資料として,幼稚園児 (6～7歳)・初等学校1年生 (7～8歳) から8年生 (14～15歳)・第二学校1年生 (13～14歳) から3年生 (15～16歳) の約1,400名を対象に58指標の出現率が調査された。

結果は学年別に表示され,出現率の推移から絵としてのバウムの発達的変化が検討された。つまり,情緒の成熟年齢を初等学校8年ないし第二学校3年生に置いてバウムの成熟年齢と対応させ,幼稚園の段階から成熟に至るまでの過程がバウムの発達的変化の過程として検討された (図6)。この調査は,描画能力そのものの発達調査ではなく,あくまで"描画 (線描) による木の絵"を介したパーソナリティの発達調査である。

例えば,幹の先端が自然の木のように細くならず,しかも横線で閉じられている (このようなバウムの表現様式を指標名で「幹上直」という) のは,幹先端を細く閉じるのに必要な描画能力が未発達だからというのではなく,描いた人の情緒的成熟度が「幹上直」という幹先端を横線で閉じるという処理様式に反映されているとみなす。それ故,個々の指標が出現してから消失するまでの過程あるいは出現の上限に達するまでの過程を明らかにするために,標準児を対象にした出現率調査が行われ,学年別の出現率が示された。

ところで,情緒の成熟年齢を卒業年齢に置いたことに対し年齢が若すぎるという批判もあるが,当時の社会情勢[10)]からみれば妥当な年齢設定だと思われる。学校を卒業して就職,すなわち大人社会の一員に成る年齢をもって社会的に成

---

9) 「第2版への序」の日付が1954年1月であることから,第2版は大量の資料の収集後1年余で出版されたことが分かる。資料の整理や統計処理に要した時間を考えると,第2版は急いで出版されたのだろうか。

10) わが国においても1950年代中頃の高校進学率は50%程度であり,義務教育修了後に社会人になることは珍しいことではなかった。

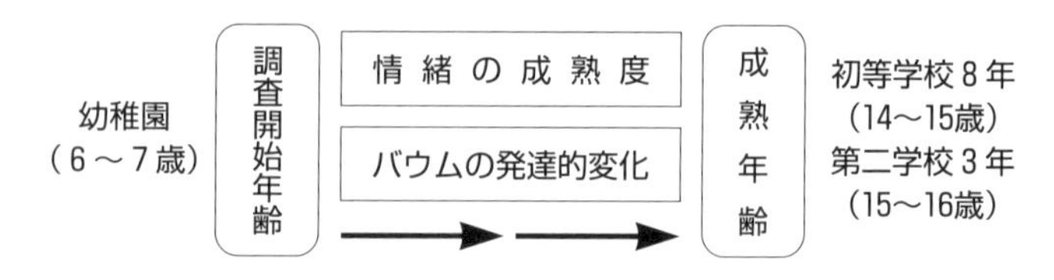

図6　情緒の成熟度とバウムの発達的変化との対応

熟した状態とみなしたのであろう。コッホが青少年の職業相談に携わっていたことを考えると，当然のようにも思われる。加えて，年齢尺度による知能検査法では，被検者の年齢が上限年齢を超えると16歳に置き換えてIQを算出する[11)]ように規定されていたので，当時の筆者には成熟年齢の設定が若すぎるという感覚はなかった。

次に，情緒の成熟の過程や成熟の度合いは生来的な能力，つまり素質によっても規定されるので，養護学校に在籍する軽度知的障がい児[12)]（7～17歳）および軽度から中等度[13)]の知的障がい者（平均29歳）を対象に58指標の出現率が調査された。

さらに，半熟練工や商店員の採用時の職業適性検査として実施されたバウムテストも調査対象とされ，それぞれの職業集団としての特性についても言及された。

また，情緒的に成熟したとみなされる基準や成熟の過程は，国や文化によっても異なるので，スイスの文化とは大きく異なるアフリカの南ローデシア（現ジンバブエ）にあるミッションスクールの生徒の出現率も調査された。「残念ながら数が少ないので，その結果は参考程度」（邦訳p. 71）と断った上で，全一線枝（邦訳p. 76）や一線根（邦訳p. 153）などの出現率の比較から，スイス人とアフリカ人の心性の違いについて言及されている。このことはスイスの標

11）　例えば，当時利用した鈴木ビネー法（鈴木治太郎著『実際的個別的智能測定法』1956年）では，暦年齢が13歳2か月以上になると暦年齢の修正表に従って年齢を修正し，さらに18歳以上になるとすべて16歳0か月とみなして指数を算出した。このような年齢の修正は2007年の『改訂版鈴木ビネー知能検査』にも引き継がれている。

12）　軽度知的障がいは，IQが50～70程度で，成人に達してもMA（精神年齢）は8～11歳程度，中等度知的障がいは，IQが35～50程度で，MAは5～8歳程度。なお，軽度知的障がい児の調査は，「フリブール大学の養護教育研究所のビート・インホフが学位取得論文の一環として行ったものである」（邦訳p. 71）。

13）　邦訳p. 71の「中等度から重度」を「軽度から中等度」に訂正。

準的な集団で得られた出現率は，同様な社会集団に対しては共通の基準として適用できるが，文化が異なる集団に対しては適用に限界があることを意味する。言い換えれば，バウムテストの指標には素質の影響を受けやすいものと，環境（社会的・文化的要因）の影響を受けやすいものの双方が存在するので，その集団に応じた解釈仮説を構築しなければならないということである。

たとえ少人数であっても，調査対象にアフリカ人生徒が加えられたということは，バウムテストのもつ異文化研究の手法としての有用性に着目していたからであろう。

以上，８つの集団（幼稚園児・初等学校生・第二学校生・軽度知的障がい児・軽度から中等度の知的障がい者・半熟練工・商店員・アフリカ人生徒）から収集された約 4,400 本のバウムを対象に，58 指標の出現率が調査された。

(3) 早期型の設定

幼児のバウムに生じる典型的な表現様式のリストが図式で発表され，早期型と命名された。幼児期に出現するが児童期で消失し，その後再び出現したときには，発達の阻害や退行のサインになり得る指標群を早期型という。

初版で指摘された 15 指標と英語版で追加された１指標を基にして，20 余の指標から成る早期型のリスト（邦訳 pp. 68-69）が作成された。初版で指摘された「樹冠より下方の幹の深い位置にある枝」は削除され，新たな指標が追加されたが図式と対応しない指標もあり，完成されたものではない。しかし，早期型そのものは発達的観点からの解釈仮説の構築に欠かせない概念であり，58 指標のおよそ３分の１は早期型あるいはそれに関連する指標である。

また，早期型のリストとは別に６歳から７歳の子どもに見られる「根元の図式」の一覧図（邦訳 p. 88）も掲載された。

(4)「大きさの比率」の導入

バウムの形態的な特徴を数値で把握する方法として３つの「大きさの比」，すなわち，①樹冠と幹の高さの比，②樹冠の左半分と右半分の長さの比，③樹冠の幅と高さの比が考案された。

「樹冠と幹の高さの比」は樹冠に比べて幹が短い，あるいは長いというバウム全体像の特徴を表すもので，この比の値は発達的に変化することが実証され

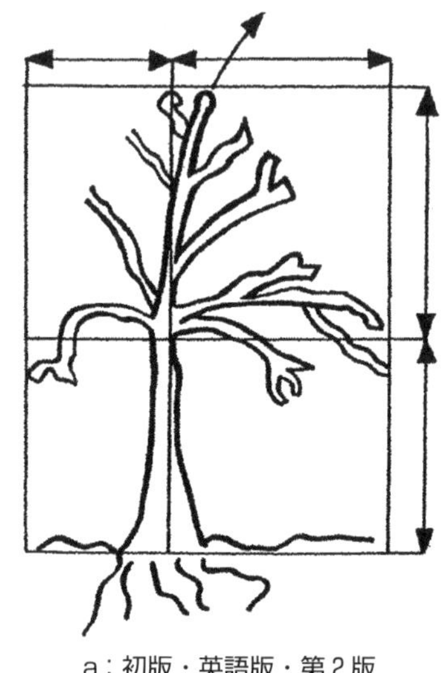

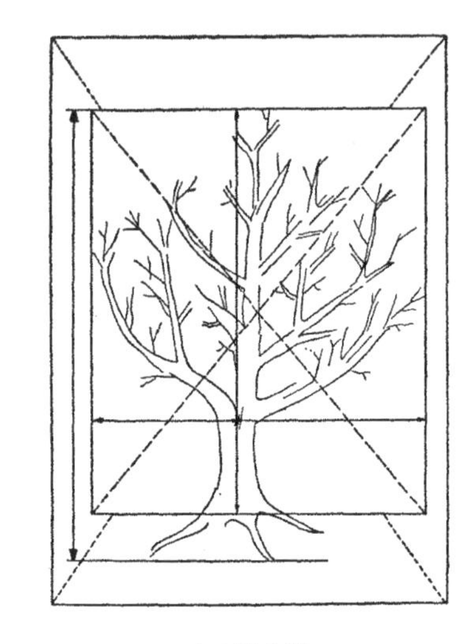

b：第３版

図７　新旧の図像鑑賞の図式

た。つまり，発達とともに樹冠が充実し，樹冠が幹に対して相対的に大きくなる傾向が，「樹冠と幹の高さの比」の値の減少という形で示された。

それに対し，樹冠の特徴を表す２つの比の値は発達とは関係なく一定で，「樹冠の左半分と右半分の長さの比」は 10：13，「樹冠の幅と高さの比」は 10：7 であることが明らかにされた。

これらの３つの比の値に基づいて作成された幼稚園児・初等学校生・軽度知的障がい児・第二学校生用の４通りの「標準バウムの図式」が発表された。

なお，第２版で追加された巻末の５事例では，幹と樹冠に分化していない図像Ｉ（邦訳 p. 307）を除く４つの事例で，バウムの特徴が「大きさの比率」を使って説明されている[14)]。

ところで，「大きさの比率」を算出するための計測方法は，描かれたバウムの基本的な特徴，つまり幹と樹冠の割合，幹の位置，幹と主枝の伸びる方向などを読み取るための観察ポイントを示した「図像鑑賞の図式」（図 7a）を利用

14)　図像Ｈ（邦訳 p. 302）の樹冠の幅と高さの比は，7.7：10 ではなく 10：7.7，図像Ｋ（邦訳 p. 308）の比は，7.3：10 ではなく 10：7.3 であり，原著での校正ミスと思われる。

して初版時より説明されている。しかし，この図式は第３版で新しい図式（図7b）に差し替えられたので，「大きさの比率」のための計測方法は，次節で扱うことにする。

また，第３版で「樹冠の左半分と右半分の長さの比」が10：11.3に訂正されたので「標準バウムの図式」についても次節で扱う。

4　第３版（1957）

第３版への序に「前版をごくわずか訂正し補足したもの」とあるように，第３版で行われた加筆訂正は第２版に比べると量的には少ない。しかし，「グリュンヴァルト[15)]の空間図式」（邦訳 p. 36[16)]）の導入によって，空間には領域に応じた象徴的な意味があるとする空間象徴理論が充実し，バウムテストの解釈理論がさらに発展した。ただし，「描画の場と生の空間とが意識的・無意識的に同一視され一致している限り，グリュンヴァルトの空間象徴をバウムの絵に適用することができる」（邦訳 p. 38）が，「描画の場が，それよりもずっと広く大きな空間（拡大空間）から切り取られた一部であるような場合」（邦訳 p. 38）では，この図式の適用に限界が生じることも指摘されている。

そして，グリュンヴァルトの空間図式の導入に伴って，新たな図像鑑賞の図式，つまり紙面上のバウムの配置が分かるように紙面の枠を表示した図式に差し替えられ，教示も修正された。また，グリュンヴァルトの図式を「うまく適用できる典型例」（邦訳 p. 288）として，バウムの空間配置に明らかな偏りのある図像E[17)]が追加された。紙面の上部に位置し，幹はやや左寄りだが右側の枝が

---

15)　林（1989）によると，「Regula Kochを訪ねたときにもらったKarl Kochの伝記様の経歴書の中に，1956年頃から1958年10月に死亡するまでの間にグリュンワルト（Grünwald, M.）と出会い，Grünwaldが置きテスト（Legetest）を使って空間象徴の実証を研究しているのに接し，その手法を使って空間象徴の研究に没頭したようである」。また，講演原稿（資料２）には，コッホはグリュンヴァルトを「わが友」と呼び，彼が置きテストを考案したとある。

16)　左下領域のÜberwundenesには，「克服された，乗り越えられた」という意味もあるので，「時代遅れ」の他に「克服」（一谷ら，1968）の訳語もある。グリュンヴァルトの図式に関する文献が不明なため，詳細は分からない。困難を克服した状態，あるいは克服して再出発する状態を表すのではないかと思われる。

17)　コッホが提示したバウムの中で，図像Eにおいてのみ紙面の枠が表示されている。

かなり長く，樹冠の大きさに明らかな左右差（この場合は，右強調）のあるバウムである。

さらに第3版では，ヴィトゲンシュタイン指数が紹介された。これはバウムに出現した傷痕を心的外傷の痕跡とみなし，その傷痕の位置（高さ）から心的外傷を受けたときの年齢を算出する方法である。

他に，「描線の表現」（邦訳 pp. 165-166），「芽」（邦訳 p. 268），「境界線上のケースの扱い」（邦訳 pp. 268-269），「教示についての補足」（邦訳 p. 147）が加筆された。

発達的側面に関しては，早期型と神経症との関連を示唆するヘルマン・シュテッデリ（Hermann Städeli）の論文が紹介された（邦訳 pp. 44-50）。そして，早期型のリストに新たに「多数の木を描くこと」（邦訳 pp. 88-89）が追加されたが，早期型の図式と指標名との一部の不一致は解消されていない。

しかし，それまでは「描画表現の発達」の節の一部であった早期型に関する記述箇所は，新たに「早期型」の節として独立した。量的・内容的にはほとんど変わらないが，このことからも，発達過程にあるバウムを重視しようとするコッホの姿勢が読み取れる。

第3版以降の版については，1958年にコッホが病没したので，第3版の重版となる。ただし，第9版からは出現率にスイス人との差がみられる5つの指標[18]でアフリカ人についての記述箇所が削除された。

以下，第3版の重版はすべて第3版と呼ぶ。

(1) 教示の修正

初版で指示された教示（“Zeichnen Sie bitte einen Obstbaum, so gut Sie es können. Sie dürfen das ganze Blatt benützen.” 果物の木を1本，できるだけ上手に描（か）いてください。紙面全体を使ってよろしい。）の後半部分が削除された。理由は明記されていないが，グリュンヴァルトの空間図式の導入に伴う修

18) 全一線枝（邦訳 p. 76）・一線根（p. 153）の他に，空間倒置（p. 81）・一部低在枝（p. 83）・幹下縁立（p. 86）・下の長さの強調（p. 101）・半モミ型幹（p. 157）・管状枝（p. 184）・一部直交分枝（p. 197）・樹冠における主題の変化（本文では交替指標 p. 236）・葉（p. 254）などの指標でアフリカ人に関する記述がある。そのうち，全一線枝・空間倒置・一部低在枝・幹下縁立・下の長さの強調の5箇所でアフリカ人に関する記述が削除されたが，『バウムテスト第3版』では第7版の当該箇所の訳文も掲載。

正だと思われる。

グリュンヴァルトの空間図式は，紙面におけるバウム全体像の配置，バウムの各部位の配置，そして幹や枝が伸びる方向などに表れた空間のもつ象徴的な意味を読み取るための解釈仮説である。それ故，紙面の使用領域に言及する「紙面全体を使ってよろしい」の文言を教示から削除することで，被検者の紙面使用における自由を保障したのであろう。解釈仮説の中核としてグリュンヴァルトの空間図式を重要視するコッホの意図が窺われる。

教示に関しては他に，第３版の本文の末尾に「教示についての補足[19]」が加筆され，オランダで行われている実施法などが紹介された。

(2) 図像鑑賞の図式

バウムテストでは，バウム自体の形態的特徴だけでなく，第Ⅰ章で述べたように，紙面の使用状況，すなわち，バウムの空間配置にも描いた人の自己像が表れているとみなす。そこで，バウムの形態的特徴と空間配置の特徴を客観的に把握するための方法が「図像鑑賞の図式」（図 7b　邦訳 p. 40）として示された。第３版でこの図式に紙面の枠が表示されたのも，教示と同様にグリュンヴァルトの空間図式の導入に伴う変更と思われる。

さて，コッホは幹－樹冠移行線をはじめとする種々の補助線[20]を引くことを勧めている。補助線を引くことで，紙面上のバウム全体像の配置，樹冠の配置，幹の配置，幹と樹冠のバランス，バウムの左右のバランス，幹の傾きの有無などの多くの描画特徴が把握しやすくなり，描いた人の持つエネルギーの大きさと使い方（エネルギーの配分と流れる方向）の特徴の把握に役立つ。

ここでは，バウムを解釈する際の最も基本的な部位である幹と樹冠を採り上げたい。幹には，いわゆる幹と，幹から樹冠への移行点を通る「幹－樹冠移行線」で区切られた“幹”の２通りの用法がある。いわゆる幹は幹の全長であり，後者の幹は樹冠より下方，つまり移行線から幹の根元までの部位を指し，初版以来ずっと「深い（tief）位置」と呼ばれている。下枝や冠下枝は，樹冠より下の低い位置にあるからそう呼ぶと思い込んでいた筆者にとっては，樹冠より

19)　『バウムテスト第３版』では変法（邦訳 p. 147）の原注とした。
20)　筆者は，補助線が必要なときにはクリアポケット（第Ⅲ章・脚注９参照）の上から線を引き，バウムが描かれた紙面に直接，補助線を引かないようにしている。

下の位置が「低い（niedrig）位置」ではなく，深い位置と表現されていたことが意外だった。そこで，tief には「低い」という意味もあるが，コッホが「深い位置」と呼んだ理由を考えてみた。

一般にバウムは，「その幅よりも高く描かれ」（邦訳 p. 104）るので，縦長構造を示す。一方，心は上部に意識，下部に無意識が位置する階層的な構造をもつと考えられている。そのため，樹冠より下の位置が心の深層部分に対応することに因んで「深い位置」と名付けられたのであろう。

そして，バウムテスト解釈の基礎となる考え方が以下のように述べられている。「バウムの絵の下部の領域が描き手の年齢の若い方の層を象徴し，上部の領域が年の多い方の層を象徴することは確実に言える[21)]。さらに言えば，根本，原始，無意識的なものをその下方に，意識されたもの，発展したものをその上方に想定することは十分に意味がある」（邦訳 p. 41）。

それ故，幹から樹冠への移行部分の特徴を読み取り，幹と樹冠の分化の程度や両者の割合，そして両者の統合の具合を検討することが，解釈のための基本事項となる。

(3) 大きさの比率

1）計測部位

図 8 に「大きさの比率」の算出に必要なバウムの計測部位を示す。ただし，後述するヴィトゲンシュタイン指数の算出に必要な部位も併せて示す。

最初に，幹－樹冠移行線を引き，次に，「幹－樹冠移行線における幹の中央を座標の原点」（邦訳 p. 40）となるように縦線（これを幹の中央線とする）を引く。

続いて，幹の根元を通る横線とバウムの先端（「樹冠の頂上」（邦訳 p. 40））を通る横線をそれぞれ引く。幹の根元（Stammbasis）は，「ほとんど根と同じ」（邦訳 p. 152）で，根の起始部（Wurzelansatz　根の付け根）あたりの幹を指す。バウムでは「幹の根元を測量基線と捉える」（邦訳 p. 39）ので，バウムの高さ（樹高）は幹の根元からバウムの先端までの高さ（幹高＋樹冠高）であり，

21）図像鑑賞の図式（邦訳 p. 40）で，幹－樹冠移行線より下に「幼少期の体験の痕跡」が，上に「人生の後期の体験の痕跡」が表れることに対応。

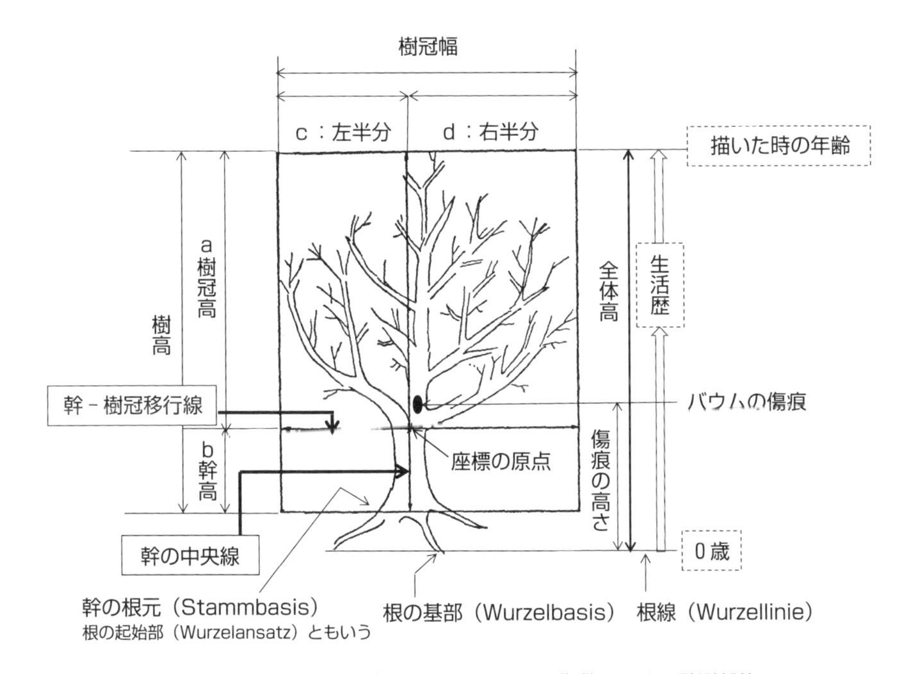

図 8　大きさの比率とヴィトゲンシュタイン指数のための計測部位
（邦訳 p. 40 の図像鑑賞の図式を一部改変して作成）

根は含まない。

最後に，バウムの最大の横幅を示す縦線を左右にそれぞれ引いて，バウムを囲む四角形の枠を作る。

こうして出来た四角形の枠と幹－樹冠移行線と幹の中央線によって規定されるa：樹冠高・b：幹高・c：樹冠幅の左半分・d：樹冠幅の右半分の長さをミリ単位で計測する。

「樹冠と幹の高さの比」は，樹冠高を 10 とした場合の幹高で算出し，「樹冠の左半分と右半分の長さの比」は，樹冠の左半分の長さを 10 とした場合の右半分の長さで算出する。「樹冠の幅と高さの比（樹冠高に対する樹冠幅の比）」は，樹冠幅を 10 とした場合の樹冠高で算出するので，比の計算式は，以下のようになる。

①樹冠と幹の高さの比（x）

$10 : x = a : b \qquad x = b \div a \times 10$

・樹冠の輪郭がない場合

図像A（邦訳 p. 274）

図像B（p. 281）

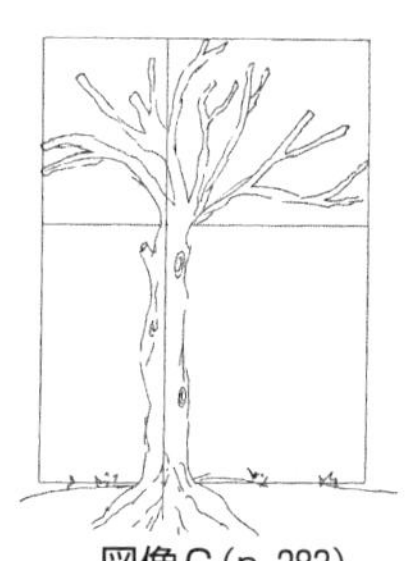

図像C（p. 283）

・樹冠の輪郭がある場合

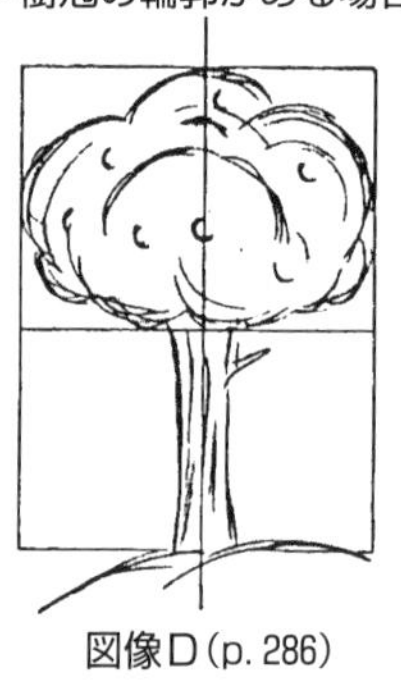

図像D（p. 286）

・樹冠が垂れ下がっている場合

図像F（p. 292）

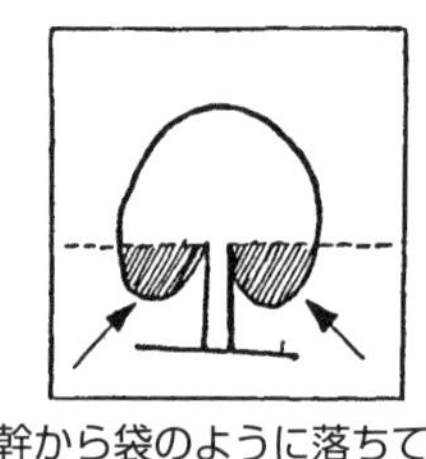

幹から袋のように落ちている樹冠（p. 216）

図9　幹－樹冠移行線の引き方

②樹冠の左半分と右半分の長さの比（y）

10：y＝c：d　　y＝d÷c×10

③樹冠の幅と高さの比（z）

10：z＝(c＋d)：a　　z＝a÷(c＋d)×10

ところで，幹の中央線の横軸上の位置は，幹－樹冠移行線が通る位置での幹の幅に影響されるので，幹－樹冠移行線の引き方が重要になる。そこで，コッホによって移行線が引かれたバウムを図9にまとめて示す。

最初に引く補助線である幹－樹冠移行線は，「水平線」（邦訳 p. 40）と言い換えられているように，水平に，つまり紙面の下縁（下辺）と平行になるように引く。次いで，移行線が通る位置での幹の幅の中点を通り，しかも移行線と垂直に交わるように幹の中央線を引く。このようにして幹－樹冠移行線と幹の中央線を引くことで，「幹が傾斜している場合も統一した測定が可能となる」（邦訳 p. 40)。

樹冠に輪郭がない図像Aでは，一番下の主枝の付け根の位置に，幹先端から枝が分岐するタイプの図像B・Cでは，分岐した主枝の付け根の位置に移行線が引かれている。因みに，図像B・Cではいわゆる幹の長さと，幹と樹冠に分けた場合の幹の長さは一致する。

樹冠に輪郭がある図像Dでは，樹冠の底を通るように移行線が引かれている。

樹冠が垂れ下がった図像Fでは，移行線は垂れ下がった部分を無視して引かれている。垂れ下がった樹冠を示す「幹から袋のように落ちている樹冠」の図式（邦訳 p. 216）にも同様な移行線が引かれている。

切断された枝（図像C）や「切断された枝の残った部分」(邦訳 p. 286 図像D）がある場合も，このような不十分な枝を無視して移行線は引かれている。

以上が，コッホの事例に見られる幹－樹冠移行線の引き方の例である。

2）標準バウムの図式

幼稚園児・初等学校生・軽度知的障がい児・第二学校生の4集団から得られた「大きさの比率」に基づいて作成された4通りの「標準バウムの図式」が第2版で発表された。しかし，前述したように「樹冠の左と右の長さの比」の値は第3版で訂正されている。図10に第3版に掲載された4つの「標準バウムの図式」を示す。

「樹冠と幹の高さの比」は，「線描の才能にあまり影響を受けないか，まったく影響されない（資料2：講演原稿「國吉政一訳　カール・コッホの講演 1957年3月」）もので，「描き手が意識的にコントロールできるものではなく，極めて重要」(邦訳 p. 292）と位置付けられている。

さて，樹冠が幹に比べて大きいという特徴を示す指標として初版で設けられた「短い幹，大きな樹冠」は，第2版で指標名が「上の長さ（樹冠高）の強調」(邦訳 p. 97）となり，解釈仮説の適用上の注意点が以下のように記述された。「樹冠高が過度に強調されるいくつかのケースでは，この指標が退行的な性格も持ち合わせていることがある」(邦訳 p. 97)。

しかし，第3版になるとさらに踏み込んで，「幹高が樹冠高[22]の半分より少ないときは，その外観はむしろ，まれな早期型に近くなり，高学年ではほとんど

22）邦訳 p. 97 の樹高を樹冠高に訂正。

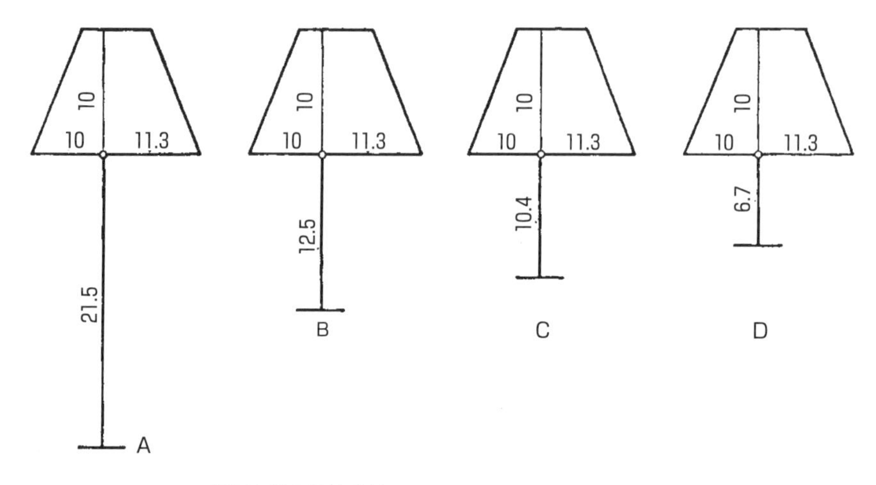

樹冠と幹の高さの比

A：幼稚園児（6～7歳）	10 ： 21.5
B：軽度知的障がい児（7～17歳）	10 ： 12.5
C：初等学校生（7～15歳）	10 ： 10.4
D：第二学校生（13～16歳）	10 ： 6.7
樹冠の左と右の長さの比	10 ： 11.3
樹冠の幅と高さの比	10 ： 7

図 10　標準バウムの図式（第 3 版　邦訳 p. 103）

が遅滞を示唆するものとなる」（邦訳 p. 97）が加筆され，樹冠高の強調の程度が具体的に示されるようになった。同様な指摘が図像鑑賞の図式に関連して以下のように述べられている。

「上部の領域（樹冠）を意識性と関係づけることは，（一般的にという但し書きがつくが）許容される。ただし，樹冠部の高さ（樹冠高）がバウム全体の高さ（樹高）の 3 分の 2 以下で幹の高さ（幹高）がバウム全体の高さの 3 分の 1 以上ある場合に限る」（邦訳 p. 40）。

残りの 2 つの比は発達に関係なく値は一定で，「樹冠の左半分と右半分の長さの比」は第 2 版で 10：13 と発表され，樹冠の右半分が左半分よりも大きいのは「西洋文化圏に典型的な一つの傾向」（邦訳 p. 219）と説明された。

その後の第 3 版で，10：11.3 に訂正されたが理由は説明されていない[23]。図像鑑賞の旧い図式（図 7a）では幹の中央線が根元の真ん中を通っているので，幹の中央線の引き方が変更されたことが見て取れる。しかし，第2版では初版と同じ図像鑑賞の図式が使用されているが，幹の中央線を左に移動させるとの記述があるので，樹冠の左半分と右半分の計測方法に変化はないと理解できる。したがって，計測方法の変更による比の値の訂正ではなく，理由は他にあると思われるが，筆者には分からない。言えることは，左右のバランスのとれた標準的なバウムとは完全な左右対称の10：10ではなく，10：11.3程度の右強調のバウムということである。

3つ目の「樹冠の幅と高さの比」は一定で，10：7であることが示された。

ところで，幹から樹冠への移行部は，バウムの中でも特に多様な表現が生まれる部位であり，樹冠と幹の分化が曖昧なバウムも出現する。このような場合は，当然，「計測による比較は必ずしも優先されない」（邦訳 p. 41）。

なお，「大きさの比率」を利用した量的研究を行う際には，多様なバウム表現に対応できる計測規定が求められる。幹から樹冠への移行部分では側枝の高さが左右で違うバウムも多く，また，樹冠の輪郭線の始まりと終わりの位置が幹の左右で異なる場合もあり，バウムが用紙からはみ出している場合もある。無用な混乱を避けるためにも，幹－樹冠移行線の引き方や，実際に使用した計測方法を具体的に記述することが望まれる。

(4) ヴィトゲンシュタイン指数の導入

ヴィトゲンシュタイン指数は発達の影響を受けるものではないが，大きさの比率のための計測方法との混乱を避けるために，ここで紹介する。

「樹冠と幹の高さの比」では，根を含まないバウムの高さである樹高を計測するが，ヴィトゲンシュタイン指数では，根の基部（最も下へと伸びた根の先端を指し，根の基部を通る横線を根線という）からバウムの先端までの高さ（これを全体高とする）をミリ単位で計測する（図8）。

バウムを描いた人の年齢（年単位　例えば15.5歳）で全体高を割った値をヴィトゲンシュタイン指数という。全体高は，「人生の物語（生活歴）を含んでいて，驚くほど正確に時間的経過の目盛り線の指標となりうる」（邦訳 p. 51）

23) 初版では補助線の引き方は記述されていないが，図像鑑賞の旧い図式の他に初版から掲載されている図像Ａ・Ｂ・Ｃ・Ｄでは，幹の中央線は「幹－樹冠移行線」が通る位置での幹の中央ではなく，幹の下端の中央を通るように引かれている。

ので，傷痕の位置（高さ）をこの指数で割った値が心的外傷を受けたときの年齢を示す。こうして，「当該の患者の人生において，重大な意味をもつが半ば忘れられたような日付」（邦訳 p. 50）がバウムから読み取れる。ただし，傷痕としてバウムに出現するかしないかは「全か無かの法則に従う」（邦訳 p. 50）ので，バウムに傷痕がないからと言って心的外傷を受けていないと決めることはできない。

さらに言えば，心的外傷の程度は「もしかしたら大きな，あるいはもしかしたら単に取るに足りない傷の，主観的に体験された重さなのである」（邦訳 p. 269）。

「正確に記録する時計が心にあるとは，普通，考えられないので，余計に信じがたいと思われるだろう」（邦訳 p. 53）とあるように，筆者も初めは半信半疑だったが，傷痕のあるバウムではそのほとんどが被検者が語る事実と合致していた。以来，バウムに何らかの傷痕が表現されると，「大変な経験をされたのだ」と思いながらバウムが描かれる過程を見守ることにしている。

以上が，発達的側面を中心にまとめたバウムテストの体系化の過程である。

第Ⅲ章　実施法

バウムテストの解釈に必要なものは，何よりも，描いた人の心の状態が十分に表現されたバウムである。上手下手を気にせずに自由に描かれたバウムにこそ，自己像，つまり本人が意識している心の状態と本人であっても気づいていない無意識の心の状態から成る自己像が映し出される。

バウムには多種多様な描画特徴が出現するので，列挙しようと思えば多数の指標を列挙できる。しかし，読み取った指標をすべて同じ重みづけで解釈するのではなく，その中から被検者の自己像として注目すべき指標を読み取る。その際，バウムのどの部位から，どのような順番で描かれたのか，どのような状況で幹や枝の描線が引かれたのかを把握していると，解釈に役立つ場合が多い。

自己像が十分に表現されたバウムで，しかも，描画時の行動観察から得た解釈に役立つ情報が詰まったバウムを，筆者は良質なバウムと呼びたい。良質なバウムであればあるほど，描いた人のパーソナリティの理解により有効であり，その結果を描いた人に還元できる。

このような良質なバウムは，教示をはじめ用紙や筆記用具などの実施法を遵守して実施されたバウムであることは言うまでもなく，特に，心理アセスメント法としてバウムテストを利用する場合は，必須事項と言えよう。

そこで本章では，原著で指示された実施法を紹介し，実施法の実際について述べる。

ところで，バウムテストを実施する人とバウムを描く人の呼称は，実施目的や実施する人の立場によって異なるが，本書では以後，それぞれ実施者と被検者とする。

1　原著で指示された教示

(1) 通常の教示

前述したように，初版の教示は第３版で修正されたので，バウムテストの教示は，“Zeichnen Sie bitte einen Obstbaum, so gut Sie es können.（果物の木を１本，できるだけ上手に描いてください。)”となる。

樹木画法の中で，描画課題が単なるBaum（木）ではなくObstbaum（果物の木）であるところがバウムテストの特徴と言える。初版によると，最初は“Zeichne einen Baum.（木を１本描きなさい。)”だったが，その後Laubbaum（広葉樹），Baum, aberkeine Tanne（木，ただしモミ以外），Obstbaumの３つの課題が検討され，Obstbaumが選ばれたとある。このObstbaumは，藤岡によると，京都大学精神医学教室のバウム・テスト研究会の工夫によって，日本語として熟れた表現の「実のなる木」に言い換えられたという（資料3：藤岡喜愛による「バウムのとり方」)。

「実のなる木」は，わが国最初のバウムテストの論文（国吉ら，1962）で使用され，以後，コッホのバウムテストは果物の木や果樹ではなく，「実のなる木」のテストとしてわが国で発展したのは周知のことであろう。

(2) 変　法

通常の教示（１枚目の教示）で描かれたバウムが，「学校で習ったような形が描かれたり，あまり得るところのない形が描かれた場合，あるいは，別の側面や層を調べようと思うとき」(邦訳 p. 147）に使用する教示を変法という。表３に，４冊の原著で指示された変法を示す。２枚目に対する教示は，最初に描いたものとは違うようにと指示するだけではなく，「枝のない球形樹冠のバウム」なら「樹冠を枝で表した果物の木」を描くように指示し，バウムの表現様式にまで具体的に言及した教示と言える。ただし，「複数のバウムを描いてもらうのは一般には控えた方がよく，一番よいのは時間的な間隔を空けることである」(邦訳 p. 147）と安易な使用は戒められている。

因みに，初等学校や第二学校の児童・生徒を対象にした58指標の横断調査は，一人に対して２回実施する方法（２枚法）で行われた。そのときに使用さ

表3　原著における教示の変法

初　版	《Zeichnen Sie bitte nochmals einen Obstbaum, aber ganz verschieden vom its gezeichneten.》 Wenn die erst Zeichnung eine Laubkrone aufweist: 《Zeichnen Sie bitte einen Obstbaum mit einer Astkrone.》 「描いたのとは全く違う果物の木を１本，もう一度描いてください。」もし初めに描いたのが葉むら冠（Laubkrone）なら，「樹冠を枝で表した果物の木を１本，描いて下さい。」 （Laubkrone は，第２版で Kugelbaum に言い換えられる。）
英語版	"Please draw another fruit tree, quite different from the one you drew before." If the first drawing has a crown of foliage: "Please draw a fruit tree with a crown of branches." 「前にかいたのとは違った，実のなる木をもう一度かいてください。」もし，最初にかいた木の冠部が葉の茂みであれば，「枝のある，実のなる木をかいてください。」 （日本語版　1970　p. 53）
第２版 第３版	《Zeichnen Sie nochmals einen Obstbaum, aber ganz vom bereits gezeichneten.》 Wenn die erste Zeichnung einen Kugelbaum ohne Äste darstellt: 《Zeichnen Sie bitte einen Obstbaum mit einer Astkrone.》 「果物の木をもう一度描いてもらえますか。ただし既に描いていたのとは全く違う木を描いてください」。最初の描画が枝のない球形樹冠のバウム（Kugelbaum）の場合には,「樹冠を枝で表した果物の木を描いてもらえますか」と言う。（邦訳 p. 147） 小さい子どもで,「果物の木」という概念が分からない場合，あるいは理解できにくい場合は，「りんごの木」とか，単に「木」という教示で十分である。あるいは何か描きやすいものと組み合わせて教示するのもよい。「木のあるお家を描いて」とか，そのような類である。（邦訳 pp. 147-148）

れた調査用の教示は，本書第Ⅳ章第３節で紹介する。

2　わが国で使用される教示

(1) 通常の教示

『バウム・テスト』の「訳者はしがき」によると，「バウム・テストが日本ではじめて注目され，研究されたのは1961年」とあり，翌年にはわが国最初のバウムテストに関する論文（国吉ら，1962）が発表された。そこでは「実のなる木を画いて下さい」の教示が使用されているが，この教示の由来は説明されていない。しかし，第3版が引用されている（資料1参照）ことから，修正された教示に因むことは十分に考えられる。また，27指標の出現率が発表された一谷ら（1968）においても，「実のなる木を描いて下さい」が使用されている。

その後に出版された『バウム・テスト』では，英語版の教示（“Please draw a fruit tree, as well as you can. You may use the whole sheet.”）を訳した「実のなる木をできるだけ上手にかいて下さい。画用紙は全部使ってよろしい」（同書 p. 53　以下，日本語版の教示とする）と，国吉による補遺で「コッホの原法をさらに容易に実施できるように」と断った「実のなる木を一本かいて下さい」の教示（補遺の教示とする）が紹介された。

このように二通りの教示が『バウム・テスト』で紹介されたのは，英語版の教示が修正前の旧い教示であり，さらに英語版自体が大幅に改訂される前の旧い原著であることが確認されていなかったからと思われる。

ところで，筆者は当初より「実のなる木を1本，描（か）いてください」の教示を使用している。その理由は，筆者が参加していた「バウム研究会[1)]」で使用されていたからであり，この教示がバウムテストの唯一の教示だと思い込んでいたからに過ぎない。しかしその後，コッホのバウムテストであっても「実」を言わない教示や，「できるだけ丁寧に」あるいは「できるだけ上手に」を言う教示，「1本」を言わない教示などが使用されていることを知った。

教示の文言が利用者間で異なるということを知ったときには，既に「実のなる木を1本，描（か）いてください」の教示を使っていたので，途中から教示を変えることはしなかった。

1）藤岡喜愛先生（当時：兵庫医科大学）・吉川公雄先生（当時：吉川内科）・猪子光俊先生（当時：武田薬品大阪診療所）が世話人となり1972年2月19日に第1回の「バウム研究会」が大阪・十三にある武田薬品の診療所内で開催され，藤岡先生が「バウムの成長とボルネオのバウムについて」を講演された。第5回から最終回の第77回（1989年9月16日）までは，大阪の北野病院で3か月毎に開催され，筆者は1980年頃から参加し，72回から最終回までの事務局を引き受けた。研究会では講演や話題提供の他に，ほぼ毎回「持ち寄りのバウムの症例検討」が行われ，年齢と性別のみが知らされた状況で参加者がブラインドアナリシスを行った。その後に症例提供者が症例の説明をし，最後に藤岡先生をはじめとする諸先生方がコメントを述べられた。臨床的利用においてブラインドアナリシスは間違いのもとであり慎むべきであるが，解釈力を養うのには役立った。筆者はこの研究会で多くを学ばせていただいたことをとても感謝している。参考資料：バウム研究会通報控（1972年2月～1989年9月）

しかしながら，実施法の中核をなす教示の文言が利用者によって異なるのは大きな問題なので，とりあえず，わが国で使用されている教示の実態を調べることにした。

その方法は，コッホのバウムテストに関する文献およびその引用文献で紹介された教示を概観して教示のキーワードとなる7語（実のなる木・木・木の絵・1本・上手に・全面・想像）を選出し，これらのキーワードの有無で個々の教示の特徴を把握する方法である（実態調査の詳しい結果は，資料4：「教示の実態調査」に示す）。

まず，わが国最初の教示は，国吉ら（1962）で紹介された“実のなる木”の1語だけを含む教示である。

その後，“実のなる木”・“上手に”・“全面”の3語のキーワードを含む日本語版の教示が『バウム・テスト』で紹介され，同時に国吉ら（1962）の教示に“1本”を加えた補遺の教示も紹介された。

ところで，“全面”を含む日本語版の教示は，第3版で修正される前の教示なので，教示の調査対象から除外できる。“全面”を含む教示は，資料4の表1に示すように1985年頃までは使用されていたが，それ以降の使用は筆者が調べた範囲内では見当たらない。

一方，補遺の教示は，『バウム・テスト整理表手引』（1980）によってバウムテストの教示として指定された。

さて，バウムテストの教示としてわが国で使用される教示は，第3版で指示された教示であることは言うまでもないが，問題はドイツ語の教示を如何にわが国に相応しい表現とするかであろう。

第3版に由来する教示としては，現状では国吉ら（1962）の教示または補遺の教示のどちらかが使用されることが多い。この2つの教示の共通点は，“実のなる木”を最初に言い，そして“上手に”を言わないことであり，相違点は前者には“1本”が無く，後者には含まれていることである。

“上手に”が省かれたのは，上手に描くようにと指示されると委縮しがちな日本人には相応しくないと判断されたからであろう。とりわけ，臨床場面では自信を無くしたクライエントが多いので，なおさら，わが国には相応しくない文言とみなされたのかもしれない。

“1本”については，恐らく，日本語には不定冠詞は馴染まないから，あるいは描く本数を指定しないで被検者の自由に任せるためという理由で“einen”が訳出されなかったのではと思われる。後に，“1本”を訳出するようになった理由は説明されていないが，何らかの必要性が生じたからであろう。

筆者は，“1本”の是非を検討して“1本”と指示する教示を選んだのではないが，“1本”は教示の文言として必要と考えている。描かれたバウムの本数について，第2版では，軽度知的障がい児は2本より多い木（mehr als zwei Bäume），すなわち3本以上の木を描く場合が多いという記述に留まっていた。しかし，第3版で「子どもはときに，1本の木を描くようにと，はっきり教示しても多数の木を描くことがある」（邦訳 p. 88）ので，「多数の木を描くこと（Das Zeichnen mehrerer Bäume）」が新たな指標として追加された。このことから，“1本”は教示の文言として必要と思われる。

以上のことから，筆者は国吉（1970）が示した“実のなる木”と“1本”の文言から成る補遺の教示の使用を薦めたい。

（2）2枚法

かつて，コッホのバウムテストは2枚法で実施するものという風潮が一部にみられたが，この方法はあくまで変法の一種であり，原著では通常の実施法として規定されていない。

筆者は，当初より2枚法を採用していない。筆者の場合は，知能の発達水準の査定を主目的とする臨床心理アセスメントが多く，バウムテストはその一環として利用していた。そのため，被検者の負担を出来る限り少なくするために，2枚法は採用しなかった。ただし，あまり情報が得られない場合や，被検者の別の一面を調べたいときに例外的に使用[2)]することが稀にあるが，原則はやはり，1回の実施で被検者の自己像がよく表れたバウムが得られるように実施者として努力することであろう。

（3）幼児向けの教示

『バウム・テスト』の補遺には，「幼児には“リンゴの木をかきましょう”などわかりやすい指示を与えてください」（p. 118）とある。

2）そのときは，「先ほど描かれたのとは違う，実のなる木を描いてください」と教示する。

表3に示すように，幼児に対して「果物の木」の代わりに「りんごの木」とか単に「木」，あるいは「木のあるお家を描いて」と言う方法は，幼児向けに特別に規定された教示ではなく，原著では変法の使用例として紹介されたものである。

因みに，木の絵の発達段階表は被験者Rに対して「あなたは2歳です，と暗示を与え」，「りんごの木を描くように指示」（邦訳 p. 59）して作成された。

筆者は，幼児や発達障がい児・者に対してバウムテストを実施することが多かったが，“実のなる木”が理解されそうにもないという理由で教示を変えることに疑問を感じていた。それ故，当初よりすべての被検者に対して通常の教示を使用していた[3)]が，不都合は感じなかった。後に，「リンゴの木をかきましょう」がコッホによって規定された教示ではないことが分かり，ホッとしたことを覚えている（幼児向けの教示の使用実態は，資料4の表2に示す）。

3　実施法についての原著での記述

原著で指定されたバウムテストの実施用具は，①白く，あまりツルツルしていないA4判の紙（例えば，タイプライター用紙など），②中軟質から硬質の硬さ[4)]の鉛筆，③やや硬めの，表面が滑らかな下敷き，④消しゴムの4点である。

用紙は，「被検者の前に縦向きに置かれるが，もし被験者がこれを横向きに置き直しても何も言う必要はない」。そして，「絵が描かれるプロセスを目立たないように観察し，描画に要したおおよその時間をメモしておく方がよいことが多い」（邦訳 p. 148）とある。

実施状況については，①「一般には，（挨拶とか関係作りとか，その他の簡単な質問など）何の用意もせずに，このテストを施行してはならない」（邦訳 p. 148），②「彼女は私の目の前ではあっさりとバウムを描いた。つまり，彼女は信頼してくれたのだ。（中略）この例では，被験者が描く様子を見守るところにヒントがある」（邦訳 p. 53），③「彼女（横断調査でのバウムテストの実施

---

3)　調査対象とは別の保育所の4歳児クラスの幼児を対象に通常の教示による予備調査を行い，“実のなる木”の教示であってもそれなりの木の絵が描かれることを確認した。

4)　「たいてい使われている硬度2の硬さ」（邦訳 p. 166）の記述もある。

者であるアリス・ヴェガー女史）は熟練の教師としてそれを理解していて，この試みが行いやすい環境を生み出してくれるとともに，同一の条件が維持されるようにしてくれた」（邦訳 p. 71）などに記述されている。

このように原著では，規定の用具の使用は勿論，被検者とのラポールを形成した上でバウムテストを実施し，描画中は被検者が安心して表現できる雰囲気（“見守る”という態度）を作り，さらに実施場面の条件を常に一定に保つことの重要性が指摘されている。

また，コッホはテスト・バッテリーを組んでバウムテストを利用することを以下のように勧めている。

- 「テスト状況をうまく整えたとしても，人格全体が投影されるとは思えない。バウムの結果は，人格全体像に届くことはまずないが，貴重な貢献をしている。その結果は単独でも価値あるものだが，他のテスト結果の内容にいろいろな角度から光を当てることができるという点でも，重要である」（邦訳 p. 22）。
- 「しかしながら，ある一部の成果からすべてを絶対視することは根拠が薄弱であり成立しない。というのは，バウムテストはいろいろの検査の相互の関連においてこそ，文字通り実り多い役割を演じるからである」（資料２）。

発達臨床に携わっていた筆者の場合は，知能の発達水準を把握するための発達検査や知能検査と組み合わせることが多く，他に人物画や KFD（動的家族画）などを必要に応じて利用した。被検者の負担を最小限に抑えたバッテリーを組むことも実施者の役割と言える。

4　実施法の実際

ここでは，教示以外のバウムテストの実施法について筆者の経験も踏まえて具体的に述べたい。

(1) 実施者の役割

実施者の最も重要な役割は，被検者が安心して自由にバウムが描ける，つまり自己像が十分に表現されたバウムが描ける雰囲気を醸し出すことにある。

また，バウムテストの実施に被検者の協力が得られる実施者でなければならない。そのためには，観察されている，時間を計られているという印象を与えないようにしなければならない。

「この例では，被験者が描く様子を見守るところにヒントがある」(邦訳 p. 53) と述べられているように，実施者には描画中の被検者を“見守る”という態度が重要だ。それ故，バウムは，実施者と被検者との人間関係の中で描かれると言っても過言ではないだろう。丁度，カウンセラーが傾聴することでクライエントが話し，言語化することで曖昧模糊とした感情が意識化され，ありのままの自己像に気づけるようになるのと同様に，傍で見守る実施者がいることで被検者は，ありのままに自己像を自由に表現できるようになる。

また，検査室の雰囲気は勿論，実施者自身のもつ雰囲気も常に一定に保つことも大切だ。アセスメントとして実施する場合はなおさら，実施状況を一定にすることが求められる。

先に述べたテスト・バッテリーを組むことも実施者の役割だが，これに関しては実施者が所属する機関の仕組みに左右されるのが現状であろう。

(2) 用　具

バウムテストでは，A 4 判サイズの紙面空間を被検者に与えられた生活空間とみなす。したがって，用紙のサイズは必ず A 4 判とし，「白く，あまりツルツルしていない」(邦訳 p. 148) 紙質の用紙として画用紙を使用する。A 4 判サイズが市販されているケント紙が使用される場合もあるが，紙質が硬いのでバウムテストの用紙には適さない。また，同様な理由で A 4 判のコピー用紙が使われる場合もあるが，薄いのでこれも適さない。

用紙は，被検者に対して縦向きに置く，あるいは予め縦向きにして机上に置いておくが，被検者が用紙の向きを横に変えても制止はせず，被検者の自由に任せる。

筆記具は 4 B の黒鉛筆を使用する。2 B が使用されることもあるが，描線が硬くなるので適さない。さらに，芯の硬さだけではなく芯の状態にも配慮が要る。芯の尖った鉛筆だと鋭い線になるので，筆者は鉛筆削り器で削った後，図 11 に示すように芯の先が少しだけ丸くなるように調整している。

さて，運筆や筆圧などの被検者側の要因で生じる描線の質には，バウムの形態的な特徴以上に有力な解釈の手掛かりが含まれていることがある。それ故，

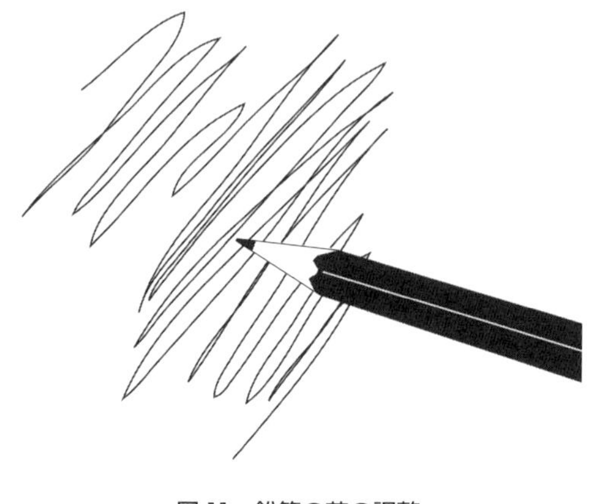

図 11　鉛筆の芯の調整

用紙と鉛筆の状態は常に一定にしなければならない。そして，被検者のその時々の描線の特徴を敏感に反映し得るのが画用紙と４Ｂの組み合わせ[5)]と言えよう。

バウムには，ある部位の描線だけが他の部位に比べると濃いあるいは薄い，幹の描線（以下，幹線）の質が左右の幹線で異なる，描線が弱々しい，描線が伸びやかなどというように実にさまざまな描線が出現する。藤岡・吉川（1971）では，成熟したバウムか否かの着眼点として描線の成熟が指摘され，「『成熟した描線』がどんな線かは曰くいい難い。伸びのよい，手慣れた引き具合を感じさせるような線，とでもいうべきか」とある。形態に問題を感じさせるバウムであっても，描線の質，特に幹の描線に問題がなければ，そうでない場合よりも予後が良い場合が多い。

また，描線の質からは被検者の心理状態だけでなく，時には，器質的な異常が読み取れることがある。言葉では説明しがたいが，運筆や筆圧に特異な特徴が見られる。第３版で加筆された「描線の表現」（邦訳 p. 165）には，さまざまな描線の質が紹介されている。

消しゴムは，用紙や鉛筆と共に机上に準備しておく。あるいは，消しゴムを準備しないで，被検者から消しゴムを要求されたときに，新しい別の用紙を渡す方法もある。コッホが指摘するように「消されたものもまた重要」（邦訳 p. 148）なので，この方法であれば被検者が消そうとした箇所を残すことができる。

ところで，被検者が幼児の場合，消し過ぎて用紙が破損，あるいは幼児の関

5)　バウム研究会では画用紙と４Ｂの鉛筆が使用されていた。Ａ４判の画用紙は日本では規格外なので市販されていない。筆者は，1980 年頃より岡田総合心理センターに画用紙の裁断を依頼していたが，現在では同センターより 100 枚単位で販売されている。

心が消すことに移ってしまったということが生じたので，消しゴムを要求されたときには「間違っていても構わないから，そのまま続けて描いてね」と答えることにしている。

下敷きは，机の状態に問題なければ必要はない。

所要時間については，描画時間に制限がないので計測は不要だが，長すぎる[6]（15分以上）または短すぎる（サッと描く）程度は把握しておく。机に小さな時計を置いたり，ましてやストップウォッチで計測することは，実施場面の雰囲気を壊すのでよくない。

(3) 実施者と被検者の位置関係

実施者と被検者の位置関係を図12に示す。対面は，被検者に緊張感が生じやすいので避け，鉛筆の動きが見やすい斜向かいの位置関係がよい。被検者はたいてい右利きなので，通常は，被検者の左斜め横の位置に実施者の椅子を配置する。

事前に左利きであることが分かっている場合は，椅子の位置を交替し，描画開始時に初めて分かったときは，そのまま続行し雰囲気を壊さないようにする。

(4) 行動観察

バウムテストの解釈は，既に指標として指摘された特徴だけでなく，バウムに出現したさまざまな特徴を読み取ることから始まる。出来上がったバウムをじっと眺めるだけでもその特徴を把握できるが，それだけでは不十分な場合がある。被検者がバウムをどのように描いたかという描画過程の観察から得た情報の役割は大きい。

バウムには文字と違って筆順，言い換えると，決められた描画順はない。し

---

6) バウムテストの経験がまだ浅い三十数年前に，90分ほどかけてバウムを描かれた被検者に出会った。そのバウムが手元にないので記憶でしか紹介できないが，20歳前後のてんかんの方だったと思う。なかなか描き終わらないのでどう対応したらよいのか分からず困惑したが，とりあえず描き終わるまで付き合うことにした。描き始めの頃には幹・枝・葉・イガのある実が見えていたが，小さな葉が強い筆圧で強迫的に重ね描きされ，仕上がったときには樹冠が真っ黒になっていた。しかし，描き終えた青年の表情がすっきりしていたので，アセスメント目的で実施したバウムテストが同時に心理療法としても作用していたことを，このとき実感した。

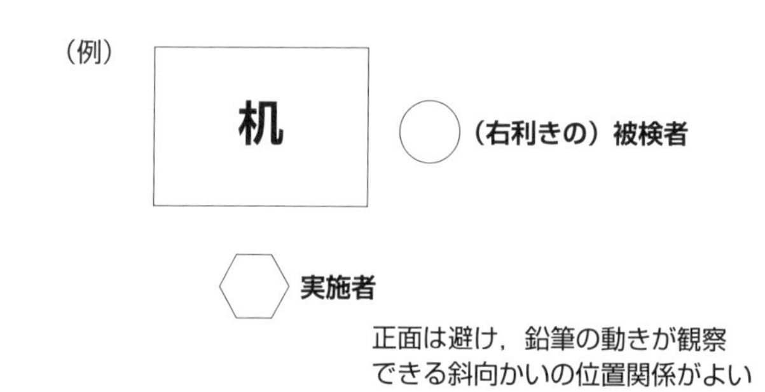

図 12　実施者と被検者の位置関係

たがって，バウムのどの部位から描き始め，どのような順番で描いたかということにも，被検者の心理的特徴が表れる。一般に，幹から描かれる場合が多いが，描画順は描画過程を観察しなければ分からないことが多い。

また，描線が引かれた方向は，注意深く描線を眺めると分かる場合もあるが，描画過程を観察することでより確実に把握できる。

他に，被検者が長い間思案し，漸く描いたという状況も観察していなければ分からない。思案の挙句，極めて簡単にサッと描かれることもあるので，やはり，観察は重要と言える。

ただし，描画過程の観察は重要だが，さりげなく観察し，被検者の目の前で記録しない。観察が優先されると，安心してバウムが描ける雰囲気が損なわれる。

観察のポイントとして，①描きはじめるまでの被検者の行動（態度や発言，表情など），②最初に描かれたバウムの部位，バウムの各部位の描画順（幹から描かれる場合が多いが，時には実や枝，地面線から始まることもある），③描線の方向，特に幹線の方向（時には，下から上へと描かれることもある），④幹から枝への移行部分，樹冠の輪郭線から幹（あるいは，幹から樹冠の輪郭線）への移行部分での描線の分化の確認，⑤被検者が描くのに最もエネルギーを費やした部位（例えば，何度も描き直す，描線の強調，黒塗りなど）などがある。

観察すべき事柄は個々の事例によっても異なるので，その場で臨機応変に対応しなければならない。観察力を高めるには，一般的な観察ポイントを日頃から把握しておくとよい。何が観察ポイントになるかについては，指標の知識が

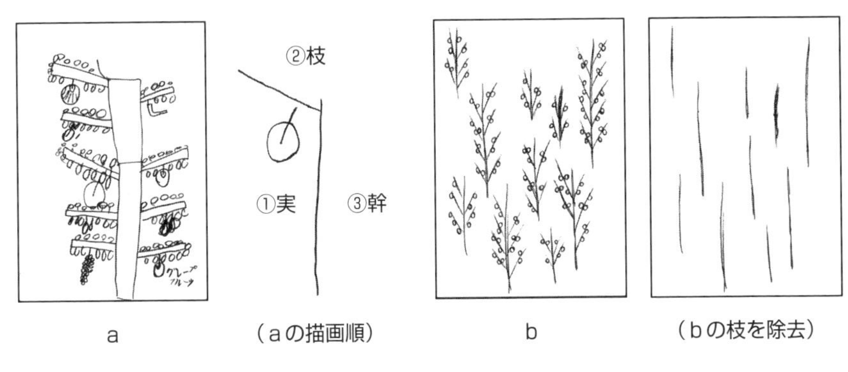

図 13　描画順の観察例

役立つ。バウムのどの部位にどんな指標が設定されているかを予め知っておくと，描画過程の観察場面で活かせる。

他に，観察することとして，利き手，幼児であれば手指操作の程度（鉛筆の把握の仕方）などがある。

図 13 に，バウムの描画過程の観察が解釈に役立った事例を示す。図 13a は，家族が「自閉症ではないか？」と思い，児童精神科を受診した養護学級[7)]在籍の小学 6 年の男児のバウムである。この男児は，6 年前には「ボーッとしている」という主訴で受診し，てんかんの診断を受けていた。

新版 K 式発達検査による発達指数（DQ）は 71 で，本児の知能の発達水準は軽度の知的障がいに近いことが判明した。バウムテストでは最初に実を 1 個描き，次に枝の描線，幹の描線を 1 本ずつ描いてバウムを完成させた。このバウムでは，描画過程を観察していなくても，大きく描かれた数種類の実から，実への関心の強さが読み取れる。しかし，実から描き始めた場面を実際に観察したことで，被検者の実への関心の強さがより一層，理解できる。自分のことを認めてほしい，もっと褒めてほしいという気持ちの表れと読むと，幹が継ぎ足されたことについても，能力以上のことを求めすぎている，要求水準が高すぎるとみなすのではなく，褒めてもらうために精一杯，背伸びして頑張っている状況と読める。

7)　現行の特別支援学級に相当する。当時の学校制度では通級の障がい児学級は法制上は特殊学級だが，大阪では養護学級と呼ばれていた。

6年生で，幹上直・枝先直・水平枝・まっすぐな根元・幹下直などが出現していることは，発達検査の結果を裏付けている。しかし，ここでのバウムテストの役割は，発達検査の結果を裏付けることだけでなく，被検者がバウムを通して訴えていることを読み取ることである。描画時の様子を観察することによって，バウムに表れた多くの指標の中から「大きすぎる実」に特に注目した事例である。

図13bは，統合失調症で入院し，退院後に保健所で実施されているグループワークに参加された34歳の女性のバウムである。初めに立て続けに10本の幹が描かれ，次いで枝が描き加えられて木の形になった。見掛けは木の絵だが，幹と枝が分業のようにして描かれたという大きな問題点は，描画過程の観察がなければ気づけない事例と言える。

他には，樹冠の輪郭線が樹冠の内部より先に描かれたのか否かを知ることなども，解釈に役立つ。

(5) PDI

コッホのバウムテストでは，HTP診断法（Buck，1948）にあるような，描画についての実施者から被検者への質問であるPDI（描画後の質問：Post Drawing Interrogation）は実施法の一環として規定されていない。しかし，必要に応じて行えばよい。バウムテストを心理アセスメント法として実施するのか，心理療法として実施するのかによって質問の内容や数は，当然異なる。心理アセスメントの一環として実施することの多い筆者の場合，「何の木を描きましたか？」と質問し，描かれた木の種類（これを樹種とする）を把握している。

当初は，幼児や知的障がい児・者のバウムでは何の木が描かれているのかが分かりにくい場合が多かったので尋ねたが，樹種を知ることはバウムの理解に役立つので，以後は必ず質問している。先ほどの男児の事例では「果物の木」，女性の事例では「（何の木か）分からない」という返答が得られた。ただし，被検者が年長の子どもや，一見して何の木か分かる場合は定型的な質問の仕方は避け，例えば「りんごですか？」とか「りんごですね」と話しかけて被検者の同意を確認する程度に留める。また，描かれたものが実か葉か何か分からない場合も，原則的に尋ねることにしている。

ついでに言えば，樹種を質問した後に，用紙の裏面に樹種名を書くように依頼し，その流れで氏名・年齢（学年）・日付の記入も依頼する。

ところで，「実のなる木」ではなく「木」を課題とする『樹木画テスト[8)]』（高橋・高橋，1986／新装版 2010）では，PDI として「この木は，何の木でしょうか」をはじめとする 21 項目が用意されている。さらに，高橋（2007）では PDI を発展させ，実施者と被検者が描画について共に語り合う過程を強調した PDD（描画後の対話：Post Drawing Dialogue）が提唱されている。バウムテストを心理療法の手法として利用する際には，PDI，PDD が参考になる。

(6) その他の留意点

1）実施日的の説明

バウムテストの実施に先立って，実施目的を被検者に説明する。臨床検査としてバウムテストを実施する場合は，他の心理テストと同時に実施する場合が多く，その場合は一括して説明している。「これからあなたの特徴を知るために（あなたのことを理解するために），いくつかの検査を行いますのでよろしくご協力をお願いします」という内容を丁寧に，そしてさらりと言うようにしている。

また，能力のアンバランスがある被検者に対しては，「どんなところが得意で，どんなところが苦手かを知るために」と言うこともある。被検者とのラポール形成に役立つように，目的を説明し同意を得る。

2）被検者からの質問に対して

被検者から，「実，描かなあきませんか」と質問された場合は，投映法の実施原則に則った答え方をする。つまり，被検者の反応に影響しないよう，例えば「どちらでも結構です」と曖昧に答える。用紙の向きについても同様に対応する。また，「私，絵下手ですねん。卒業以来，描いたことありません」に対しては，「そう仰る方は多いです。これは絵の上手下手とは関係ありませんので，思った通りに描いてください」と答えることにしている。

3）労いの言葉をかける

臨床場面では，基本的には一連の検査が終了した時点で，検査を受けに来ら

8）『HTPP テスト』（高橋，1975）の一環を成す樹木画について，わが国最初の樹木画法に関する著書として公刊されたのが『樹木画テスト』である。

れたことに対して検査への協力のお礼と労いの言葉を掛けるが，バウムの描画終了後にも労いの言葉を掛けている。「では，次の検査をします」の前に，「一生懸命に描いてくれて，ありがとう」，「ちゃんと描けたね」，「がんばって描いてくれたね」などの言葉を掛ける。当初は，自信をなくした子どもたちを勇気づけるという意図があって発していたが，そうではない。その子なりの，その人なりのこだわりをもって実に一生懸命にバウムを描く姿を目の当たりにすると，自然に言葉が出てくる。

4）生データを大切にする

この場合の生データ（raw data）とは，バウムが描かれた用紙そのものであり，用紙を汚さないよう大切に保存する。被検者の氏名・年齢・生年月日・日付等は用紙の裏面に記入，あるいは被検者に記入してもらい，バウムが描かれた紙面には何も書き加えない。ただし，描画の終了直後に被検者が自発的に木の種類や自分の名前を書いたときには，無理に制止しないで見守ることにしている。

そして，筆圧が強い場合は鉛筆の芯の粉で紙面が汚れないように，また，用紙に折り目が付かないように留意する[9)]。

ところで，実施法からは外れるが“生データを大切にする”にはもう一つの重要な意味がある。筆者は，解釈に迷いが生じるとその都度，バウムをじっと眺めることにしている。バウムそのものに戻ることで，それまでは気づけなかった何かが読めるようになる場合が多い。

5）テスト・バッテリーを組む

臨床心理アセスメント法としてバウムテストを利用するときは，アセスメントの目的に応じて発達・知能検査あるいはバウムテスト以外のパーソナリティ検査と組み合わせて実施する。筆者の場合，先に人物画を実施してからバウムテスト，次いで発達検査[10)]あるいは知能検査を実施することが多い。

当初は，バウムテストへの導入の目的で幼児にとって馴染み深い人物画を先

9）　人物画も同時に実施することが多いので，バウムと人物画を裏合わせにしてクリアポケットに入れ，クリアポケットにも氏名・カルテ番号などを記入して保存した。

10）　子どもの知能の発達水準をきめ細かく把握できる検査法として，当時は京都市児童院の「K 式乳幼児発達検査」を，1980 年頃からは「新版 K 式発達検査」を，1983 年からは『新版 K 式発達検査（増補版）』を主に利用し，必要に応じてビネー法や WISC などの知能検査も利用した。

に実施していた。しかし，被検者のパーソナリティの理解において両者が補完的に働いている事例を経験して以来，バウムテストを実施するときには原則として人物画も併せて実施している。

6）心理テスト室以外での実施

心理テスト室以外の部屋で実施する場合は，出入口や窓の位置，室内の掲示物などに配慮して机と椅子の位置を決め，静かな落ち着いた環境で被検者が描けるように工夫する。

7）集団法

集団的に実施する場合でも出来るだけ個別法の条件に近づける努力をし，互いの絵が見えないように，そして窓の景色や掲示物に配慮して机の位置を決めることが望ましい。

幼児を対象にする場合は，クラス単位の一斉実施ではなく，できるだけ少人数で実施する方がよい。筆者は数名単位で実施し，最初の数名に対しては一斉に教示し，以後は描き終えた幼児に代わって着席した幼児には個別に教示した。

以上，バウムテストの実施法について述べた。しかし，実施の現場では配慮を要することが他にも生じる。被検者の状態，実施目的，実施場所の状況等に応じて，その都度，きめ細かく配慮しながら自由に描ける空間を被検者に提供し，同時にバウムテストの実施条件を遵守して実施する態度が求められる。

最後に，実施の心得として「実施法が簡単という理由でバウムテストを安易に利用してはいけない」ことを強調したい。

第Ⅳ章　バウムの指標

バウムテストの教示によって被検者に生じた「実のなる木」のイメージの線描画がバウムであり，バウムには実に多様な表現型が生まれる。何故なら，描画対象である木自体が個別性に富んだ存在であり，そこに被検者の意識的・無意識的な心理的特徴とパーソナリティ形成における発達的要因が加わるので，多様なバウムが描かれる。

さらに規定の用紙と鉛筆で描くという条件からも多様なバウム表現が生まれる。A４判画用紙の紙面の使用領域，紙質と鉛筆の硬さと筆圧の強弱やストロークの長さなどの要因から生じる描線の質，そして「筆跡に固有の『字体』とか『運筆形態』は，描画にはない」（邦訳 p. 41）ので，前章で述べたように，どの部位からどんな順序でバウムが描かれるのかという描画の過程や，描線を引く方向にも被検者の心理的特徴が表れる。

以上のような多くの要因があって，個々の被検者に特有のバウムが生まれる。さらに言えば，個々の被検者が描くバウムもいつも同じではなく，その時の状態によっても変化する。このように，バウムの表現型は多種多様であり，よく似たバウムに出会うことはあっても同じバウムに出会うことはない。多数のバウムを経験した今でさえ，「これは初めて」というバウムに出会うことも珍しくない。

さて，バウムテストの解釈は，バウムに表れた指標を読み取る，正確に言えば描かれていない指標も含めて読み取ることから始まる。バウムには非常に多くの特徴が表れるが，そのバウムを最も特徴づけている指標をどう読み取るかによって解釈の質や内容が異なってくる。

解釈力を養うには，バウムに表れる多種多様な特徴を反応のリストとして日頃から把握しておくことも必要だ。

バウムの全体像や各部位で生じる表現型の多様性を知っておくと，目の前にあるバウムの特徴を把握しやすくなり，解釈に役立つ。前章で述べたように，描画時の観察のポイントとしても役立ち，観察で得た情報は解釈に活かせる。

筆者は，基本的な反応のリストとして，出現率が大規模に調査された58指標を最初に勧めたい。58指標は，そのほとんどがバウムの部分的特徴に関する指標である。しかしながら，一線幹のように指標名だけで判定基準が理解できるものから，基準そのものが明確に記述されていないために誤解が生じやすい指標もある。また，英語版に準拠したバウムテスト理解の中で生じた誤解もある。

そこで本章では，第3版に基づいて58指標の判定基準の明確化を行う。

1　自然の木の表現型

58指標の判定基準の明確化に先だって，バウムの形態との関連が深い自然の木の表現型について述べよう。

自然の木は，幹・枝・根・葉・花から成り，樹冠は「個々の樹木の枝葉が空間を立体的に占有している部分」（世界有用植物事典，1989）と定義され，非常に複雑な形態を示す。

樹冠を支える幹は，地中から吸い上げられた水分と養分の通り道であり，幹の形は根元から上部にかけて緩やかに細くなる。

樹冠の形を左右する枝は幹から伸び，枝も付け根から枝先にかけて緩やかに細くなる。そして，幹から伸びた枝には無数の分枝があり，そこに葉などが付く。

葉・花・実は，枝に直接くっ付くのではなく，細い軸[1)]を介して枝に付く。しかし，カカオやパパイアなどのように，幹に花が咲き実を付ける幹生花（かんせいか）と呼ばれる熱帯植物もある。

根は通常，目にすることはないが，地下にあって地上の木を支え，地中から水分と養分を吸収する。そのために，主根が地中深くまで伸び，主根の周囲に側根を張り巡らせている。

樹形は，図14に示すように枝の生え方によって大きく二通りに分かれる。

---

1)　葉は葉柄で，花は花柄（花梗）で，実は果梗で枝に付く。

幹が木の先端まで伸びるタイプ

図 14　自然の木の樹形（出典：『樹』（1992）の表紙）

図 15　ひょろひょろとした幼木

果樹を例にすると，りんごの木のように幹が途中で分岐して枝になり，枝分かれした枝で樹冠が形成されるタイプと，西洋梨の木のように幹が途中で枝分かれすることなく木の先端まで伸び，幹の周囲から派生した枝で樹冠が形成されるタイプとがある。

また樹形は，木の種類によって遺伝的に規定され，松なら松特有の，桜なら桜特有の樹形に成長する。普通の環境で育つと樹形は木の種類に応じた形になるが，不自然な環境で育つと，その木本来の樹形は変化する。電線などの障害物を避けるように枝を伸ばした木，フェンスの針金を巻き込みながら太く成長した幹，害虫や台風の被害に遭って本来の樹形が損なわれた木，剪定された庭木など例を挙げれば切りがない。

さらに樹形は，樹齢に応じて変化する。ひょろひょろと伸びた細い幹に葉が付いたような，樹冠がまったく形成されていない幼木（図 15）から，威勢よく枝を伸ばし，葉が生い茂る樹冠をもつ成木となる。そして木肌に深い皺を刻み長年の風雪に耐えてきたことを感じさせる老木へと変化する。自然の木では成長とともに下枝が自然に消失，あるいは人為的に下枝が払われて，木の上部に空間的な広がりをもった樹冠が形成される。

以上のように，自然の木は，個々の木のもつ遺伝的な要因とその木が育つ場所の環境要因との双方の影響を受けて，個別性に富んだ表現型を示す。この点こそが，木が「しばしば人格の同義語にもなる」（邦訳 p. 15）所以と言えよう。さらに，そこに木を描く被検者側の種々の要因が加わるので，バウムの表現型により一層の多様性が生まれる。

2　58 指標の判定基準の明確化

判定基準を系統的に説明するために，58 の指標を幹，枝，樹冠，実・葉・花，根，風景（木以外の描き込み），バウムの表現手法に関する指標に便宜的に分け，次いでコッホの指標設定の視点に基づいて下位分類し，「58 指標の分類表」（表 4）を作成した。指標名の先頭の番号は，巻末の出現率表において個々の指標に付けられた番号であり，その番号は 58 指標の出現率表での提示順と一致する。

それでは，58 指標の判定基準を指標の分類表に従って説明しよう。

なお，本書に掲載したバウムについては，それを描いた被検者の年齢（学年）と性，バウムの樹種，そして臨床事例であれば主訴を資料 5（「掲載バウムについて」）に示す。

(1) 幹[2)]

一本線で表現された幹を一線幹（以下，初出の 58 指標を下線で示す），輪郭のある幹を二線幹という。初版では，幹が“zwei Striche（2 本の線）”で表現されているという記述に留まっていたが，催眠実験で得られた二本線の幹に対して，初めて二線幹（Dopperstrichstamm）という指標名が使用された。二線幹は，まさに二本足で大地に立つ様子を表す。

幹の輪郭は「私とあなた，あるいは私と外の世界とを，多かれ少なかれはっきりと分ける境界線」（邦訳 p. 161）であり，輪郭の不明瞭な幹は，「拡散し分散した幹の輪郭」と呼ばれている。

2)　幹は樹幹とも表記されるが，同音の樹冠との混乱を避けるために「幹」とする。

表4　58指標の分類表

部　位	分類の視点	指標名
幹	幹の輪郭と形状	5　一線幹
		6　二線幹
		15　幹，幹と付属の枝
		30　モミ型幹
		31　半モミ型幹
		32　円錐幹
	幹先端の処理	42　幹上直
	根　元	33　幹下縁立
		34　まっすぐな根元
枝	主枝の形状	3　直線枝
		7　全一線枝
		8　一部一線枝
		9　全二線枝
	主枝の方向	1　全水平枝
		2　一部水平枝
		4　十字型
	枝先の処理	38　管状枝
		43　枝先直
	主枝の付け根の位置	12　地面までの枝
		13　一部低在枝
		52　前方に突き出た枝
	分　枝	10　全直交分枝
		11　一部直交分枝
		53　逆向きの分枝
樹　冠	形や構成	16　日輪型や花型
		19　陰影手法の樹冠
		35　球形樹冠
		36　カール状樹冠
		37　もつれた線の樹冠

部　位	分類の視点	指標名
実・葉・花	あ　り	20　実
		21　葉
		22　花
	配　置	14　幹の中の葉や実
		25　空中の実
		27　空間倒置
	大きさ	23　大きすぎる実や葉
	異種の実など	41　樹冠における主題の変化
根	根の輪郭	28　一線根
		29　二線根
風景（木以外の描き込み）	木に吊るされたもの	54　付属品
	風　景	48　留め杭や支柱
		49　梯子
		50　格子で保護，針金
		55　多くの風景
		56　ほのめかされるだけの風景
		57　島や丘の形
表　現	鉛筆で塗る	17　暗く塗られた幹
		18　暗く塗られた枝
		24　黒塗りの実や葉
	落　下	26　落ちる，あるいは落ちた実，葉，枝
	さまよい	39　さまよった長すぎる枝
		40　さまよって空間をうめる
	切断・傷痕	44　切断された枝，折れた枝，折れた幹
		45　幹の瘤や凹み
	積み重ねた描き方	46　積み重ね型，建て増し
	規則的な描き方	47　ステレオタイプ
	いびつな形	51　変質型
	紙面からのはみ出し	58　上縁はみ出し

a

b

c

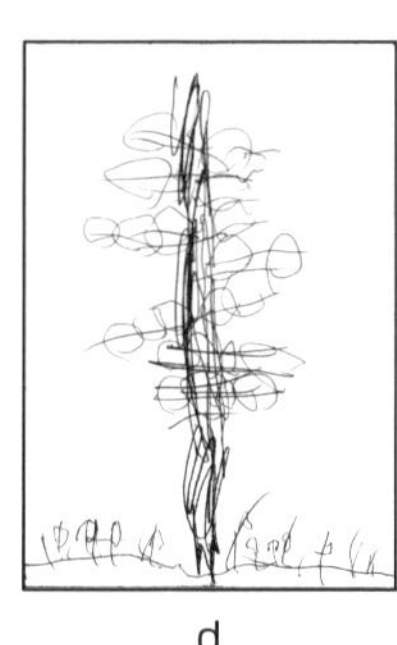
d

図 16　塗りつぶしの幹

他に，二線幹でも一線幹でもなく「拡散し分散した」輪郭の幹でもない幹も出現する。幹の輪郭線は引かれていないが，塗りつぶしで幹が表現された結果，主観的輪郭をもつ幹が出現する。筆者はこのような幹を「塗りつぶしの幹」[3]（図 16）と呼び，すべての幹の輪郭を一線幹・二線幹・塗りつぶしの幹（丁寧に塗りつぶされた幹，粗雑な描線で塗りつぶされた幹を含む）に分類している。

幹は「中心であり，直立し，真ん中にあり，支えであり，骨格であり，実質をなし，持続してあり，安定してなくなることがない」（邦訳 p. 42）ので，「何も見ずに木を描画する際，素質に合ったものがより明確に投影されるのは，覆い隠す木の衣服よりも，木材の性質を持つ部分の方」（邦訳 p. 42）であり，解釈における幹の重要性が指摘されている。

幹の太さは原著では言及されていないが，太さの程度も指標になる。太すぎる，あるいは細すぎる幹の目安として『バウム・テスト』の補遺（p. 143）では，約 5 ㎝以上が太すぎる幹，約 1 ㎝以下が細すぎる幹とされる。

初期の二線幹の幹先端には，「幹の端が水平な線で閉じられたもの」（邦訳 p. 64）が多く，このような幹先端処理を幹上直（図 17）という。図像 F（図 9）や 8 歳と 9 歳の暗示で描かれた木の絵（図 5）では，幹上直の幹先端から枝が出た状態であっても幹上直が指摘されているので，枝が出ている場合も幹上直に含まれる。

3)　これまでの「不定幹」を改称。

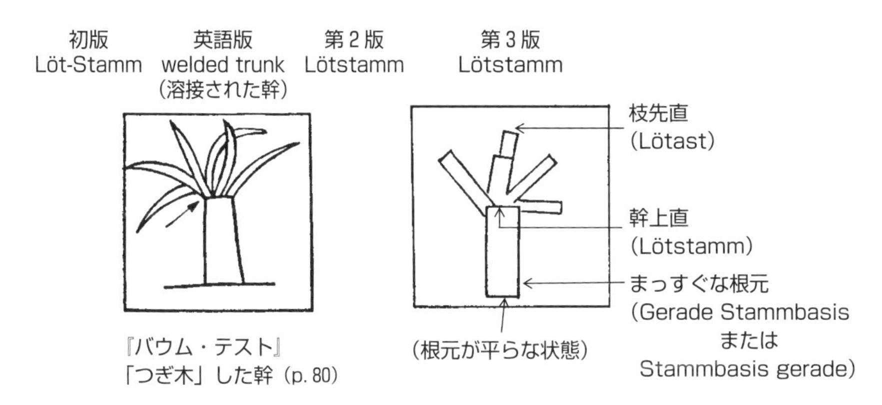

図 17　幹上直の図式の変遷

幹上直の原語は，幹先端をはんだ付けされたような状態に例えたはんだ付け幹（Lötstamm）だが，一谷ら（1968）に倣って指標名を幹上直とする。その理由は，幹先端が直線で閉じられているというこの指標の典型的な特徴が指標名から読み取れ，さらに，幹下端を幹上直のように横線で閉じた「根元が平ら」（邦訳 p. 192）な状態を指す「幹下直」（一谷ら，1968）の対語としても使えるからである。

幹上直は，通常は幹先端が枝分かれ，あるいは細く閉じることで消失するが，「突然消失するものではない」（邦訳 p. 192）のでさまざまな移行型が生じる。「まっすぐな境界線の代わりに，幹では，ピラミッド型もしくは半円型の線」（邦訳 p. 192）で閉じた幹先端もその例で，移行型も含めた幹上直の特徴を一言で言うと「尖っていない先端」（邦訳 p. 190）となる。

また，幹上直は「発達指標（Entwicklungsmerkmal）として優れてふさわしい」（邦訳 p. 193）と評価されている。発達指標とは，被検者の発達に応じて出現率が明らかに上昇，あるいは下降する指標のことで，その中でも特に幹上直は，被検者の情緒的成熟の度合を敏感に反映する指標として位置づけられ，早期型の指標でもある。

ところで，『バウム・テスト』で示された幹上直の図式は英語版の図式なので，修正前の旧い図式である。初版・英語版・第２版の図式（図 17 左）には，地面線上に立つ根元の広い幹と，幹上直の幹先端から出た枝先が細くなった枝が描かれていたが，第３版になって幹上直で幹下直の長方形の幹と，枝先が直

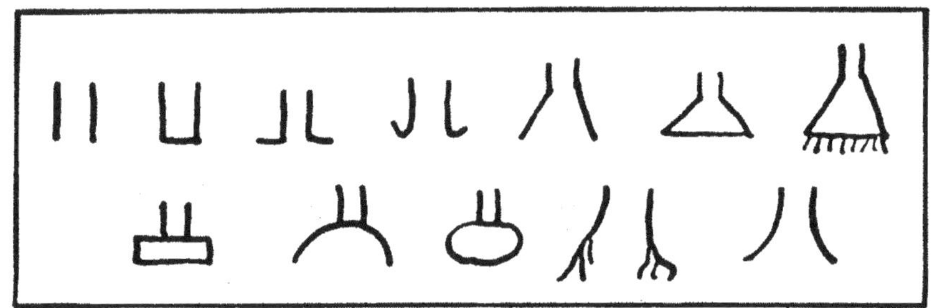

図 18　6 歳から 7 歳の根元の図式（邦訳 p. 88）

線で閉じられた枝のある図式へと修正された[4)]。

幹上直の幹には，根元がまっすぐで広がりのないまっすぐな根元，加えて幹の下端を横線で平らに閉じた幹下直，枝先も直線で閉じた枝先直の枝が描かれることが多い。それ故，この指標の図式は典型的な幹上直のバウムに修正され，同時に，「幹上直は，時に，幹の上端だけに限らず，幹の根元が平らになることもある。枝先直は，転用されるという意味で，根に指摘されることは稀である。正確には根先直というべきであろうが」（邦訳 p. 192）が加筆された。

なお，根元が平らな状態（幹下端を横線で閉じた状態）は，6 歳から 7 歳の子どもにみられる根元の図式（図 18）の中に含まれている。

また，まっすぐな根元は「たいていは，幹の上下が同じ太さで平行なので，図式的な形になる。成熟した形になると，幹の根元の両側が軽く丸みを帯びてくる」（邦訳 p. 86）が，その中で根元が広すぎる幹を円錐幹という。

円錐幹とは，「広い根元を示し，樹冠に向かって，円錐形になるように伸びている」（邦訳 p. 155）幹で，根元が広すぎるという特徴だけで判定される指標ではなく，根元から幹の上部にかけて円錐形のように細くなった幹を指す。

初版では Keilstamm（楔形の幹）と命名されていたが，第 2 版で Kegelstamm（円錐幹）に改称された。

図 19 に，円錐幹が指摘された図像 B[5)]（邦訳 p. 281）と図像 F（邦訳 p. 292）

---

4)　初版の Löt-Stamm は welded trunk（溶接された幹）と英訳され，『バウム・テスト』で「『つぎ木』した幹」と訳出された。また『整理表』では，「つぎ木した幹」と「はんだづけ幹（幹上直）」の双方が幹先端処理に関する指標とみなされ，同一指標であるにもかかわらず異なる二つの指標として扱われた。

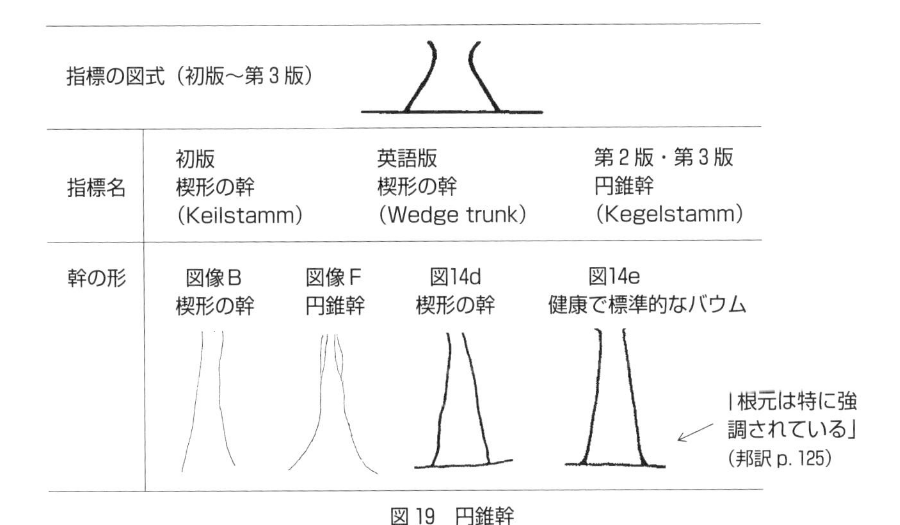

図19　円錐幹

そして催眠実験で得られたバウム（図14d　邦訳 p. 123）の幹の部分だけを示す。図像Bや図14dでは，注意深く見ないとその特徴に気づきにくいが，第2版から掲載された図像F（邦訳 p. 292）ではこの指標の特徴がよく分かる。

ところで，図14dは年齢が30歳で，しかも「あなたは20人の社員がいる会社の社長です。責任重大な立場にあります。あなたの心の才能の一部が発達していません」（邦訳 p. 122）の暗示で描かれたバウムあり，一方，樹冠が図14dとは大きく異なる図14e（邦訳 p. 123）は，同年齢だが「あなたは全く正常で健康です」（邦訳 pp. 123-124）の暗示で描かれたバウムである。「心の才能の一部が発達して」いないときには，早期型の指標である水平枝（全水平枝あるいは十字型）と直交分枝（この場合は，全直交分枝）が出現し，「全く正常で健

5)　初版の Keilstamm は wedge trunk（楔形の幹）と英訳されたが，英語版では図像Bの当該箇所でのみ Keilstamm の新しい指標名である conical and wide（円錐形で根元が広い）が第2版に先行して使用されていた。しかし，第2版・第3版では旧指標名のままだったので，これらが同一の指標だと分かるまで時間を要した。また，第2版で掲載された図14dに対しても，旧い指標名が使用されている。この指標の特性として，幹が上に行くほど細くなるという楔のような特徴よりも，根元の広がりが重視されたので円錐幹に改称されたのであろう。なお，『整理表』では，「円錐幹」を「幹」に関する指標として，「くさび型」を「幹の基部（根元）」に関する指標として挙げ，新旧の指標名が別個の指標として扱われている。

康」なときには，幹先端が「たくさん枝分かれ」（邦訳 p. 125）したバウムが出現している。このように樹冠の表現には大きな違いがあるが，図 14d の幹は図 14e の「健康で標準的なバウム」（邦訳 p. 125）の幹に「ほぼ相当している」（邦訳 p. 124）。この意味は，根元が広く上に行くほど細い「楔形の幹は，成熟の表現」（邦訳 p. 125）でもあるので，円錐幹であっても根元が広いこと自体が「まっすぐな根元」の段階を克服したことを示している。

幹下縁立とは，幹線の下端が紙面の下縁（下端）に接している状態を指し，紙面の下縁は地面線に見立てられている。「用紙の下端に地面を見出すことは一つの能力」（邦訳 p. 86）であり，「あまりに幼い年齢では，地面線を描くことができない。そこで，具体的な地面として用紙の下端が用いられる」（邦訳 p. 85）。

出現率は就学すると急激に減少し，児童期の終り頃にはほとんど出現しなくなる。先のまっすぐな根元は，出現率の推移が「『幹下縁立』の場合と同じような動きをする」（邦訳 p. 86）ので，この 2 指標を併せた「根元がまっすぐな幹下縁立」は早期型のリストに含まれている。

ところで，わが国では幹下縁立の出現率は就学しても減少せず，中学生であっても出現する指標（一谷ら，1968）として知られている。

モミ型幹は，すべての主枝が幹の側方に向かって伸びるモミの木の姿に倣って命名された指標である。幹が途中で分岐（枝分かれ）することなく，「根元から木の頂上まで伸びている」（邦訳 p. 156）幹であり，樹冠の輪郭の有無を問わない。枝の付き方は「果物の木の中では，西洋梨の木に最も純粋に現れているように思われ」（邦訳 p. 156），枝は幹の側方に伸びる枝（これを側枝という）として描かれる。図 20 にモミ型幹の図式などを示す。

幹の先端は，典型では木の先端に達しているが，達していない場合もモミ型幹とする[6)]。また，「男児は女児よりも 2 倍から 3 倍多く」（邦訳 p. 156）モミ型幹を描く。

ところで，モミ型幹には早期に出現するモミ型幹と，後期に出現する成熟したモミ型幹がある。前者では，枝が根元まで描かれていることが多いので「地

6）　40 歳の神経症的抑うつ症者の，幹が木の先端にほぼ達したバウム（邦訳 p. 107）に対してモミ型幹が指摘されている。

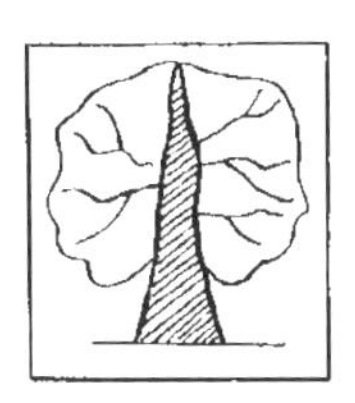

モミ型幹の図式
（邦訳 p. 157）

初版	英語版	『バウム・テスト』
Tanne	pine	松の木
Tannenstamm	pine trunk	松科の幹
T-Stamm	T-trunk	Ｔ型の幹・Ｔ字型の幹

モミ

パインツリー

筆者がイメージした松

エゾ松

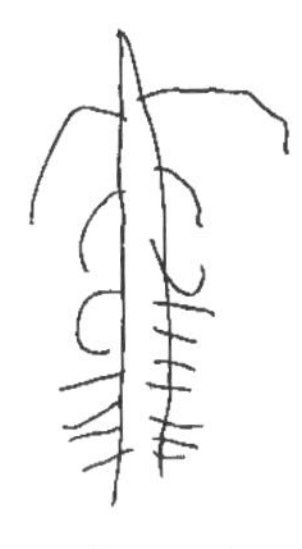

4 歳 9 か月の女児が描いたバウム（邦訳 p. 66 の図 5 ）

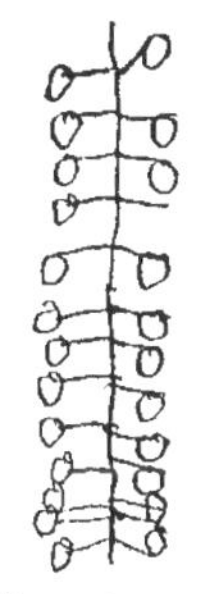

図像Ⅰ（邦訳 p. 307）

図 20　モミ型幹

面まで枝のあるモミ型」（邦訳 p. 68）と呼ばれ，早期型のリストに含まれている。早期型としてのモミ型幹は，樹冠が形成される以前のモミ型幹であり，4 歳 9 か月の女児が描いた木の絵（図 20）や図像Ⅰ（図 20）がその例である。

一方，成熟したモミ型幹とは，地面まである枝の消失によって幹と樹冠に分化した図像Ａ（図 9）のようなバウムを指す。

次に，『バウム・テスト』で生じたモミ型幹に関する混乱について述べる。『バウム・テスト』では，「T 型の幹（実のなる木にみられるマツ科の幹）」は「根もとから木の先まで，下から上へまっすぐに伸びている」（同書 p. 56）とあり，その上，指標名は「T 字型の幹」（p. 35）とも訳されていた[7)]。そのため，松と言えば幹の曲がった松しか思い浮かばなかった当時の筆者にとっては，とりわけこの指標の判定基準は理解できなかった。後に，旅行先の北海道でエゾ松を見て，「根もとから木の先まで，下から上へまっすぐに伸び」る松の存在を知り，「T 型の幹」の T は Tanne の T に由来することが分かった。

『バウム・テスト』に生じた混乱の原因は，ドイツ語の指標名の英語表記である T-trunk の T の理解が不十分だったからと思われる。図 20 に示すように，初版の Tanne（モミ）は英語版で pine[8)]（松）と英訳され，同様に指標名である Tannenstamm とその略称である T-Stamm は，pine trunk と T-trunk に訳された。その結果，『バウム・テスト』では同一指標であるにもかかわらず「松科の幹」，「T 型の幹」，「T 字型の幹」などと訳出されたために，指標の理解に大きな混乱が生じたと言える。

モミ型幹は，“T-Stamm” に因んで，以前から「T 幹」と呼ばれることが多く，筆者も T 幹に慣れ親しんできた。しかし，T から生じる誤解を今後も防ぐために，『バウムテスト第 3 版』では「モミ型幹」と呼ぶことにした。

<u>半モミ型幹</u>は，「モミ型幹の前に現れるように思われる」（邦訳 p. 157）とあるように，成熟したモミ型幹への移行型と考えられている。半モミ型幹の図式（邦訳 p. 157）には，側枝だけでなく幹上直の幹先端から出た枝が描かれ，半モミ型幹が指摘されたバウム（邦訳 p. 137 の図 21）にも，二股に枝分かれした幹先端の他に側枝も描かれている。このことから，半モミ型幹は，幹の先端が木の先端に達していないという特徴だけでなく，側枝も備えた幹を指すことが見て取れる。

この指標の図式や半モミ型幹が指摘されたバウムでは，幹先端から出た枝よりも側枝の方が十分に伸びているが，幹先端から出た枝の方が優勢なタイプも出現する。

---

7) 『整理表』では「T 幹（マツ科型）」の指標名が使われ，『バウム・テスト』に掲載された図式を指定するのみで，文章による説明はない。

8) モミはマツ科モミ属に分類されるが，モミの英訳は fir である。

幹，幹と付属の枝[9]は，本文中では「枝が無くて上端が閉じた幹，あるいは貧弱な枝のある上端が閉じた幹」（邦訳 p. 84）と言い，特徴を具体的に記述した長い指標名で呼ばれている。樹冠が形成される以前の，つまり幹と樹冠に分化したバウムになる前段階のバウムを指す。樹冠が未だ形成されていない幹だけのバウム，あるいは「枝というよりむしろ，毛が生えているような感じ」（邦訳 p. 84）と形容される未熟な枝が幹に付いたバウムを指す。

この指標は，いわゆる幹の部分だけが描かれたのではなく，描いた人にとっては木全体のイメージ表現である。その意味でバウム全体像としての特徴が指標化されたものと言えるが，58 指標の分類表では便宜的に幹に関する指標として扱った。

ところで，バウムには自然の木では決してあり得ない表現が生じる。その一つが，幹や枝の先端が開いたままの表現である。先端が開いた形は「バウム画特有の指標」（邦訳 p. 178）であり，コッホは 2 種類の「上端が開いた幹」（邦訳 p. 179 の 3a・3b）を設けているが，58 指標には含まれていない。ただし，開放した枝先は管状枝として 58 指標に含まれている。

二つ目は，幹や枝が先端まで同じ太さに，言い換えると平行な 2 本の線で描かれることである。自然の木では，幹も枝も先に向かって緩やかに細くなり，同じ太さのままということはないが，バウムの幹には「まっすぐで平行な幹」（邦訳 p. 204），枝には「平行な枝」（邦訳 p. 169）が設定されている。

なお，「まっすぐで平行な幹」（平行幹ともいう　図 21）は，「幹の輪郭が，地面線から樹冠まで等間隔に走るもので，ほとんど定規で引いたような形」（邦訳 p. 204）を指すが，「まっすぐな根元」とは異なる。まっすぐな根元は，幹下縁立と同様な出現率の推移を示すので，幹下縁立が消失する頃にはまっすぐな根元も消失し，代わって根元に広がりがあり，上に行くほど細くなった幹が地面線上に描かれるようになる。したがって，地面線が出現しているにもかかわらず幹の太さが変わらないという，発達的にアンバランスな表現型が平行幹として指標化されたと思われる。なお，根元に広がりのある図像 H（邦訳 p. 308）や図像 K（図 21）の幹に対して「平行」（邦訳 p. 302・p. 308）が指摘

9)　この指標は，巻末の一覧表では「樹冠のない幹，短い枝のある幹」と命名されている。『バウムテスト第 3 版』の付表 7（邦訳 p. 346）では，「樹冠のない幹，付属程度の短い枝のある幹」としたが，ここでは呼びやすくするために指標名をさらに短くした。

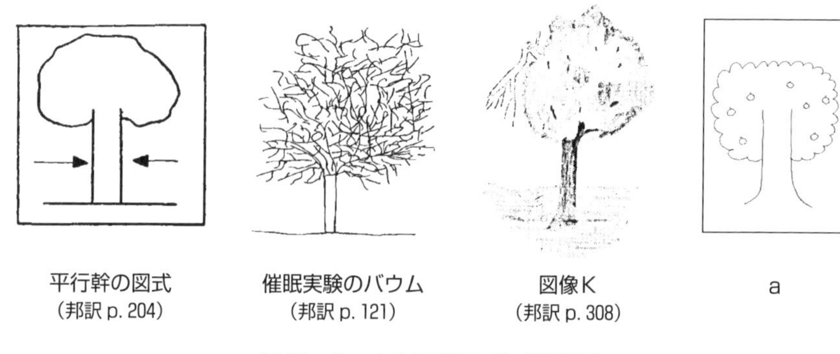

平行幹の図式
（邦訳 p. 204）

催眠実験のバウム
（邦訳 p. 121）

図像K
（邦訳 p. 308）

a

図 21　まっすぐで平行な幹（平行幹）

されているので，平行幹には幹の太さが下から上まで変わらない幹だけではなく，根元が広い平行幹も含まれる。

ただし，まっすぐな根元は初等学校 5 年でほぼ消失する指標なので，初等学校の「高学年の生徒や成人に生じた場合」（邦訳 p. 205）に平行幹はカウントされる。

ところで，わが国では「まっすぐな根元」が消失しても幹下縁立は出現し続けるので，地面線の出現が遅れる。そのため，幹下縁立で根元が広い平行幹や，根元開放の根元が広い平行幹（図 21a）が出現し，この指標の図式通りの表現型で出現することは少ない（第Ⅵ章 p. 191 参照）。

三つ目は，幹の上部が根元よりも太く描かれる，あるいは枝先が枝の付け根よりも太く描かれることである。「先太りの枝」（邦訳 p. 168）は指標として設定されているが，根元から幹先端にかけて徐々に太くなる幹（これを，「先太りの幹」とする）や，幹がその上部で急激に太くなるという特徴はコッホの指標にはない。

しかし，わが国の精神病者を対象にした描画研究から，徐々に太くなる幹に対してはバックの流れを汲む樹木画法の高橋（1967）によって「上にいくほど幅が広くなる」が，先端が広がる幹に対しては，「一般の『幹上開』の中の特殊なタイプ」である「漏斗状幹上開」（山中，1976）や「幹の中央部がくびれた『漏斗状の幹』」（高橋・高橋，1986）が指摘されている。

(2) 枝

枝の生え方は一般的には“枝ぶり”と表現され，バランスよく枝が生えている木に対しては「枝ぶりの良い木」とか「美しい枝ぶり」と形容される。しかし，バウムでは枝の生え方の美しさというよりは，枝によって樹冠がどのように構成されているかを重視するので，樹冠を構成する枝の生え方を藤岡・吉川（1971）に倣って，“枝組み”と呼ぶ。

主枝（Leitast）は樹冠の枝組みを構成する。主枝には幹先端から枝分かれして上に伸びる枝と，モミ型幹に見られるような側枝（Seitast）がある。主枝では枝の形状，伸びる方向，枝先の処理，枝の付け根の高さ（位置）などに関する指標が設けられている。

主枝から伸びた小枝[10)]が分枝（Zweig）で，分枝の伸びる方向も指標となる。最初の分枝から次々とより細い小枝（これも分枝という）が生え，分枝は豊かな樹冠あるいは複雑な樹冠を形作る要素となる。

他に，樹冠の下に描かれた枝を下枝，輪郭のある樹冠の内部に描かれた枝を冠内枝，輪郭のある樹冠の下に描かれた枝を特に冠下枝と呼ぶこともある。

なお，主枝と分枝の使い分けが必要でない限り，以下，枝といえば本書では主枝を指す。

一本線の枝を一線枝，輪郭線のある枝を二線枝といい，一線枝にはまっすぐに伸びた直線枝と「弓状の線で描かれた」（邦訳 p. 79）曲線の枝がある。幹の場合と同様に，輪郭線のない「塗りつぶしの枝」も出現する。

一線枝・二線枝・塗りつぶしの枝の他に，コッホが「毛が生えている感じ」（邦訳 p. 84）と例えたような枝とみなすには未熟な枝も出現し，筆者はこれを「付属の枝」と呼ぶ。

すべての主枝が一線枝なら全一線枝[11)]，すべての主枝が二線枝なら全二線枝，「二線枝のバウムに，時折，純粋な一線枝が散見される」（邦訳 p. 76）場合を一部一線枝という。

次に，主枝の伸びる方向が水平であれば，輪郭の有無にかかわらず水平枝と

10）原著では，主枝とするには貧弱な枝も Zwig と呼ばれている。

11）全一線枝，全二線枝の原語は Strichast，Doppelstrichast だが，個々の枝の輪郭の有無を表す一線枝，二線枝と区別するために，一谷ら（1968）に倣って指標名を全一線枝・全二線枝とした。

いう。すべての枝が水平なら全水平枝，水平枝が部分的に残っている状態を一部水平枝という。一部水平枝の場合，水平枝以外の枝は，通常は上向きの枝が多いが，時には下向きの枝も描かれる。

ところで，一谷ら（1968）以来，水平枝は“直交枝”と呼ばれることもあるが，幹に直角に交差した枝ではないので，指標名は原語（Waagrechte Äste）を直訳した水平枝が相応しい。

十字型とは，同じ高さにある左右の水平な側枝の対を指し，早期のモミ型幹である図像Ⅰ（図20）には，多くの十字型が含まれている。なお，十字型は枝が幹に交差する「水平な型」（邦訳 p. 68）とは区別される[12)]。

管状枝[13)]とは，「枝の先端が管状で開いているもの」（邦訳 p. 178）をいい，「管状枝は，いかなる場合でも，早期型ではない」（邦訳 p. 184）。ただし，手指操作が不器用なためにきっちりと閉じられていない枝先は含まない。幼児のバウムで見られることの多いこのような枝先は「閉じるのを忘れた枝先直」（邦訳 p. 184）と形容されている。

枝先直とは，枝先が幹上直のように直線で閉じられた状態を指す。原語は Lötast（はんだ付け枝）だが，指標名は一谷ら（1968）に倣って，枝先直とする。枝先直も幹上直と同様に「突然消失するもの」（邦訳 p. 192）ではないので，その特徴を一言でいうなら「尖っていない先端」（邦訳 p. 190）となる。枝先直は幹上直とほぼ同時期に消失するが，幹上直に比べて「その出現頻度はそれよりも少ない」（邦訳 p. 194）。

「深い位置にある枝」（図22，『バウムテスト第3版』では低在枝）には，地面までの枝と一部低在枝の2つの指標がある。

「深い位置」とは，前述したように樹冠より下方の位置を指すので，地面までの枝（Äste bis zum Boden，図22a･b）は，一線枝や水平枝に限定されこ

12) 『整理表』では幹に枝が直角に交叉した図式を示し，「幼児に見られる十字架のように，主枝が幹に直角に交叉しているもの」とされ，中田（1982）も同様な規定を示しているが，十字型の典型はあくまで水平枝の対である。

13) 一谷ら（1968）では，直訳の管状枝ではなく「枝先開」と呼ばれた。「枝先開」は，開放した枝先という特徴をうまく言い表し，しかも，枝先直の対語としても使用できるので筆者も使用してきた。しかし，この指標には両端が開放した枝（「散在している管状枝」（邦訳 p. 185））も含まれるので，枝先だけでなく枝の両端の開放にも適用できる指標名である管状枝とする。

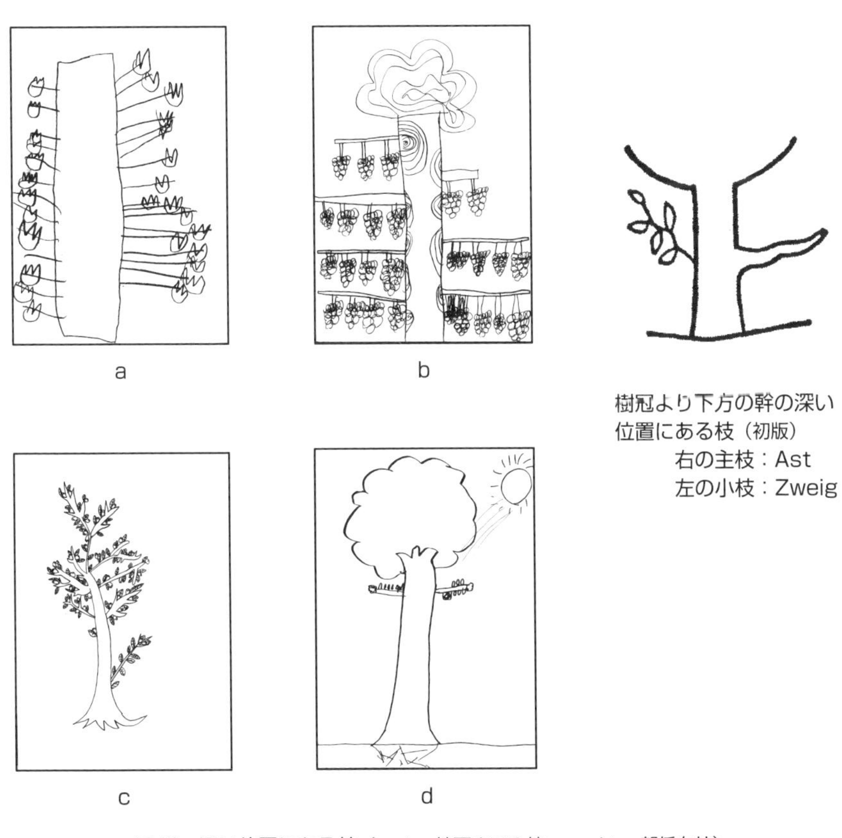

図 22　深い位置にある枝（a・b：地面までの枝，c・d：一部低在枝）

となく，樹冠の直下から地面近くまで枝が次々と出ている状態をいう[14]。地面までの枝が消失することで樹冠が形成され，幹と樹冠に分化したバウムになる。したがって，この指標はバウムが幹と樹冠に分化しているか否かの目安となる重要な指標であり，「地面近くまである枝は，実際には初等学校に入学するころに消失するので早期指標の一つ」（邦訳 p. 82）とみなされている。

次に，樹冠の直下から地面までの間に下枝が散発的に残っている状態を「深

14)　“Äste bis zum Boden” については，一谷ら（1968）は「幹の下端まで水平に枝が描かれているもの」とし，『整理表』では「主枝がすべて一線枝で地平まで描かれているもので，枝の方向は水平方向枝でなくてもよい」と規定され，「地面までの一線枝」と命名された。

い位置に散発的にある枝」(『バウムテスト第3版』では，一部低在枝）という。一部低在枝には，地面近くの低い位置にある枝（図22c）だけでなく，樹冠直下の比較的地面から高い位置にある枝（図22d）も含まれる。

この深い位置に散発的にある枝（Vereinzelt tiefliegende Äste），つまり一部低在枝は，初版で指摘された15の発達指標の中の「樹冠より下方の幹の深い位置にある枝（Asttief am Stammunterhalb der Krone)」に由来する。初版では“樹冠より下方”という枝の位置を具体的に示す語句が指標名に含まれていたが，第2版で省かれた。指標の図式は初版と同じだが，発達に応じて消失することから取り残されたような印象を与える枝（主枝）は，1本とは限らないので第2版から枝は複数形で表記されるようになった。

しかし，何よりも大きな訂正は，この指標が発達指標とみなされなくなったことだ。早期型のリストに含まれていないのは，横断調査によって5％から10％の範囲内で「すべての年齢で生じる」(邦訳 p. 83）ことが確認されたからである。

なお，「深い位置にある枝」が消失しないで一部だけ残った状態は，「部分的遅滞」(邦訳 p. 83）の概念から解釈される。

また，「深い位置にある枝」が発達によって消失することが，次のように講演で語られている。「枝が大地に近いところに付いている樹が，成長していくにつれて普通の形の幹になっていくことがある。まるで樅の成長と同じような成熟が見られる。それは，樅の樹が年をとるにつれて小うるさい隣人と仲良くやっていくために，下枝を払い落としてしまうようなものである。とりもなおさず人間によく起こることが，同じようにそっくりそのままみられる」(資料2)。

前方に突き出た枝（Dritte Dimension（ohne“Augen”)[15)]『バウムテスト第3版』では，三次元（正面に突き出た枝）；図23）とは，幹の正面から前方に突き出るように描かれた枝をいう。指標名の直訳は「三次元（「目を除く」）だが，三次元を指標名にすると立体表現のための指標と誤解されやすい。また，図24のような二次元で表現された枝も出現するので，この指標の特徴がうまく言い

15) これは巻末の58指標の出現率表で使用されている指標名。本文中ではDritte Dimension（Frontal äste)（三次元（正面の枝))。一谷ら（1968）や『整理表』をはじめ，「三次元」を枝の立体表現とする文献が多い中で，佐藤ら（1978）ではコッホの意図通りに「前方につき出た枝」と理解されていた。

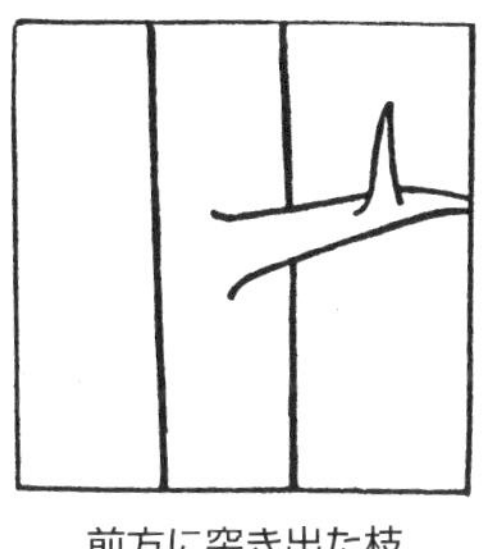

前方に突き出た枝
（三次元　邦訳 p. 230）

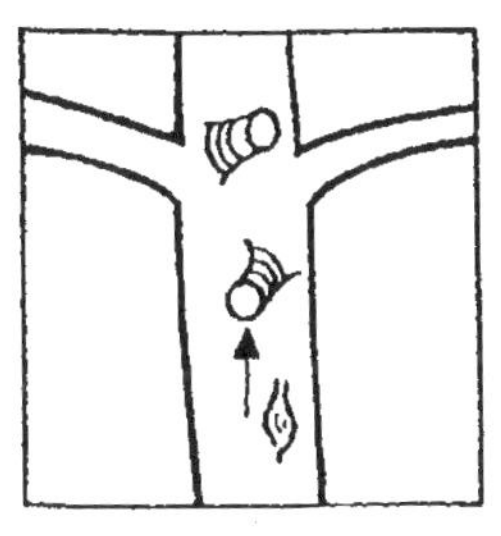

正面の枝の切断（目）
（邦訳 p. 231）

切断された枝
（邦訳 p. 227）

図 23　前方に突き出た枝

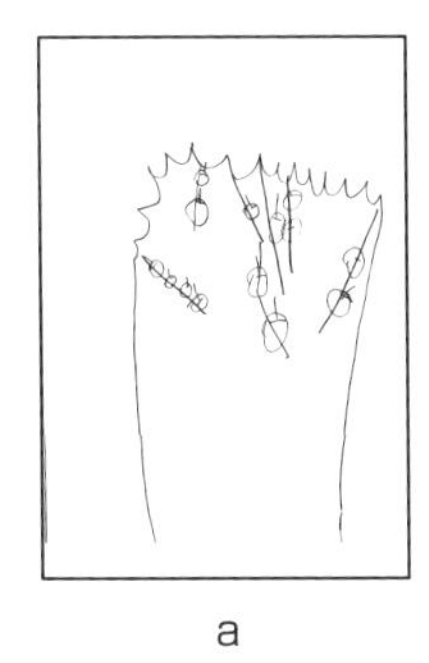

a

b

c

d

図 24　二次元で表現された「前方に突き出た枝」

表されている「前方に突き出た枝」（『バウム・テスト』p. 98）とする。

初版での指標名は“Frontal heraustretender Ast（dritte Dimention）（正面にある，外へ向かう枝（三次元））”であったが，一部低在枝と同様に第 2 版でその特徴を具体的に言い表した語句が省かれた。外に向かうように描かれる枝はたいてい立体的に描かれているので，立体表現を意味する「二次元」が指標名として採用されたのであろう。

ところで，自然の木では枝は，幹の先端から分岐，あるいは幹の周囲から派生する。しかしバウムでは，幹の周囲から伸びる枝は側枝として描かれるのが一般的で，幹の正面から出る枝を描く人は少ない。

したがって，「前方に突き出た枝」は，その主張が周囲に受け入れられるか否かは別として，それを描いた人には他者とは違う発想があり，独自性を主張しているという観点から解釈される指標と言える。

立体表現能力の獲得前の段階では，二次元で描かれた「前方に突き出た枝」（図 24）が出現する。立体表現の有無にかかわらず幹の正面から出た枝は被検者の独自性の表れとみなせるので，筆者は二次元で描かれた枝を「前方に突き出た枝」の下位分類としてチェックしている。

次に，途中で切断された「前方に突き出た枝」は「正面の枝の切断（目）」（邦訳 p. 231）であり，これは側枝が途中で切断された「切断された枝」（邦訳 p. 227）とは区別される。

分枝では，分枝の伸びる方向が指標となり，直交分枝・成長方向に伸びた分枝・逆向きの分枝の 3 種がある。

まず，主枝に対して直角に伸びる分枝を直交分枝（すべての分枝が直交分枝なら全直交分枝，一部であれば一部直交分枝）といい，直交分枝は最初に出現する分枝の表現様式である。「直交分枝は最初，催眠状態における発達的心理学的調査の中で発見された」（邦訳 p. 196）が，屈折した枝の形は“Gerade und eckige Formen（まっすぐで角ばった形）”として初版では一つの指標にまとめられていた（図 25）。しかし，英語版で次々と直角に枝分かれした分枝の形は「まっすぐで角ばった形」から分離して，“The angular form of the crown（角ばった形の樹冠）”と命名され，発達の阻害や退行のサインとなる 16 番目の指標に列挙された。その後，第 II 章で紹介した催眠実験で最初に出現した分枝は“Winkelast（角ばった枝）”と呼ばれ，第 3 版では指標名に早期型が付記された。[16]

わが国では，一谷ら（1968）によって“Winkelast”は「直交分枝」と呼ばれ，以来この指標名が使われている。[17]

ところで英語版では，「角ばった形の樹冠」は分枝の伸びる方向というよりは，分枝が次々に描き加えられるという特徴に着目して設けられたようで，後述する「積み重ね型，建て増し」と共に，“Fitting together（つなぎ合わせ）”[18]

16） 早期型に該当するのは全直交分枝だけであり，一部直交分枝は該当しない。本章の p. 96 を参照。

17） 『整理表』ではこの直交分枝の他に『バウム・テスト』の「角ばった冠部」，すなわち第 2・3 版で「直交分枝」の図式として示された図式を「直交枝」としているので，コッホの同一指標に対して二つの指標名が与えられたことになる。さらに前述したように水平枝の意味で「直交枝」が使用されることもあるので，「直交枝」の使用は薦められない。

18） 『バウム・テスト』では「重積（積み上げ）」（p. 81）。

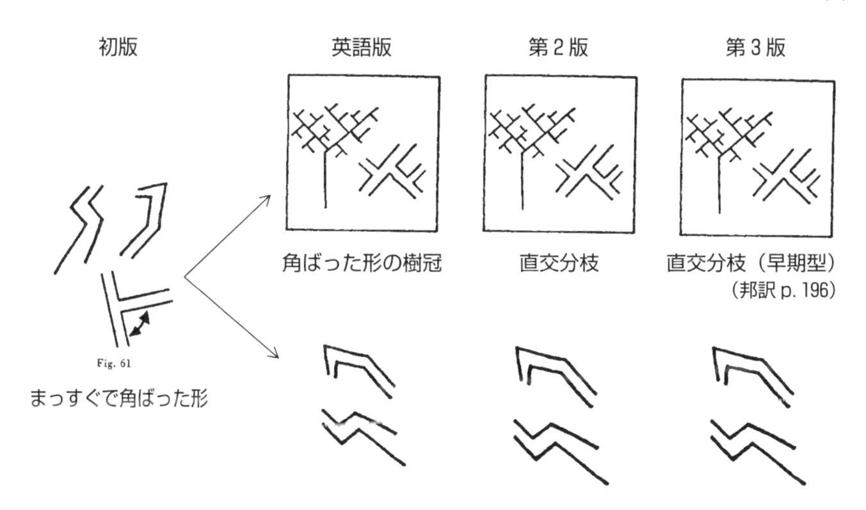

図 25　直交分枝の設定

に含まれている。

次に，直交分枝の後の段階に出現する分枝を「成長方向に伸びた分枝」（邦訳 p. 63）という。上向きの主枝から伸びた分枝は上向きに伸びるが，下向きの主枝から伸びた分枝は下向きに伸びる。そこで，上下いずれの方向に伸びた分枝にも適用できる用語として「主枝に対して斜めの角度」（邦訳 p. 63）を意味する「成長方向」が用いられたと思われる。

ところで，樹冠は分枝が描かれることで充実する。枝先が分岐して分枝が次々と描かれた状態は洗練（Verfeinerungen；邦訳 p. 42・p. 233）と呼ばれ，「樹冠の外層部」（邦訳 p. 42）はこの洗練された枝から成る。

分枝の中で"Gegenzüge an den Ästen（主枝とは反対方向の動き）"を示す分枝を逆向きの分枝[19]と呼ぶ。この指標の図式（邦訳 p. 218）だけではその特徴は分かり難かったが，図像Ｆ（図９）で「特に左側の主枝から出た分枝に見ら

19）『整理表』では「逆向きの枝」として「逆向きの分枝」の図式が指示されているだけで説明はなく，分枝の方向に着眼した指標として扱われていない。また，中田（1982）も「逆向きの枝」とし「個々の枝が反対の方向に伸びている」と規定されているが，分枝に限定されていないので，コッホの意図が理解されていない。

• 直交分枝 ⇒ 分枝が主枝に対して直角に伸びる

• 成長方向に伸びる分枝　成長方向 ⇒ 主枝に対して斜めの角度

主枝が上向きの場合

主枝が下向きの場合

• 逆向きの分枝　逆向き ＝ 主枝とは反対の動き

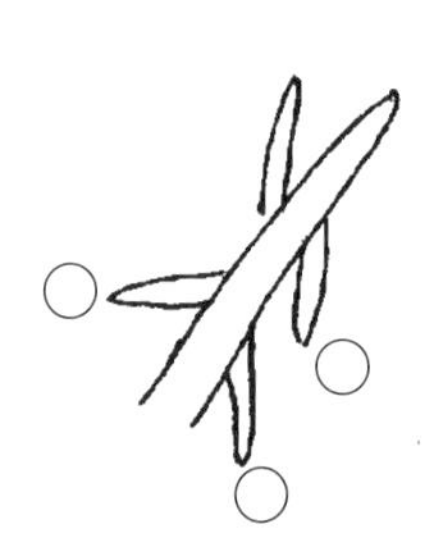

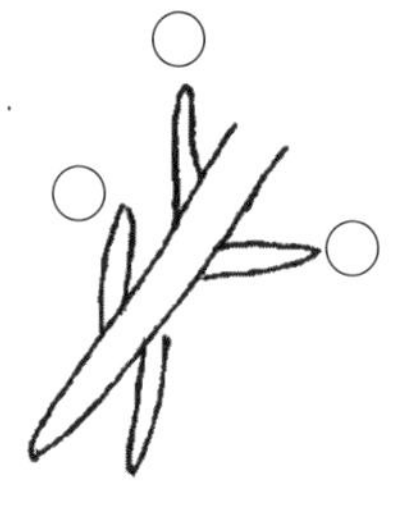

○：逆向きの分枝

図像Fの左側の拡大図

図 26　分枝の方向

れる」（邦訳 p. 291）と説明されていたので，主枝が伸びる方向とは逆の方向に伸びる分枝を指すことが理解できた。図 26 に分枝の伸びる方向によって設定された 3 つの指標を示す。

(3) 樹　冠

順次枝分かれし，そこに葉が生い茂る自然の木の樹冠は，どれもがとても複雑な形態を示す。しかし，バウムでは被検者がその複雑さをどう処理するかに

表5　球形樹冠の指標名の変遷

初　版	雲やボール型の樹冠（平面） Krone in Wolken-und Ballenmanier（Flächigkeit）
英語版	雲やボール型の樹冠（大きいこと） Crown in cloud Style and Ball Style（spaciousness） 『バウム・テスト』：雲やボールの形をした冠部（大きな冠部）
第2版	球形樹冠のバウム（閉じた形） Kugelbaum（geschlossene Form）
第3版	球形樹冠のバウム（閉じた形/平面） Kugelbaum（geschlossene Formen/Flächigkeit）

よって樹冠，ひいてはバウム全体像の表現型が決まる。

樹冠が輪郭線だけで表現されたバウム，樹冠が塗りつぶしで表現されたバウム，樹冠が枝組みで表現されたバウム，中にはまるで写実画のように枝や葉が多数描かれたバウムなど，樹冠には単純なものから複雑な形態のものまである。樹冠の輪郭線の有無，輪郭線のある樹冠内での枝組みの有無，樹冠の形などによって実に多様な表現型が生まれる。

58指標に採り上げられた樹冠に関する指標のうち，早期型である「日輪型や花型」を除く4指標に共通する特徴は冠内分化[20]が乏しいことと思われる。

陰影手法の樹冠は，輪郭線のない樹冠の内部が斜線で塗りつぶされたもの，あるいは図像K（図21）のように樹冠内部が薄く塗りつぶされたものを指す。第2版で巻末の指標名に（枝なし）が付記されたことから，枝組みのない樹冠に限定された[21]と思われる。ただし，立体表現のために付けられた部分的な陰影は該当しない。

球形樹冠は，「せいぜい，一つの円で構成されている」（邦訳p. 170）樹冠で，表5に示すように本文中での指標名は微妙に変遷しているが，少なくとも輪郭線が円のような閉じた形の樹冠であればよいとするコッホの意図が読み取れる。閉じた形にはまさに閉じた形である円だけでなく，この指標の図式（図27a）にあるような形の樹冠も含まれる。

---

20)　樹冠内の枝組みがしっかりしていると，「冠内が分化している」と言い，樹冠内部に何もなく冠内が空疎で分化していない状態を「冠内空白」と言う。

21)　この指標の図式（邦訳p. 210）には樹冠の輪郭線がなく，また図像Kでは「球形樹冠で陰影手法」（邦訳p. 308）と説明されていることからも分かる。

a：球形樹冠

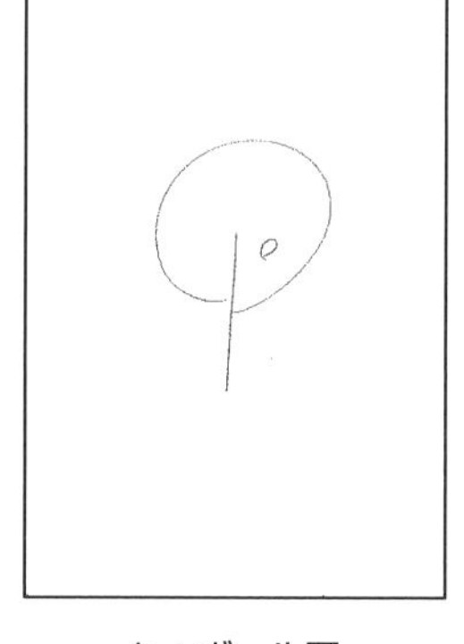

b：ボール冠

c：ボール型冠
初版の図像F
＝英語版の図像E
＝第２版の図像E

図27　球形樹冠など

初版では，枝組みで表現された樹冠はAstkrone（枝樹冠あるいは枝冠），枝組みがなく葉の茂みだけで表現された樹冠はLaubkrone（葉むら冠）と使い分けられていたが，第2版でLaubkroneはKugelbaum（球形樹冠）に言い換えられた（表3参照）。

一方，Laubkroneは第2・3版では輪郭が曖昧な葉むら冠（邦訳p. 118の図12b）や輪郭線のない葉むら冠（邦訳p. 232の白い染みのあるバウム）に対して使用されている。このことから，第2版以降のLaubkroneには，輪郭線のある樹冠は含まれていないと思われる。

なお，形がボールのように丸くて輪郭線が平板な球形樹冠（邦訳p. 297の図像G，図27b）を，わが国では「ボール冠」と呼ぶ[22)]。ボール冠には枝組みも何もない，冠内空白（Krone leer）のバウムが多い。

カール状樹冠は，枝組みのない，樹冠がカールした髪のような動きのある線

22）　初版でBallenkrone（ボール型冠）と指摘された図像D（図9）は，第2版でKugelformに改称されたが，同様にBallenkroneが指摘された初版の図像F（第2版の図像E（図27c））は第3版で削除された。理由は説明されていないが，樹冠内に枝組みがあるので球形樹冠の典型としては不適切と判断されたのかもしれない。第3版ではBallenkroneは使われていないので，用語としては廃止されたと思われる。

で描かれているものをいう。初版からある指標だが，第3版で本文中の指標名に（動かされること）が付記された。

もつれた線の樹冠も枝組みがなく，混乱した線で描かれた樹冠を指し，初版以来，本文中の指標名には（形の崩れ）が付記されている。

日輪型や花型は，第2版で追加された早期型に含まれる指標であり，日輪型は放射状の多数の短い直線が円と結合した樹冠，花型は円の外周に小さな円やだ円が花弁のように並んだ樹冠を指す。日輪型はヒマワリの花の図式，花型は一般的な花の図式に由来する。

(4) 実・葉・花

実や葉や花が描かれていると，それぞれ実[23]，葉，花とする。

実には，円を描いただけの丸い実（図20の図像I）から，一目でそれが何の実かが分かる実まであり，丸い実には枝にぶら下がるのではなく，幹の中の実や枝に直接付いた実が多い。

葉は，一枚一枚描かれた葉のことで，葉むら（Laub，Laubwerk）は葉が茂った状態を指し，塗りつぶしや線影で表現される。初版での指標名は“Blättchen, Laub（葉っぱ，葉むら）”，英語版で“foliage（葉むら）”，第2版から“Blätter（Blatの複数形）”になり，葉と葉むらは明確に区別されるようになった。

葉の形は，幼児のバウムで見られる半円形の葉[24]から，両端が細いだ円状のもの，葉脈が細かく描かれた葉まである。また，枝への付き方には，実と同じで軸（葉柄）がなく葉が直接枝に付く場合と，軸を介して枝に付いている場合がある。

また，葉として単独で描かれた葉とは別に，実に付いた小さな葉（図28a）も出現する。

空中の実[25]は，巻末の出現率表では“Kugelb（球形樹冠のバウム）”が付記さ

23） 教示で指示されるのはObstbaum（果物の木）だが，果物（Obst）ではなく，成果の意味もある実（Früchte）が指標名となる。

24） 本書第V章 p. 113の図49-6を参照。

25） 初版での指標名は，樹冠内に置かれた実（Früchte in die krone hineingesetzt）で第2版でFrüchte frei im Raumに改称された。

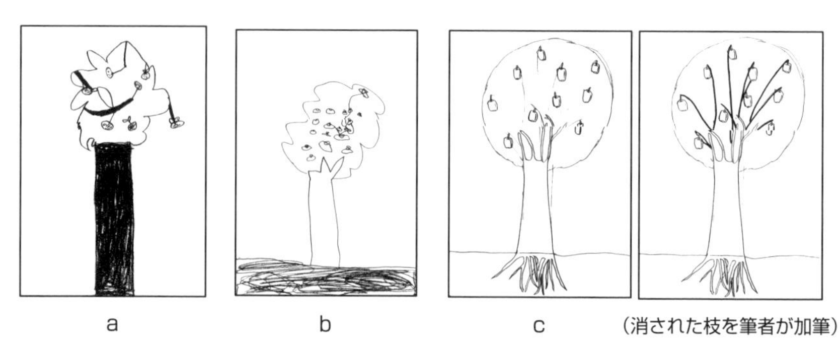

図 28　「空中の実」の前段階

れていることから分かるように，宙に浮かぶように球形樹冠内に描かれた実を指す。この指標は，初等学校 1 年で出現率のピーク（22.5%）に達した後に減少するので，空中の実は「明らかにある種の能力が必要とされる」（邦訳 p. 264）指標である。ある種の能力とは，枝が描かれていなくても，枝に実がぶら下がっていると見立てることができる能力をいう。

図 28 に，空中の実が出現する前段階の実の付き方を示す。図 28a では枝の付け根を樹冠の輪郭に置くという不自然な枝組みになっても，枝に付く実が描かれている。図 28b は，ほとんどの実が空中の実として表現されているが，一部にまだ，枝に付く実の名残がある。図 28c は，枝先にぶら下がる実（図 28d）が描かれた後に，不完全ながらも枝が消されてできた空中の実である。

空中の実は，初等学校 3 年以降はほとんど出現しないので，「大人の場合，この指標がほとんど枝の兆しさえない状態で現れると，退行と関係あるか，軽度発達遅滞に与する部分がある」（邦訳 pp. 264-265）。しかし，わが国では若い女性に多い指標として知られているので，このような解釈は適用できない。

幹の中の葉や実は幹の中に描かれた葉や実を指し，大きすぎる実や葉はバウムに比べて相対的に大き過ぎる場合をいう。どちらの指標も早期型であり，幹の中の葉や実は，前述した「幹，幹と付属の枝」の特徴をもつバウム，すなわち樹冠が形成されていない段階のバウムに出現することが多い。なお，幼児のバウムでは実は幹の中だけでなく幹の外周や枝の中，枝の先端にも描かれることは珍しくない。

ところで，実や葉は大きく描かれるとその存在が強調されるが，小さな実を数多く描いて強調する場合もある。また，１個だけポツンと描かれた実から逆に実の存在感が強く伝わる場合もある。

花は，当然，木に咲く花（Blüte）のことであり，花が咲いてから実が成るので，「実のなる木」の教示で花が描かれることは少ない。

樹冠における主題の変化は，本文中の「交代指標」に相当する。「同一のバウムの絵の中での指標の交替」（邦訳 p. 236）を意味するが，判定基準については具体的に説明されていない。『整理表』では「主題転換」という指標名で「一本の木に異種の果[26]・花・葉などが描かれているもの」と規定されている。２種類以上の実が描かれたものを幼児のバウムで経験するが，異種の葉が描かれたバウムはまだ経験したことがないので，とりあえず「一本の木に異種の実が描かれたもの」とする。

空間倒置は，実と葉の付き方に関する指標で，「空間配置に無頓着で，空間の割り当て能力が欠如しているために，奇妙な空間移動が見られるもので，幼児期では非常にまれなものというわけではない」（邦訳 p. 80）とされる。なお，空間倒置は本章の早期型の節で扱う。

(5) 根

「根は普通，隠れているか，見えても付け根の部分だけだが，根があることは誰でも知っている」（邦訳 p. 42）が，根のあるバウムを描く人は多くない。

幹の根元は「ほとんど根と同じ」（邦訳 p. 152）で，図像鑑賞の図式（図７）で示されているように，バウムを幹と樹冠に分けて検討する際には，「幹の根元を測量基線と捉えるので，根は枠の外に属するものとされる」（邦訳 p. 39）。

一本線で表現された根を一線根，輪郭のある根を二線根と呼び，すべての根が一線根で描かれた場合も一線根，すべての根が二線根の場合も二線根（図29）とする。根には一部一線枝に相当する指標は設定されていない。

根のカウントについては，「二線根は，地面の上に置かれた根の起始部が描かれていてもカウントされるが，一線根の場合は，完全に描かれた場合に限りカウントされる」（邦訳 p. 153）。つまり，幹の根元に「楔形の切り込み」（邦訳 p. 144）がある場合（図29の右）は，根の基部まで描かれていなくても二線根

26) 果（木の実。くだもの。またそれを数える語。菓。広辞苑より）

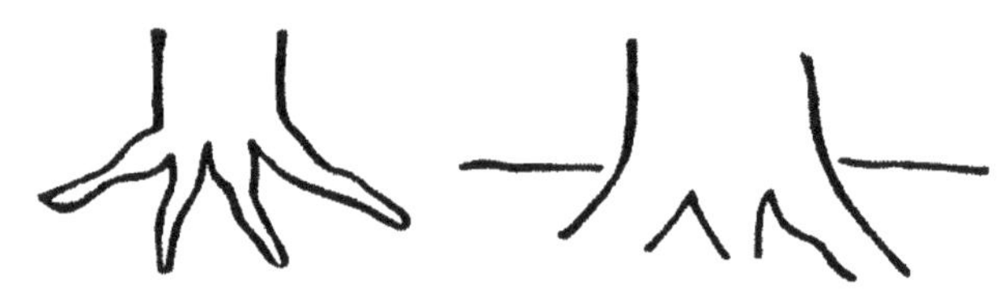

図 29　二線根（邦訳 p. 154）

とみなせるが，一線根の場合は根の起始部から根の基部まで描かれていなければならない。

なお，「6 歳から 7 歳の根元の図式」（図 18）には，早期型に該当する根が含まれている。

(6) 風　景

「木は常に風景の中に立っていて，風景と一緒に全体を形作」（邦訳 p. 238）り，「厳密に言えば，地面線，一つ一つの草の束のようなものもそれぞれ，純粋な木ではなく，既に風景である」（邦訳 p. 239）。風景とは木以外のもので，バウムが立つ場所の環境を表す。コッホの講演原稿（資料 2 ）には，「ここでいう風景とは，梯子，巣，鳥，それに鳥小屋などのような付属物が介在する自然環境に樹木が立っている様子」とある。

教示で指示される課題が果物の木（Obstbaum）なので，「多くの人が風景を描くのを思いとどまるが，中にはこの境界をためらいなく踏み越えて」（邦訳 p. 238）描かれた「山，丘，太陽など」が風景（Landschaft）となる。

多くの風景は，「大きな風景」とも呼ばれ，初版の「風景」に由来し，山や太陽，雲などが描かれている場合をいう。多くの風景は，「早期型と呼べるものだが，後の年齢ではむしろ，退行的な意義を持つ」（邦訳 p. 242）とされる。

それに対し，第 2 版で設定されたほのめかされるだけの風景は，「心的－精神的な分化の一つのものさしであり，思春期の年齢では退行的な色合いを含む」（邦訳 p. 242）と解釈されている。ほのめかされるだけの風景は，初版の地面線に由来する指標と思われる。ただし，地面線は「一つの分離線であり，地面そのものを標示する線では全くない」（邦訳 p. 153）のであり，「地盤を固めるという意味だけでなく，方向づけという意味をもつこと，いわば，固定点，立脚点」（邦訳 pp. 63-64）であり，「天と地とを分けているが，それは繋ぐものであると同時に，分離するもの」（邦訳 p. 153）である。

地面線が丘や島の形の場合，つまりバウムが丘の上，あるいは島の中に描かれていると，島や丘の形が適用される。初版では「丘の形」だけだったが，英語版で「島に立つ幹」が追加された。

留め杭や支柱は木が倒れないように支えるためのもの，格子で保護，針金は木を保護するためのもので，「抵抗の姿勢はしばしば，有刺鉄線にまかれた幹によって象徴される」（邦訳 p. 250）。

梯子は「実の意味を強調するもの」（邦訳 p. 249）であり，幼稚園で出現率のピークに達した後，その後は減少してほとんど出現しないので，「バウムに立てかけられた梯子は，早期指標としての価値がある」（邦訳 p. 248）。

付属品は，「鳥の巣箱，餌置き，巣，卵，鳥，小男，かご，つるされたハート型のもの，何らかの方法で『掛けられているもの』全般」（邦訳 p. 246）をいう。

なお，風景に関する指標を調査する場合には，わが国で描かれる木以外の描画の実態に応じて風景の下位分類，あるいは別の指標を設けることも必要となる。

(7) 表現手法

1）鉛筆で塗る

白い画用紙に黒鉛筆で描かれたのがバウムである。鉛筆で塗ると筆圧に応じて黒く，あるいは黒っぽくなる。幹や枝については暗く塗られた幹と暗く塗られた枝，実や葉については黒塗りの実や葉[27)]が 58 指標として設けられている。

鉛筆で塗られる部位には，幹・樹冠・枝・実や葉以外に地面などもあり，塗られる領域も幹全体とは限らないし，立体表現としての陰影が付けられることもある。

これらの指標を調査する際にも，各指標の判定基準を具体的に記述することが特に望まれる。

2）落下表現

落ちる，あるいは落ちた実，葉，枝は，初版の「落下中の葉」と「落下中の

27） 本文中の指標名は，「暗く塗られた実や葉」。

実と落下した実」の２つの指標に由来する。第２版で，落下中の枝に落下した枝を加えて１つの指標にまとめられたが，この指標の図式は初版の２つの図式を上下に併せたものである。

なお，落下した実については，腐朽の有無や程度をチェックしておくとよい。

3）さまよい

図 30 にさまよいの３つの指標を示す。さまよった長すぎる枝の図式には，主枝よりも長い分枝をもつ枝と長くてさまよった形の枝の２つが示されているので，主枝・分枝を問わず長くさまよった形の枝を指す。この指標の前身は，初版の「主枝より長い分枝」であり，分枝が主枝よりも長いことが特徴であった。英語版でさまよう，つまり方向性が定まらないという特徴が追加さ

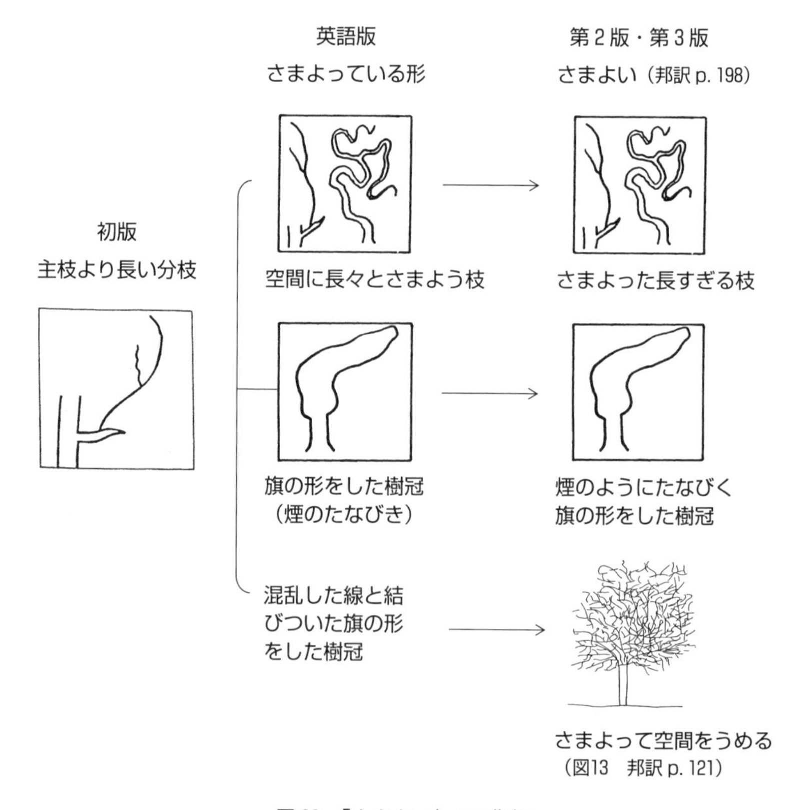

図 30 「さまよい」の３指標

れ，① “Branches growing overlong and straying in the room（空間を長々とさまよう枝）” と，② “crown in flag style（trail of smoke）（旗のような樹冠（煙のたなびき））” と，③ “Crown in flag style combined with confusion of line（もつれた線と結びついた旗のような樹冠）” の3つの指標が設定された。その後，第2版へと引き継がれ，①は58指標の “Schweifungen, überlange Äste（さまよった長すぎる枝）” に，②は “Rauchfahnenkronen（煙のようにたなびく旗のような樹冠[28]）” に，③は58指標にある “Schweifungen, Raumfüllungen（さまよって空間をうめる）” となった。

さまよって空間をうめるには，図式も説明文もないので判定基準が分かりにくかった。しかし，「もつれた線を伴う煙のようにたなびく旗のような樹冠」を参照せよとの指示（邦訳 p. 200）があったので，もつれた線のような一線枝で埋めつくされ，しかもたなびく旗のような樹冠を指すことが分かった。

なお，さまよいは「ある程度，早期型とみなせるもの」（邦訳 p. 88）とある。

4）切断・傷跡表現

枝や幹が鋸で切断された，あるいは折れた状態は切断された枝，折れた枝，折れた幹にまとめられ，一つの指標として扱われている。切断された状態と折れた状態，また枝と幹を一つの指標としてまとめるのは問題だが，出現頻度が低いために集計上，便宜的にまとめられたのかもしれない。

切断された幹も出現するので，筆者は切断された幹・折れた幹・切断された枝・折れた枝にそれぞれ下位分類して集計している。

幹の瘤や凹み[29]は，幹の「ふくらみとくびれ」（邦訳 p. 166）と間違われやすいので注意を要する。また，幹の瘤はこれから枝が出てくる兆し，あるいは切断された枝の先が丸くなった部分と区別しなければならない（図31）。

5）積み重ねた描き方

積み重ね型，建て増しは，建て増し建築のように枝を上へ上へと積み重ねる，あるいは一枚一枚の葉を多数，つなぎ合わせて樹冠を形作る描き方を指す。初版では図32に示すように，上へ上へと積み上げるように描かれた “Aufgestockte Äste（建て増しされた枝）” に限定されていた。しかし，英語版[30]

28) 「吹き流し冠」と呼ばれることが多い。

29) 細菌感染などが原因で自然の木に瘤ができることがある。また，幹にできた穴は洞（うろ）と呼ばれる。

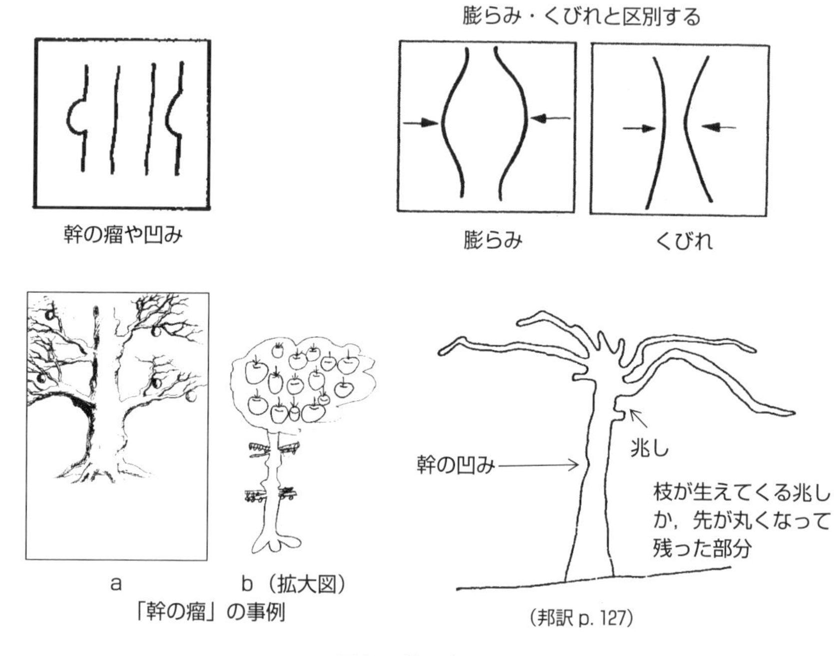

図 31　幹の瘤や凹み

で多数の葉をつなぎ合わせた樹冠が追加され，第２版で指標名は建て増しされた枝から“Additive Formen, Aufstockungen（積み重ね型，建て増し）”に訂正された。

ところで，下から上への描き足しは，枝だけでなく幹にも生じる。描画順の観察例で示したバウム（図 13a）のように，幹が上へと継ぎ足されることは筆者の経験では稀ではない。「積み重ね型，建て増し」の図式には幹の積み重ねは含まれていないが，図像Ⅰ（図 20）では「２箇所で積み上げられている幹」（邦訳 p. 306）として，「幹の積み重ね」が指摘されている。

幼児のバウムでは枝や幹の積み重ねは珍しくないので，「積み重ね型，建て

30）英訳によって，初版の Aufgestockte Äste にある建て増し建築のように枝が下から上へと継ぎ足すように描かれているというニュアンスが指標名から消える。『バウム・テスト』では，英語版に従って「くり返してできた枝」（p. 81）と訳されたのでステレオタイプと間違われやすくなった。

初版

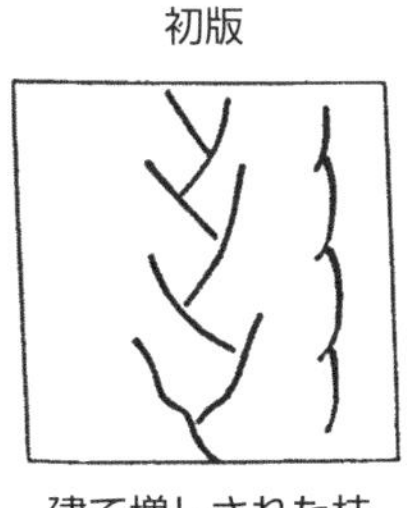

建て増しされた枝
(Aufgestockte Äste)

英語版

第2版・第3版

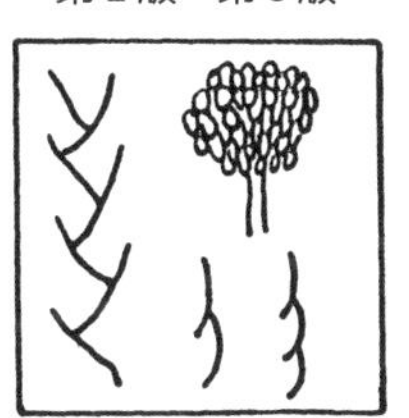

積み重ね型，建て増し
(Additive Formen, Aufstockungen)

↓

くり返しつなぎ合わせた枝と，葉のつなぎ合わせ（図式的なつなぎ合わせ）
(Fitting together Branches in the form of repetitive sequences and fitting together of leaves. (schematic fitting))

『バウム・テスト』(p. 81)
くり返しでできた枝と接合された葉（図式的接合）

図32　積み重ね型，建て増しの変遷

増し」が「ある程度，早期型とみなせるもの」（邦訳 p. 88）とすることに同意できる。しかし，多数の葉を1枚1枚描いて樹冠が形成されたバウムの経験は[31]幼児ではないので，上へ上へと積み重ねることと，多数の葉を一枚一枚強迫的に描くことをまとめて一つの指標とすることに筆者は疑問を感じる。

6）規則的な描き方

ステレオタイプは，「葉，分枝，実など」（邦訳 p. 202）が規則的に繰り返し描かれている状態を指し，早期型とみなされている。ただし，主枝が一定方向，例えば斜め上方向に規則的に描かれている状態は含まない。

7）いびつな形

普通に引かれた描線ではなく，震えた描線（ただし，運動失調による手の震えによるものではない）で描かれた，奇異な印象を与えるいびつな形を変質型という。「あなたは変質的である」（邦訳 p. 143）という暗示で描かれたバウム

31)　本書第Ⅴ章 p. 118 の図 50-1 を参照。

（邦訳 p. 144 の図 24）にその特徴がよく表れている。

8）用紙からのはみ出し

上縁はみ出しは，「バウムを大きく高く描くので，紙面が足りず，紙の上縁からはみ出るように」（邦訳 p. 237）描かれたバウムのことで，幹上縁出（一谷ら，1968）は幹のはみ出しに限定した指標である。

ところで，幼児の描画中の鉛筆の動きを観察していると，用紙の縁のすぐ手前で鉛筆の動きが急に止まり，幼児でさえもはみ出さないように幹や枝，あるいは樹冠の輪郭を慎重に描くことが多い。この場合は勿論，「はみ出し」には該当しないが，はみ出す直前に鉛筆の動きがコントロールされるところにも被検者の心理的特性が表れる。「上縁はみ出し」に限らず，描画中の行動観察，バウムが描かれる過程を観察することは重要である。

3　58 指標の出現率

大規模な出現率調査の結果は，集団別にまとめた 58 指標の出現率表が第 2 版の巻末に掲載された。さらに 46 の指標に関しては指標ごとに各集団の出現率を示した 46 枚の表が本文中に挿入され，10 の指標についてはグラフも表示された。原著では，「グラフに何か意味があるときはこれを用いたが，反対に，ほとんど示唆するところがない図はコストの関係で省略」（邦訳 p. 73）されたので，表とグラフの有無[32]が一瞥でき，58 指標の原語[33]も載せた「58 指標の指標名一覧表」（資料 6）を作成した。

巻末の表，本文中の表とグラフは第 3 版にもそのまま引き継がれている。しかしながら，残念なことにコッホが作成した 58 指標の出現率表はあまり注目

32）出現率表（6 集団）とグラフ（標準児群と軽度知的障がい児群）の双方が掲載された指標は，幹上直・幹下縁立・まっすぐな根元・全一線枝・全二線枝・実・葉・大きすぎる実や葉・ほのめかされるだけの風景・暗く塗られた幹の 10 指標。また，指標別の出現率表もグラフも掲載されなかった 12 の指標は，出現率の変動が少なく，学年を通してほぼ 100％の二線幹以外は低い値で一定している。つまり，グラフ化の効果が乏しいのであって，指標としての重要度が低いことではない。これらの指標は，幼稚園から第二学校 3 年までの全期間にわたって出現率が低い指標，出現率が幼稚園以前の時期に上限に達した指標，あるいは幼稚園以前の時期にピークに達して低下した指標のいずれかである。

33）巻末の一覧表にある 58 指標の原語を示す。一部の指標では，本文中の指標名と異なるが，そのほとんどが判定基準の理解に問題が生じない程度の違いである。

されてこなかった。その理由は，英語版がドイツ語原著の「簡便なマニュアル形式」（林，1978）という見解が浸透した結果，ドイツ語原著，すなわち第3版への関心が薄れ，さらにこのような無味乾燥な出現率表に対してはなおさら関心が払われなかったのであろう。

発達に関する章を訳し始めた頃，指標の特徴を出現率のグラフからも把握しようと思い，巻末の出現率表に着目した。その結果，コッホが指摘しているように「計算の正確さは，計算尺の正確さ次第である」（邦訳 p. 73）ことに起因する誤差や計算ミス，他に印字の欠落や印字ミスないし校正ミスと思われる小数点の位置の間違い，ごく一部ではあるが度数の誤りなどに気づいた。また，巻末の表と本文中の表ではその値に微妙な差があることも分かった。

しかし，コッホが遺したこの膨大で詳細な出現率表は，1950年代にスイスで調査された貴重な資料であり，特に標準児の資料はバウムの発達的変化，言い換えれば情緒の成熟の度合に関する横断調査そのものと言える。

そこで，かなりの手間がかかったが，巻末の表と本文中の表の数値を対照し，再計算して出現率表を作成した[34]（邦訳書の付表6：邦訳 pp. 340-344）。出現率算出の基になる対象数の単位をバウムの本数と判断した根拠や集団別の対象数，再計算の方法については『バウムテスト第3版』の「付録：58指標の出現率表について」などで述べたのでここではその詳細を省略し，表6に対象数の総計4,345本の内訳を，資料7に標準児の3群と半熟練工・商店員・中等度の知的障がい者・アフリカ人生徒各群の出現率の一覧表を示す。

---

34) 巻末の表の出現率のほとんどは巻末の表の値が20.2，再計算値が20.3という程度の差であった。再計算値との差が±4％を超えたのは31箇所で，巻末の表で示された％値の総数を3,364（58の指標×58列）とすると，31箇所は0.9％に過ぎない。また，巻末の表の値は再計算値と一致あるいは許容範囲内であっても，本文中の表の値が間違っている場合や印字ミス，極めてわずかだが度数の誤りもあるので，出現率についての再計算値と訂正値から成る付表6（邦訳 pp. 340-344）を作成し，当該箇所に注を付け，訂正の根拠を示した。度数と出現率が表示された原著の表を付表の1　5に掲載したが，数値上の問題が大きい箇所のみ網かけ表示し，訂正値を記した。なお，半熟練工の「前方に突き出た枝」（三次元）の出現率は，「半熟練工ではこの指標はカウントされていない」（邦訳 p. 231）ので3年齢区分で「算出せず」となる。半熟練工の「花」にはこのような記述はないが，16～17歳・20歳～の年齢区分は「算出せず」と思われる。

再計算は面倒な作業だったが，ごく一部に誤りがあるもののコッホが示した度数自体が正確だったからこそ，整合性のある訂正ができた。今日のように便利なデータ・ベースソフトや表計算ソフトがない時代に，まさに人海戦術で計算尺による大量の計算が行われたことは，実に大変な作業であったことが偲ばれる。

表6　対象数（コッホの調査）

標準児		
幼稚園児（6～7歳）	237名	255本
初等学校生（7～15歳） 第二学校生（13～16歳）	男子592名 女子601名	2,386本
軽度知的障がい児（7～17歳）	411名	962本
中等度から重度の知的障がい者（平均29歳）	29名	56本
半熟練工（初等学校8年卒の15歳以上の3年齢区分） 採用時の適性検査として実施	598名	598本
商店員（20～35歳または19～32歳） 採用時の適性検査として実施	66名	66本
アフリカ人生徒（14～18歳　平均15.5歳）	22名	22本

計　4,345本のバウム

使用された教示は，調査時期から考えると修正前の旧い教示と思われる。なお，児童・生徒に対しては1人につき2回実施され，最初に「果物の木を1本描いてください。紙面全体を使ってもいいです」，次に「最初のとは別の木を描いてください。ただし，最初に枝のない球形樹冠（Kugelkrone ohne Äste）を描いた人は，枝のある樹冠（Astkrone）を描いてください」と指示する教示が使用された（邦訳 p. 72）。軽度知的障がい児に対しても，822本というバウムの本数から，2回実施されたとみなすのが妥当と思われる。

続いて，再計算した出現率表に基づいて，指標毎に全集団の出現率を示すグラフを作成した。年齢区分を横軸にとり，平均年齢が15.5歳のアフリカ人生徒群を15～16歳に，平均年齢が29歳の軽度から中等度の知的障がい者群（以下，中等度知的障がい者群とする）を29歳に便宜的にプロットし，58枚のグラフを作成した。同様に，3つの年齢区分（15歳～16歳・17歳～19歳・20歳以上）に分けられていた半熟練工群の「17～19歳」を16～17歳に，「20歳以上」と商店員群[35]を29歳として扱った。

また，標準児群では幼稚園から第二学校3年までの学年を連続させたグラフ

35)　商店員群の年齢は本文中に記述されていないが，巻末の表では20～35歳，本文中の表では19～32歳。

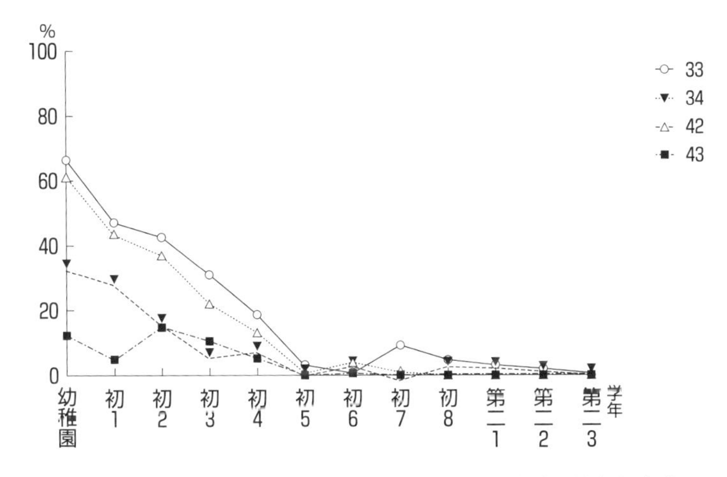

図 33　幹下縁立（33）・まっすぐな根元（34）・幹上直（42）・枝先直（43）の出現率（標準児群）

も作成した。実際には，初等学校７・８年生と第二学校１・２年生の年齢は重なるが，出現率を指標間で比較するために作成した便宜的なグラフである。

グラフ化によって個々の指標の発達曲線の特徴や，集団に特有な出現率傾向を知ることは，指標の特性の理解に役立つ。例えば，幹上直は，幹下縁立や「幹下縁立の場合とほとんど同じ動きをする」（邦訳 p. 86）と指摘された「まっすぐな根元」，そして枝先直と発達的には同時期に消失する指標であることがよく分かる（図 33）。それ故，まっすぐな根元が消失し，根元に広がりがあるにもかかわらず幹先端が幹上直のバウム，あるいは幹上直の幹先端に枝先が細く閉じた枝が付いたバウムからは不自然さが感じられる。このような不自然なバウムから，被検者のパーソナリティの発達におけるアンバランス（個人内差）を読み取ることができる。

前述したように「平行幹」は，幹下縁立が消失し，地面線上にバウムが立っているにもかかわらず，本来なら消失しているはずのまっすぐな根元がまだ残っているという発達的にアンバランスな現象が指標化されたものである。それ故，まっすぐな根元が明らかに消失する年代，つまり初等学校の「高学年の生徒や成人に生じた場合」（邦訳 p. 205）に適用できる指標となる。

次に，発達曲線がＵ字曲線[36]，つまり出現率がピークに達してから下降して再

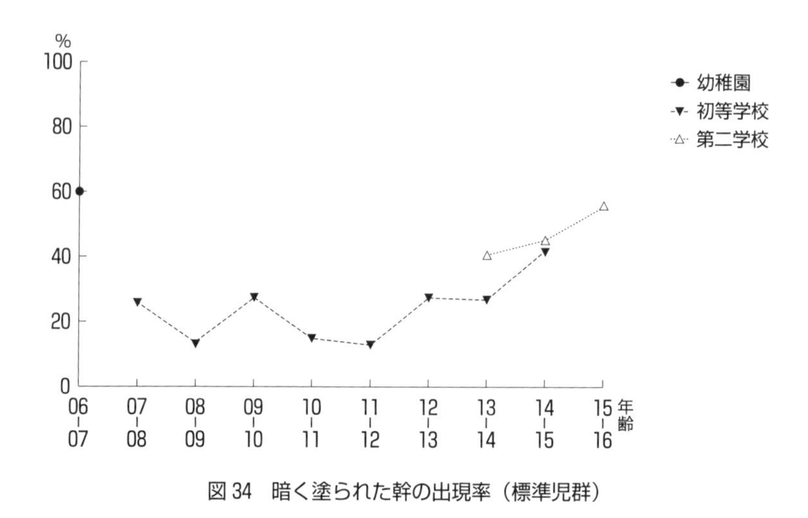

図 34　暗く塗られた幹の出現率（標準児群）

び上昇する指標では，出現率の最初の上昇をもたらす要因と 2 回目の上昇要因とが異なることを意味する。U 字曲線を示す「暗く塗られた幹」(邦訳 p. 207) では，最初の上昇（既に幼稚園児で 60.0%に達している）は幼児心性の表れであり，2 回目の上昇は退行による思春期心性の表れと解釈される（図 34)。

ではここで，58 指標を出現率傾向から分けてみよう。幼稚園から第二学校までの発達曲線を①から⑪に分け，それぞれに該当する指標を示す。

①幼稚園で 40%以上の出現率を示した後，下降曲線を示す指標：全一線枝・実・大きすぎる実や葉・黒塗りの実や葉・幹下縁立・まっすぐな根元・幹上直

②幼稚園で 10%から 30%程度の出現率を示した後下降し，初等学校在学中にほぼ消失する指標：直線枝・十字型・全直交分枝・地面までの枝・日輪型や花型・空間倒置・枝先直・ステレオタイプ・梯子

③初等学校 1 年あるいは同 3 年でピークに達した後，減少する指標：空中の実・半モミ型幹・円錐幹・多くの風景・上縁はみ出し

④ほぼ上昇曲線を示す指標：全二線枝・ほのめかされるだけの風景（ただし，ほのめかされるだけの風景は初等学校 8 年でピークに達するが，第二学校で減少する）

36）原著では，Schalenform（茶碗形　邦訳 p. 207)。

⑤第二学校で増加する指標：暗く塗られた枝・陰影手法の樹冠
⑥U字曲線を示す指標：暗く塗られた幹
⑦幼稚園から第二学校の全学年を通してほぼ100%を示す指標：二線幹
⑧全学年を通して10%あるいは20%程度以上の出現率を示す指標：(10%以上) 一部直交分枝・さまよった長すぎる枝，(20%以上) 葉
⑨全学年を通して0%から10%程度の範囲内で出現率が変動する指標：一部水平枝・一部一線枝・一部低在枝・幹の瘤や凹み・前方に突き出た枝
⑩全学年を通して0%から20%程度の範囲内で出現率が変動する指標：落ちる，あるいは落ちた実，葉，枝・二線根・モミ型幹・球形樹冠・管状枝・切断された枝，折れた枝，折れた幹・留め杭や支柱・付属品
⑪全学年を通して5%程度以下の指標（幼稚園以前の早い時期に出現率のピークに達した後に減少する指標と，標準児での出現自体が低い指標)：全水平枝・一線幹・幹の中の葉や実・幹，幹と付属の枝・花・一線根・カール状樹冠・もつれた線の樹冠・さまよって空間をうめる・樹冠における主題の変化・積み重ね型，建て増し・格子で保護，針金・変質型・逆向きの分枝・島や丘の形

4　早期型[37)]（Die Frühformen）

早期型は，環境の影響を直に反映する指標ではなく「2#歳から6#歳の間[38)]」に生じる幼児期特有のバウムの表現型であり，「7歳[39)]以降では，最も子どもっぽい印象を与える絵は，学校教育の影響と，とりわけ，徐々に生じてくる自然な成熟」(邦訳 p. 68) によって消失する。「催眠の実験を絶対化したものだという批判があるが，それは事実ではなく，実際には数百に上る調査の結果を踏ま

37) 早期徴候とも退行徴候とも呼ばれる。
38) 第2版では年齢が Altersjahr で表示されていたので「3歳からほぼ7歳」だったが，第3版で Lebensjahr で表示された。Lebensjahr は誕生した時を0歳ではなく1歳とする年齢表示で，満年齢とは異なる。例えば，8～9歳の児童で構成される初等学校2年は 9. Lebensjahr となる。わが国で5歳児クラスと呼ばれる5～6歳の幼児のクラスは，6. Lebensjahr に相当すると思われる。『バウムテスト第3版』では，Lebensjahr といわゆる年齢による表示を区別するために，例えば 10. Lebensjahr であれば9歳#と表記した。
39) 邦訳 p. 68 の「6歳#以降」を「7歳以降」に訂正。

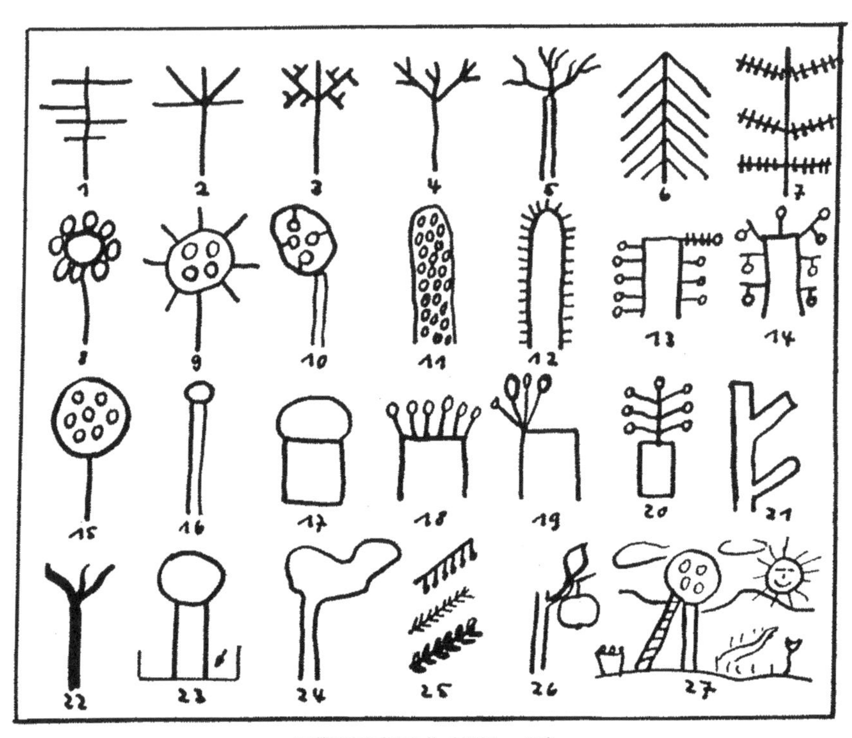

早期型の各図式（邦訳 p. 69）

番号	指標名
1〜4	一線幹と一線枝
1	水平な型
1, 2, 7	十字型を含む
1, 2, 6, 7, 13, 14	まっすぐな形（直線による形）
3	直交分枝
4	成長方向に伸びた枝
5	さまよった枝のある二線幹
6	地面まで枝のあるモミ型
8, 9	花型とヒマワリ型
10	空間倒置
11	葉をつけた幹や幹の中の実
12	樹冠がなくて短い枝のある幹
13, 14	幹上直，水平枝，空間倒置
15, 16	小さい樹冠のある長すぎる幹
17, 18, 19, 20, 21	小さい樹冠のある短くて太い幹，すべて幹上直
22	暗く塗られた幹と枝
23	根元がまっすぐな幹下縁立

24, 25	積み重ね型，建て増し
26, 27, 28	さまよい
29	〔目と手の〕協応の不足（時に，なぐり描き）
30	ステレオタイプ
31	根（条件付でのみ，早期指標）
32	多くの風景
33	大きすぎる実や葉，多数の木を描くこと※

※第 3 版で追加

図 35　早期型のリスト（図式と指標名）

えたもの」（邦訳 p. 68）だとコッホは述べている。

幼児期に出現する早期型は，その後のパーソナリティの発達が普通であれば消失するが，後になって再び出現したときには情緒面の発達の阻害や退行のサインとなる。もちろん，遅滞や退行の判定に機械的に適用することは戒められているが，問題発見の重要な手掛かりになると考えられている。

第 2 版では早期型のリストが示されたが，図式の一覧図（図 35）には，指標名と図式が対応しないものも含まれている。

第 3 版においても一部の指標名と図式の不一致は解消されていない。しかし，早期型はバウムテストの臨床的利用において，特に退行のサインとしての役割が大きく，早期型とされる指標群を把握しておくことは解釈に役立つ。

そこで，列挙された指標名と一覧図に示された図式を手掛かりに検討し，コッホが早期型とみなした指標を以下に示す。

①一線幹と②全一線枝

「1 ～ 4　一線幹と一線枝」とあり，1 ～ 4 番の図式はどれも一線幹と全一線枝の特徴をもつので一線幹と全一線枝の 2 指標を指摘できる。

一線幹は，図 36 に示すように「既に幼稚園入園時に，標準児童ではこの指標は消失」し，「それ以前にはしばしば見られるので，純粋に早期型」（邦訳 p. 73）であり，「発達阻害，発達遅滞，退行の判断には，この指標は極めて重要」（邦訳 p. 74）とみなされている。

全一線枝は，「一線枝は早期型に相当する」（p. 118）と指摘され，全一線枝のグラフ（図 37）からも，入学後の出現率の減少を読み取ることができる。しかし，一線幹で全一線枝のバウムでない限り，全一線枝は「一線幹のようにそれ自体遅滞としての重要性はもたない」（邦訳 p. 75）ので，「知的なものに由来

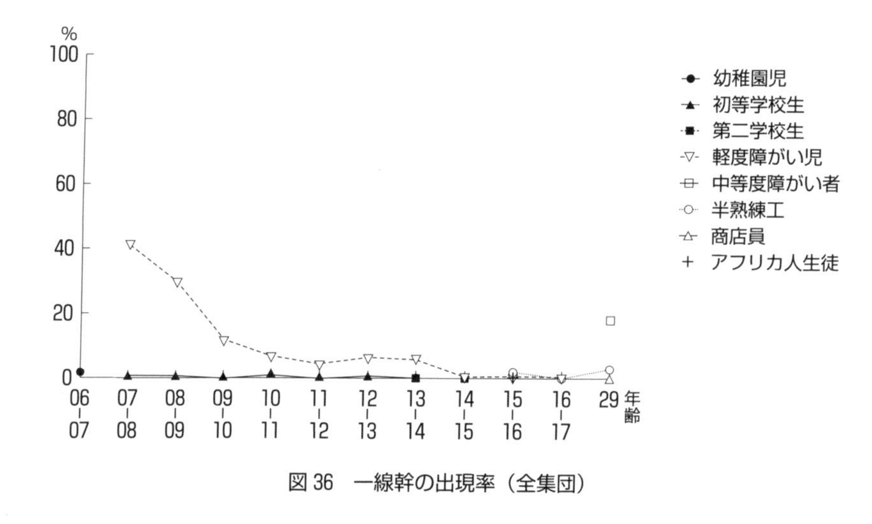

図 36　一線幹の出現率（全集団）

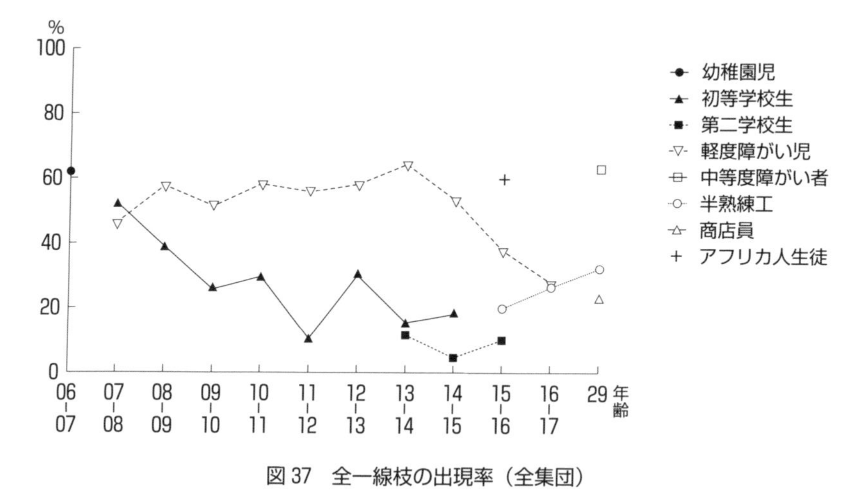

図 37　全一線枝の出現率（全集団）

するか，情緒的な遅滞によるのか，退行によるのか，個々の事例で検討する必要」（邦訳 p. 78）があり，遅滞や退行のサインとして全一線枝を安易に適用することは戒められている。

その例として，スイスの中等度知的障がい者と同程度の高い出現率を示すアフリカ人生徒については，「発達遅滞とは明確に区別することができる原初的な段階」（邦訳 p. 76），つまり，スイス人とは文化の異なるアフリカ人特有の原初的な心性の表れと説明されている。

また，商店員や半熟練工が第二学校の生徒よりも高い出現率を示したのは，「検査に対する抵抗」（邦訳 p. 75）の表れと解釈されている。木の絵を描くという，志望職種とは無関係なことを採用試験の場で課せられたことに納得できず，そのためにおざなりな描画になり，全一線枝の出現率が増加したのであろう。

なお，「4　成長方向に伸びた枝」は②全一線枝に含める。何故なら，「成長方向に伸びた分枝」（邦訳 p. 63）は「主枝に対して斜めの角度で描かれている」（邦訳 p. 63）ので，「成長方向に伸びた枝」は幹に対して斜めの角度（上向き/下向き）に伸びた主枝を指す[40]と思われる。4番の図式に斜め上方向に伸びる全一線枝が描かれていることからも，「成長方向に伸びた枝」は，「成長方向に伸びた全一線枝」と言える。全一線枝であれば，伸びる方向に関係なく，一応早期型とみなすということであろう。

次の「5　さまよった枝のある二線幹」も②全一線枝に含める。5番の図式には，幹上直の幹先端から出た曲線の全一線枝が描かれ，また「さまよい」が指摘された図13（邦訳 p. 121，本書での図30）では幹上直の幹先端から出た曲線の全一線枝が描かれている。つまり，さまよった枝とは曲線で描かれた方向が定まらない一線枝を指し，「5　さまよった枝のある二線幹」は，「幹上直の幹先端から出た曲線の全一線枝」と言い換えることができる。

これが，実際に早期型に相当するか否かは，個々の事例で検討しなければならないが，全一線枝であれば，直線，曲線を問わず早期型とみなせるということであろう。

なお，さまよった枝は，58指標の「さまよった長すぎる枝」とは区別される。図38に「さまよった枝のある二線幹」に該当するバウムを示す。

③水平な型

「1　水平な型」とあり，1番の図式には一線幹に直交する直線の一線枝（直線枝）が示されている。この指標の原型は，縦線に一本の横線が交差したもの[41]であり，「モミの原始的な描写は1本の垂直線と水平線の層から成る」（邦

---

40)　上向きあるいは下向きに伸びる曲線の全一線枝が描かれた図像F（図9）においても，「主枝は成長の方向に向いている」（邦訳 p. 291）と指摘されている。

41)　4歳9か月の女児が描いた十字（邦訳 p. 66の図3）に対して「木の原図式としての十字」（邦訳 p. 67）と説明されている。

a

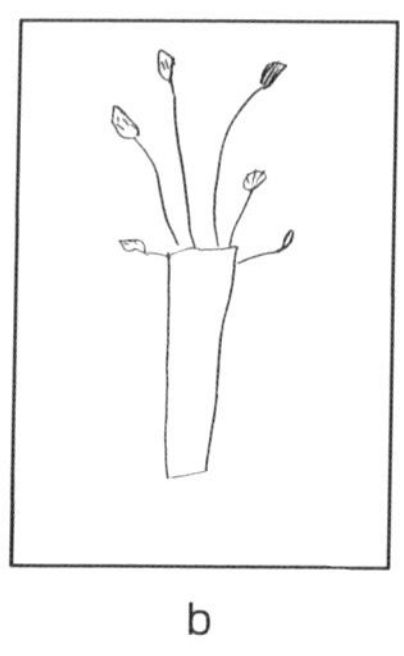

b

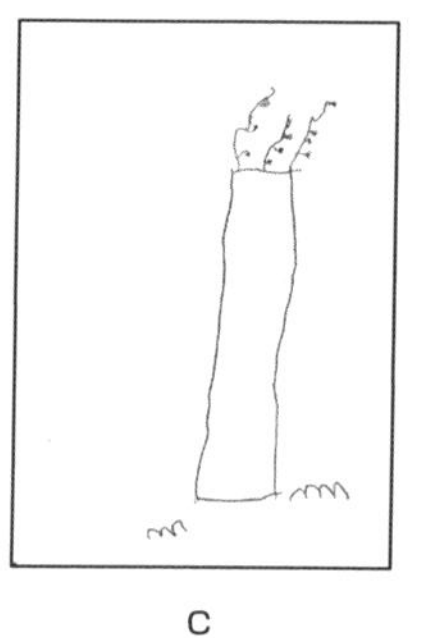

c

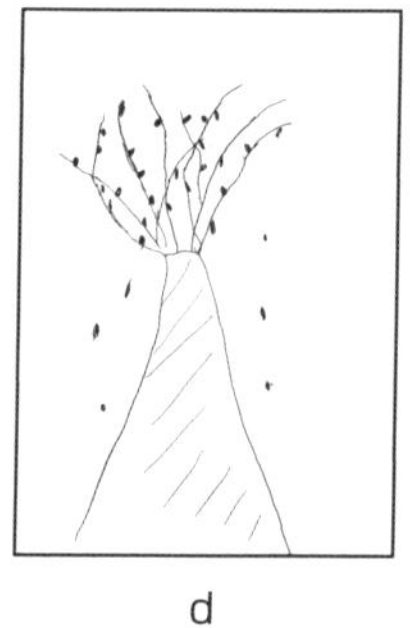

d

図 38　さまよった枝のある二線幹

訳 p. 158）とあるように，極めて早期の「モミ型幹」に見られる。

早期型の一覧図だけでは「水平な型」と次の「十字型」との違いは分かりにくいが，両者は同じではない。「十字型」は幹の左右から出た同じ高さの水平な側枝の対で生じ，「水平な型」では，水平な枝が幹に交差して出現する。

筆者の経験では「水平な型」の出現は非常に少ない。幼児（標準幼児群；第Ⅴ章 p. 130 参照）を対象にした調査で「水平な型」を描いたのは，725 名（実人数）中 5 名，2,459 名（延べ人数）中 7 名であり，出現率は実人数で 0.7%，延べ人数で 0.3% であった（平均月齢は実人数で 57.0 か月，延べ人数で 58.3 か月）。

幼児でさえも幹と枝が直交するバウムを描くことは極めて少なく，幹から派生する枝は左右の方向にそれぞれ別個に描かれる。なお，7 例中，6 例が一線幹に直交する一線枝で，1 例が二線幹に直交する一線枝だった。

図 39 に「水平な型」と十字型のバウムを示す。

④十字型

1・2・7 番の図式に対して「十字型を含む」とある。この一覧図では分かりにくいが 1 番には先の水平な型以外に，付け根が同じ高さにある左右の水平な側枝の対があり，2 番にも同様な対があり，7 番には分枝のある水平枝の対が示されている。このことから，同じ高さにある水平枝の対が一対でもあれば十字型，さらに水平枝の対であれば分枝があっても十字型ということが分かる。

ところで，「8 歳以降に十字型が出現する場合，標準児童では，幼児や中等度発達遅滞者に見られるような図式的なものではなく」（邦訳 p. 80），変形した十字型が後になって出現することがある。

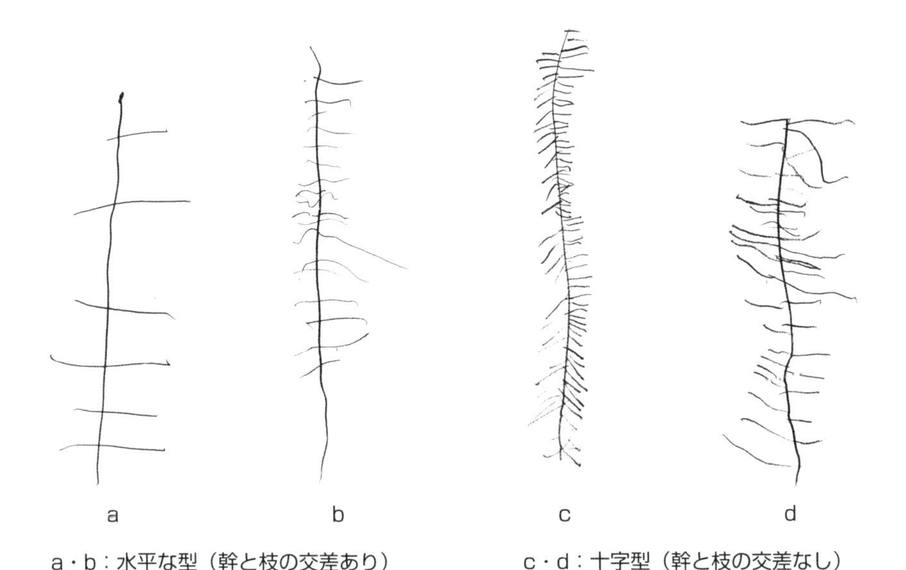

a　　b　　c　　d

a・b：水平な型（幹と枝の交差あり）　　c・d：十字型（幹と枝の交差なし）

図 39　「水平な型」と十字型（拡大図）

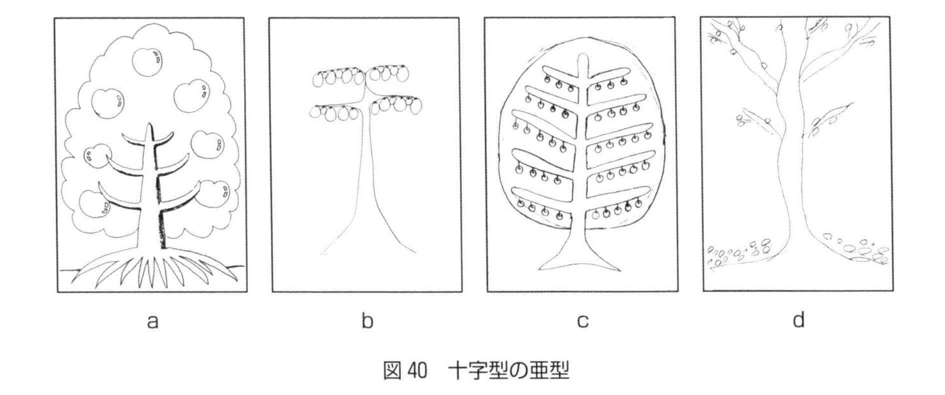

a　　b　　c　　d

図 40　十字型の亜型

十字型の場合，“付け根が同じ高さの左右の水平な側枝の対”が典型で，図40に示すような水平枝ではないが“左右の側枝の付け根が同じ高さ”という特徴を遺したものが十字型の亜型である。消失せずに遺った十字型の部分的な特徴こそが，十字型を形作るための基本要素だったと言える。十字型の亜型のように，後になって出現する早期型の亜型を筆者は「早期型の残遺型」と呼び，解釈に役立てている。

十字型の他に，早期型の残遺型には樹冠のない幹だけのバウム（この場合の幹は「閉じた形の幹」ではない；第Ⅵ章 p. 126 参照），幹と樹冠に分化したバウムの幹に描かれた実や葉や花などがある。

⑤直線枝

「1，2，6，7，13，14　まっすぐな型」に共通する特徴は直線枝なので，ここでは一応，直線枝とする。

直線枝は，まっすぐな一本線で描かれた枝[42)]のことで，「本物の早期型」（邦訳 p. 79）と評されている。分枝があっても主枝が直線の一線枝なら直線枝と呼べるが，ジグザグ状に屈折した一線枝や二線枝は，「まっすぐで角ばった形」（邦訳 p. 205　図 25）に含まれる。

⑥全直交分枝

「3　直交分枝」とあるが，3 番は全直交分枝の図式なので早期型とされるのは，一部直交分枝ではなく全直交分枝である。「標準児童では，全年齢にわたって直交分枝的表現は相当数見られ」（邦訳 p. 197）るとあり，また，両指標のグラフ（図 41）からも一部直交分枝は就学後も出現し続ける指標であることが分かる。

⑦地面まで枝のあるモミ型幹

「6　地面まで枝のあるモミ型」とあり，6 番の図式は「地面までの枝」とモミ型幹の双方の特徴を持つので，「地面まで枝のあるモミ型幹」とする。「地面近くまである枝は，実際には初等学校に入学するころに消失するので早期指標の一つ」（邦訳 p. 82）であり，初版で発達の阻害や退行のサインとなる指標として指摘された「モミ型幹，特に枝が深い位置にあるモミ型幹」に由来する指標である。

ところで，6 番の図式は一線幹と全一線枝の双方の特徴をもつが，「地面まで枝のあるモミ型幹」は一線幹で全一線枝のバウムに限定されるものではない。地面までの枝とモミ型幹の双方の特徴を持つバウムには，図像Ⅰ（図 20）や図 39 のような一線幹で全一線枝のバウムが多いので，その特徴が図式化さ

42）「軽度から中等度の発達遅滞」を伴う 16 歳の男子が描いた図像Ⅰ（図 20）に対し，直線枝が指摘されていない。

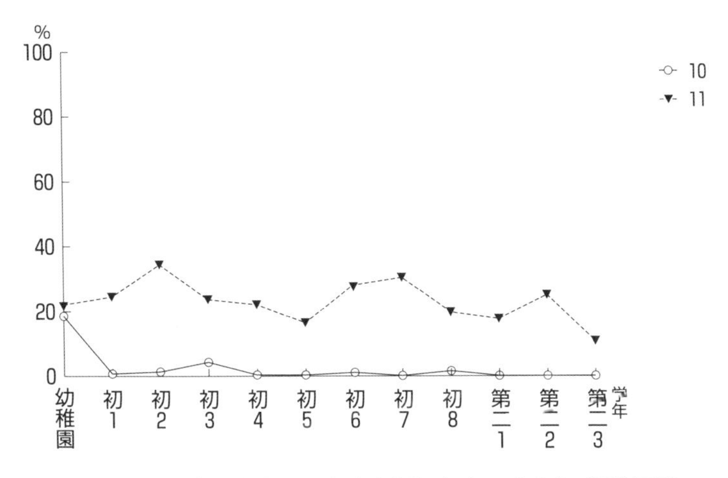

図41　全直交分枝（10）と一部直交分枝（11）の出現率（標準児群）

れたと思われる。一線幹で全一線枝のバウム以外の「地面まで枝のあるモミ型幹」の例として，4歳9か月の女児が描いた二線幹で全一線枝のバウム（図20），二線幹で全二線枝のバウム（図22a）などがある。

⑧日輪型や花型（花型とヒマワリ型）

「8，9　花型とヒマワリ型」とあるので，8番が花型，9番がヒマワリ型に該当する。8番と9番は共に，「花と木が融合」（邦訳p. 81）して出来た樹冠の図式である。9番の図式は，本文中ではヒマワリ型（Sonnenblumenform）と呼ばれているが，58指標の一覧表では日輪（Sonnenrad）型に言い換えられ，指標名は「日輪型や花型」となる。

⑨空間倒置[43)]

「10　空間倒置」，「13, 14　幹上直，水平枝，空間倒置」とあり，空間倒置の例として10・13・14番の図式が指定されている。そして，「果実は伸ばした手のように，上向きや横向きに置かれ，あるいは円形の（樹冠の）輪郭から中に向かう形で描かれる。あるいは葉や実は幹の中に置かれたりする」（邦訳p. 80）とあることから，実や葉が重力の方向にぶら下がらない状態で描かれているこ

43)　日本語版の補遺（p. 122）では，空間倒置Ⅰ型（葉や実が幹に対して直角に上に向かってついている），Ⅱ型（幹に対して直角に下に葉や実がついている）が紹介されている。

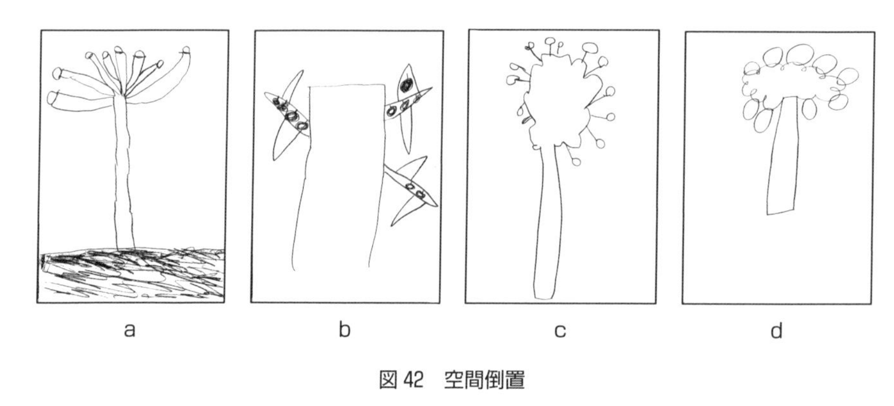

図 42　空間倒置

とを指す。したがって，樹冠の輪郭から中に向かう形で実が付いている状態（10 番の図式），実（丸い実）が幹の中にある状態（11 番），幹に対して実が横向きに付いた状態（13 番），重力の方向にぶら下がっていない実の付き方（14 番）を指す。また，図像Ⅰ（図 20）で直線枝の枝先に付いた実に対して「空間倒置（実の一部が枝の軸の方向に置かれている）」（邦訳 p. 306）が指摘されていることから，18〜20 番も空間倒置となる。

図 42 に幼児のバウムで見られるさまざまな実の空間倒置を示す。二線枝の枝先に付いた実（図 42a），枝の中にある実（図 42b），樹冠の輪郭から外に向かう実（図 42c）や樹冠の輪郭に沿って並べられた実（図 42d）や，幹の外周に沿って並べられた実などがある。

⑩幹，幹と付属の枝

「11　葉を付けた幹や幹の中の実[44)]」，「12　樹冠がなくて短い枝のある幹」とあり，11 番と 12 番の図式は共に 58 指標の「幹，幹と付属の枝」に該当する。樹冠のない幹だけのバウム，あるいは「付属の枝」が幹に付いたバウムを指す。

⑪幹の中の葉や実

「11　葉を付けた幹や幹の中の実」であり，典型はこの指標の図式にあるように樹冠が未形成のバウムの幹に実や葉が直接，描かれている場合をいう。

筆者は，幹の中に実が描かれるのはバウム特有の表現と思い込んでいたが，幹に実を付ける幹生花の存在を知り，「地面までの枝」と同様にバウムと自然

44）「幹の中に葉と実を付けた幹」（邦訳 p. 68）を「葉を付けた幹や幹の中の実」に訂正。

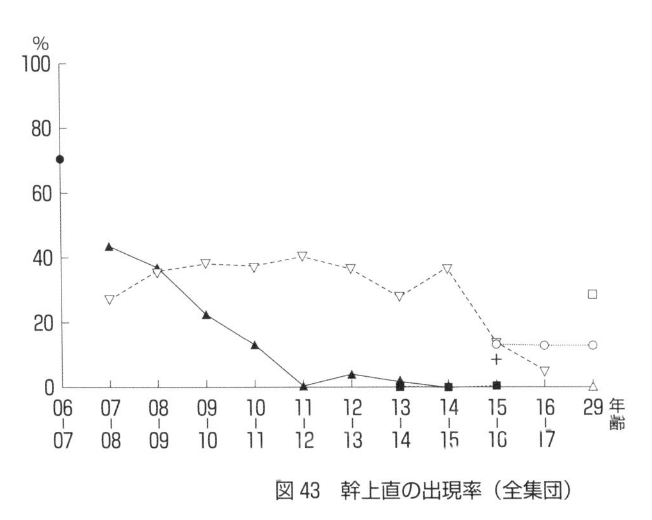

図 43　幹上直の出現率（全集団）

の木との繋がりの深さに驚かされた。

⑫幹上直

13, 14 番だけでなく，17～21 番の図式に対しても「すべて幹上直」と指摘されている。幹上直には，幹先端が直線で閉じられた状態だけでなく，幹上直の幹先端から枝が出た状態や，幹上直の幹先端に樹冠が載った状態も含まれる。

図 43 に 8 つの集団別の幹上直のグラフを示す。幹上直は，「紛れもない早期型」（邦訳 p. 85）で，「発達指標として優れてふさわしい」（邦訳 p. 193）とみなされている。

さらに，商店員群では出現しないが半熟練工群では 10%程度の出現がみられることから，「ある集団を他の集団と比較したいと思うなら，幹上直という指標を決して抜かしてはならない」（邦訳 p. 194）と述べ，集団比較の尺度としての幹上直の重要性が指摘された。

幹上直は，標準児群では幼稚園で 70.2%の出現率を示すが，それ以後は学年の上昇につれて減少し，初等学校 5 年ではほとんど出現しない。軽度知的障がい児群では「16～17 歳」になってようやく 4.9%にまで減少し[45]，中等度知的障

45) 「その 1 年後（37%）に最大となって，その後 7 年間は横ばいで」（邦訳 p. 192）の記述は調査結果と対応していない。最大値の 40.0%に達するのは 4 年後であり，16 歳になってようやく下降し始める。

がい者群は成人しても初等学校３年程度の出現率に留まる。

⑬全水平枝と⑭一部水平枝

「1，2，6，7，13，14　まっすぐな形」に加えて，「13，14　幹上直，水平枝，空間倒置」とあり，13番は全水平枝，14番は一部水平枝を指す。

水平枝は，「極めて早期に散発的に観察される早期型なので，成人や青少年に見られた場合は，特別に原始的な状況を，純粋に指し示すものと考えてよい」（邦訳 p. 79）。枝の伸びる方向は発達的には，水平方向から斜め上方向へと変化するが，水平枝が１本でも残っていると早期型とみなされる。

なお，水平枝は「直交分枝の前に見られる型」（邦訳 p. 79）であり，幹の左右の水平枝の高さが同じだと十字型になる。

⑮小さい樹冠のある長すぎる幹

「15，16　小さい樹冠のある長すぎる幹」とあるが，16番のみが「小さい樹冠のある長すぎる幹」に対応する。初版で指摘された「小ささが目立つ樹冠（長すぎる幹，あるいは短くて太い幹の上にあるきのこ型の樹冠[46]）」に由来する指標と思われる。“長すぎる”の程度は具体的に示されていないが，幼稚園児の「樹冠の高さに対する幹の長さの比」が10：21.5（第Ⅱ章図７参照）なので，幹の長さは樹冠の高さの少なくとも２倍以上だろう。

⑯小さい樹冠のある短くて太い幹上直の幹

「17，18，19，20，21　小さい樹冠のある短くて太い幹，すべて幹上直」とあるが，21番は該当しない。この指標も「小ささが目立つ樹冠」に由来する指標と思われる。17番は，「早期型としては，経験的に，長すぎる幹が典型であるが，その反対の，小さなきのこのような樹冠をもつ短くて太い幹」（邦訳 p. 89）に該当し，「幹高が樹冠高の半分より少ないときは，その外観はむしろ，まれな早期型に近くなり，高学年ではほとんどが遅滞を示唆するもの」（邦訳 p. 97）となる。

46）　初版の当該箇所は英語版で Strikingly small crown（shaped like a mushroom, on an excessively long or short, thick trunk）と英訳され，『バウム・テスト』（p. 109）で「非常に小さい冠部（マッシュルームのような冠部が長短いずれかの太い幹の上についている）」と訳された。幼児のバウムでは，短くて太い幹に付いた小さな樹冠は経験するが，長くて太い幹に付いた小さな樹冠の経験はほとんどない。このことも『バウム・テスト』に抱いた疑問の一つであった。

⑰暗く塗られた幹と枝

「22　暗く塗られた幹と枝」とあり，22番の図式では幹と枝の双方が塗られているので，「暗く塗られた幹と枝」とする。

幼稚園児が幹を黒く塗ることについて，「黒は無意識の状態，まだ意識に上がっていないもの以外の何ものでもなく，当然，子どもの発達と結び付けて考えることができる」（邦訳 p. 208）と述べられているが，筆者が収集した幼児のバウムでは，黒塗りの幹の出現は少ない。

⑱根元がまっすぐな幹下縁立

「23　幹の根元がまっすぐで幹下縁立」とあり，23番の図式の特徴と一致する。初版では，発達の阻害や退行のサインとなる指標として，「幹下縁立」と「まっすぐな根元」はそれぞれ別個に扱われていた。しかし，両者は共に入学後に出現率は減少し，初等学校5年でほぼ消失することが出現率調査で実証されたので，同様な発達曲線を示す指標を一つにまとめて早期型の指標にしたと思われる（図33参照）。

⑲ステレオタイプ

「30　ステレオタイプ」とあるが，30番に対応する図式は一覧図にはなく，25番の図式がステレオタイプに該当する。この指標も，初版で指摘された15の指標に含まれている。

⑳多くの風景

「32　多くの風景」とあるが27番の図式が対応する。多くの風景は，「早期型と呼べるものだが，後の年齢ではむしろ，退行的な意義を持つ」（邦訳 p. 242）とされ，27番の図式の中に描かれている「梯子」は「早期型としての価値がある」（邦訳 p. 248）。

㉑大きすぎる実や葉

「33　大きすぎる実や葉」とあるが，26番の図式が大きすぎる実や葉に対応する。「大きすぎる実（あるいは葉）は，真の早期型とみなすことができる」（邦訳 p. 64）と指摘されている。

以上の21指標は，指標名に対応する図式が「早期型の各図式」（本章 p. 90参照）に含まれている指標である。

㉒早期型の根

「31　根（条件付けでのみ，早期型）」は早期型の図式の一覧図にはないが，

「6歳から7歳の根元の図式」（図18）に含まれている。通常の一線根や二線根とは異なる表現型をした根で，これについては第Ⅵ章で扱う。

㉓多数の木を描くこと

描かれたバウムの本数について，第2版では軽度知的障がい児の集団では“mehr als zwei Bäume（2本より多い木，すなわち3本以上の木）”が多いこと（邦訳p. 71）が指摘されていたが，この時点ではまだ指標化されていなかった。

しかし，「1本の木を描くようにと，はっきり教示しても多数の（mehrere）木を描くことがある」（邦訳p. 88）ので，第3版で「多数の木を描くこと」が指標になり，早期型のリストの末尾に指標名が追記された。第3版では，指標名の追記だけでなく，新たに“Das Zeichnen mehrerer Bäume（多数の木を描くこと）”の節（邦訳pp. 88-89）が設けられ，バウムの本数が詳しく報告されている。

237名の幼稚園児では“mehr als einen Baum（1本より多い木，すなわち2本以上の木）”を「27名が描き，うち，22名は2本描いて満足したが，5名だけは3本描いた」（邦訳p. 89）とあるので，2本以上のバウムの出現率が11.4%，3本のバウムの出現率が2.1%となる。

初等学校では，2本のバウムを描いたのは1年生で6名，2年生で3名，3年生で1名なので，それぞれ出現率は，2.8%，1.3%，0.5%となり，幼稚園児と比べると明らかに減少している。

しかし，軽度知的障がい児では「全年齢層を通じて66名」が「要求されるよりも多くのバウム」を描いたので，2本以上のバウムの出現率は16.1%となる。内訳は「26名が2本」，「40名が3本以上」なので，2本のバウムの出現率が6.3%，3本以上のバウムの出現率が9.7%となる。

その結果，「多くの養護学校の生徒がしばしば多すぎる木を描くことから，多数の木の描画は早期徴候の一つ」（邦訳p. 89）とみなされて，早期型のリストに追加された。さらに，「就学適性の判断を下す場合には顧慮してもよい」（邦訳p. 89）指標とされた。なお，多数の木とは，具体的には3本以上のバウムを指す。

他にも早期型およびある程度の早期型と見なせる指標[47)]が指摘されているが，早期型のリスト自体が完成されたものではないので，これ以上の検討は控えたい。

以上が58指標と早期型を中心にしたコッホの指標の判定基準である。

ところで，早期型は一般的には文化の影響を受けない指標と見なされているが，中には文化の影響を受ける指標も含まれている。例えば，全一線枝はアフリカではスイスよりも明らかに高い出現率を示すが，日本での出現率はスイスよりも低いことが一谷ら（1968）によって指摘されている。筆者が得た結果も同様で，わが国の幼児・児童の全一線枝の出現率は，コッホの結果よりも明らかに低い（第Ⅵ章 p. 189 参照）。

他に，先ほどの「多数の木を描くこと」もスイスとは異なる。5歳6か月から6歳8か月の528名の就学前幼児（平均年齢：6歳1か月）を対象にした筆者の調査では，2本以上のバウムの出現率は1.9%，3本以上が0.8%であり，複数のバウムが描かれること自体が少ない。それ故，わが国においては「多数の木を描くこと」は早期型とは言えず，就学適正の判断材料としても適さない。

さらに，「早期型としての価値がある」（邦訳 p. 248）とされる「梯子」も同様で，筆者の経験では標準的な幼児・児童ではまったく出現しなかった。

このように，早期型とみなされた指標であってもわが国に適用できない指標もあるので，コッホが指摘した早期型のリストを参考にわが国の文化に根差した早期型の指標を見出すことが今後の課題となる。勿論，58指標も同様で，早期のバウムからいわゆる成熟したバウムについて，幼児期から青年期にかけての発達調査が必要となる。種々の指標の判定基準をコッホの意図通りに理解することは，発達調査の第一歩になる。

47）　コッホのいう「協応の不足」は，4歳9か月の女児が描いた図1（邦訳 p. 66）にみられるような「目と手の協応」の未発達による稚拙な描画，あるいは目と手の協応に問題はないが，木には見えない描画を指すと思われ，これは第Ⅴ章で述べる「不定型」に相当する。また，24番の図式は，さまよいの3指標の一つである「煙のようにたなびく旗のような樹冠」を示す。

第Ⅴ章　バウムの樹型

バウム各部分の形態的な特徴は，解釈のための重要な着眼点であり，58指標をはじめとする多くの指標が設定されている。しかしながら，多数の指標を使ってバウムを検討しても全体像の特徴をうまく言い表せるとは限らない。実際にバウムを見たとき，最初に目に入るのはバウム全体像から受ける印象であり，部分的な特徴は常に全体像の影響を受けている。

この点について藤岡・吉川（1971）は，「イメージ表現としてのバウムは，全体としての一種のパターン認識を，われわれに強制するからだ」と述べ，「すべてのバウムを一貫した態度で眺められるような，大ざっぱな視点」として「バウム全姿の類型化」が提唱された。

バウムの各部位の特徴を多数の指標で検討することの重要性を理解しつつも，部分的な検討から得られたものに違和感を覚えていた筆者は，「バウム全姿の類型化」に強く惹かれた。全体像を検討することは，部分的な検討で失われたものを蘇らせることができると考え，以来，バウム全姿の類型化，つまり樹型の分類方法を検討してきた。

そこで，本章では，幼児から成人，標準児・者から発達障がいや精神障がいの臨床事例にも適用可能な樹型の分類表を作成し，幼児期と児童期を中心にバウムテストの発達的特徴を樹型から検討する。

1　樹型分類の視点

(1) 藤岡・吉川（1971）の視点

自然の木の幹先端は，大きく分けると図14で示したように先端が枝分かれしているか，あるいは先端が細くなっているかのどちらかに分類できる。しかし，バウムになると幹先端の表現型は実に多種多様となる。まさに被検者の心理的特徴が表れやすい部位であり，解釈の重要なポイントと言われる所以である。

藤岡・吉川（1971）では，幹先端の表現様式は「幹先端処理」と名付けられ，幹先端処理に着眼した「バウム全姿の類型化」が行われた。「基本型・放散型・冠型・人型」の標準的な4類型と分類困難な種々の「特殊なバウム」の一つである「幹先端開放型」，さらに5，6歳の時期に出現する「幼型」とその前段階の「幼児不定型」の計7類型（図44）である。

基本型は，「幹先端が一本のままほそくなって閉じ，幹の上部には，同じように描かれた枝がおおむね互生している」型で，「小学校高学年以後の，バウム成長後の年齢集団ではつねにその頻度が最も高く，モードをなしている」ことに因んで命名された。藤岡・吉川分類では，「類型分類としては，幹先端の類型の方を優先させる」ので，樹冠の輪郭の有無にかかわらず幹先端が細く閉じられたバウムはすべて基本型に分類される。また，細く閉じることが不完全なために幹先端が開いてしまった場合も基本型とする。

放散型は，「幹先端処理にあたって，幹の先端をそのまま枝分かれさせる型」であり，基本型と同様に樹冠の輪郭の有無にかかわらず，幹先端が枝分かれしているバウムはすべて放散型に分類される。

冠型は，「典型的なものでは，幹の先端処理を放棄して，樹冠の輪郭を描くことで，全姿の輪郭を閉じ…（中略）…概して枝組みの構成にはあまり関心がない」型をいう。

人型は，「幹先端処理の結果だけから生じたとは，実はいえない」が，「バウムは，生長とともに，幹の上部へと枝が昇って集合するようになり，樹冠が形成される。人型は，上へ昇ってしまうべき下枝が，少数だけ冠の下へ残ってしまったとみなすことのできる型」であり，「冠型の特殊なもの」とみなされた。そのため，冠下枝がある場合は，幹先端処理よりも冠下枝の有無が優先されるので，幹先端が処理された人型（図44中段）もあり得ることになる。

幹先端開放型は，「幹先端処理による輪郭閉鎖を完全に放棄したのか，あるいはまったく無関心とも受け取れる，先端開放型」であり，幹先端が開放した基本型とは区別される。

幼型は，幼児不定型の次の段階に出現する型で，「画用紙の紙縁を立ちどこ

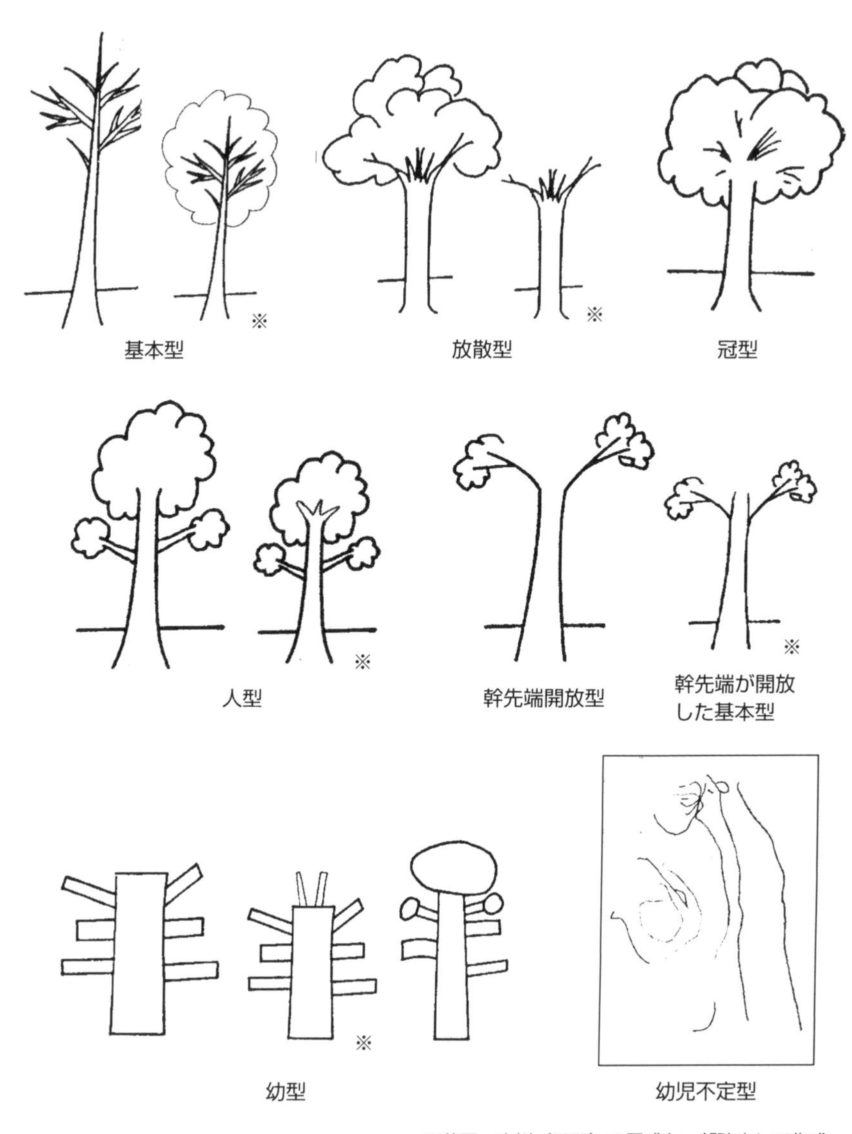

図 44　藤岡・吉川（1971）のバウム全姿の類型

ろ[1]」にし，「幹の先端が長方形で，板切れのよう」で「直交枝[2]を持つのがふつうである」。この説明文と図44に示された幼型の図式から，幼型の特徴は幹上直で水平枝，そして幹下縁立あるいは幹下直のバウムとなる。したがって，幹上直の幹先端から枝が出たバウム，あるいは樹冠が載ったバウムは藤岡・吉川分類では幼型に分類される。

幼児不定型は，「本人が木を描いたつもりではあっても，まだバウムの態をなしていない」もので，タンザニアに住む狩猟採集民のハツァピ族ではこの「幼児不定型」がモード（度数分布における最頻値）となる。

以上が，藤岡・吉川（1971）によるバウムの7類型とその分類基準であり，「成熟した成人のバウムになるのは15歳前後の時期」とされた。

ところで，幹先端処理の分類法として藤岡・吉川分類が使用されることがあるが，これは，あくまでバウム全体像の類型化のための分類基準である。

(2) 中島の視点

筆者は，バウムの描画過程の観察を通して，樹冠の輪郭の描かれ方に対照的な二つの様式があることに気づいた。一応，描き終えたと思われるバウムに後から樹冠の輪郭線が描き加えられるタイプ（図45）と，先に輪郭線で樹冠を描いてからその内部が描かれるタイプ（図46）とがある。

前者では，たいていの場合，既に描かれている枝組みが樹冠内に収まるように輪郭線が引かれ，輪郭線が描き加えられることで，樹冠の領域がより明確になる。図45aでは非常に薄い輪郭線が枝組みを囲むように描き加えられている。図45bでは，枝を横切らないように注意深く輪郭線が引かれたが，その結果，輪郭線から突き出た枝が生じ，図45cでは，すべての枝を囲い込むように輪郭線が引かれたので，樹冠の形が歪になり，図45dでは，ほぼ左右対称に近い樹冠が描かれているが輪郭線は枝を横切っている。さらに，非常に稀だが描画過程の観察でしか見い出せない，多数の実を描いてから輪郭線が引かれたバウム（図45e）もある。

---

1) 藤岡・吉川（1971）に掲載されたバウム（同書p. 8の図3）は，幹下縁立とするには幹の根元が紙面の下縁から離れすぎている。しかし，藤岡先生からいただいたバウムのコピーでは，地面線が紙面の下縁ぎりぎりに引かれ，しかも同時に幹下縁立のバウムである。
2) ここでは，水平枝の意味で使われている。

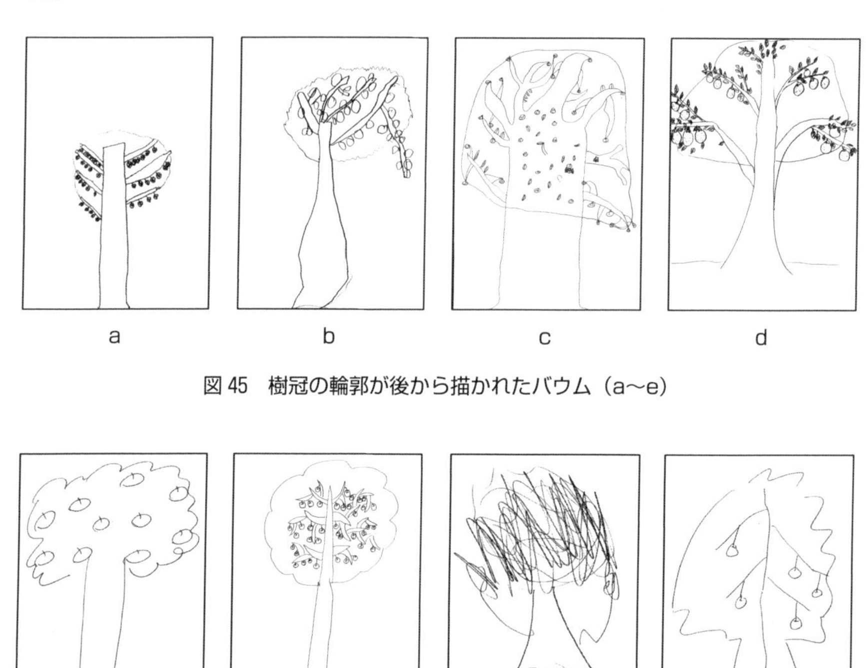

図 45　樹冠の輪郭が後から描かれたバウム（a〜e）

図 46　樹冠の輪郭が先に描かれたバウム（f〜h）

後者では，樹冠の内部を描く前に樹冠の領域が決定されるので，通常は樹冠内の枝は輪郭からはみ出すことはない。樹冠内の幹は先に描かれている幹にうまく連続するように継ぎ足される。図 46f は，先に描かれた幹と後から描かれた幹との連続が不自然なバウムである。図 46g は，落ち着きのない状態の自閉症児によって描かれたバウムで，乱雑であっても輪郭線からはみ出さないように樹冠内が塗りつぶされている。図 46h は，樹冠の輪郭，幹の順に描かれた二線幹のバウムの中に一線幹で全一線枝のバウムが描き足された，稀なバウムである。

このように輪郭の描出にはさまざまな過程があることから，樹冠の輪郭を描く行為には「幹先端処理の放棄」以上の何らかの意図があり，輪郭の有無や輪郭の描かれ方にも被検者の心理的特徴が表れていると筆者は考えるようになった。

次に，幹先端が開放し，幹の内部と外界との境界がない幹先端開放型のバウムであっても，樹冠に輪郭線が引かれると幹の内部と外界は間接的であっても区別され，冠型のバウムになる（図47）。このことからも，バウムの全体像を特徴付ける要因として，幹先端処理の様式よりも樹冠の輪郭の有無を優先することにした。

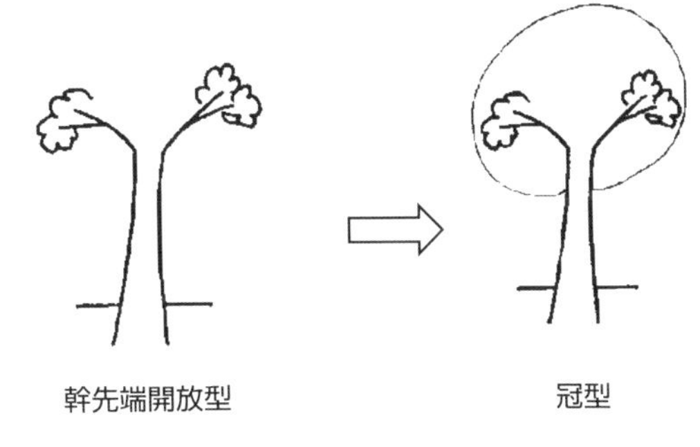

図47　樹冠の輪郭線の効用

さらに，樹冠が形成され始める頃の幼児のバウムにも，対照的な2つの表現様式（図48）が観察された。1つは，複雑な枝組みと葉むらから成る自然の木の樹冠が漠然と描かれ，樹冠とみなすには未熟な樹冠（「付属の冠」とする）が描かれる場合で，輪郭のある樹冠とみなすには大きさが不十分な樹冠が幹の上に載っているもの（図48a），幹の上部が塗りつぶされているだけで，葉の茂みとして表現された樹冠とみなすには大きさが不十分なもの（図48b），幹全体が葉むらで囲まれ，幹と樹冠にまったく分化していないもの（図48c）などがある。

2つ目は，樹冠の主要な構成要素である枝に着目されている場合で，枝とみなすには未熟な短い線が幹から出ているもの（図48d），枝のようなもつれた線があるもの（図48e），二線枝とみなすには不十分な突起があるもの（図48f）などがある。このような未熟な枝を前章で紹介した「付属の枝」と呼ぶ。

前者は，部分よりも全体を主とする被検者の認知パターンの表れであり，後者は，全体よりも部分を主とする認知パターンの表れと筆者は理解し，そこからも被検者の心理的特徴，特に環境のとらえ方・環境への関わり方の特徴が読み取れると考えた。

以上の理由から，樹冠の輪郭の有無を優先し，幹の先端の処理様式を副次的に扱う分類法とした。

ところで，藤岡・吉川分類とは異なる視点がもう一つある。それは幼型を設けなかったことである。幼型と成熟したバウムに分けることなく，バウム全体像の発達的変化を連続して把握できる分類法を目指した。

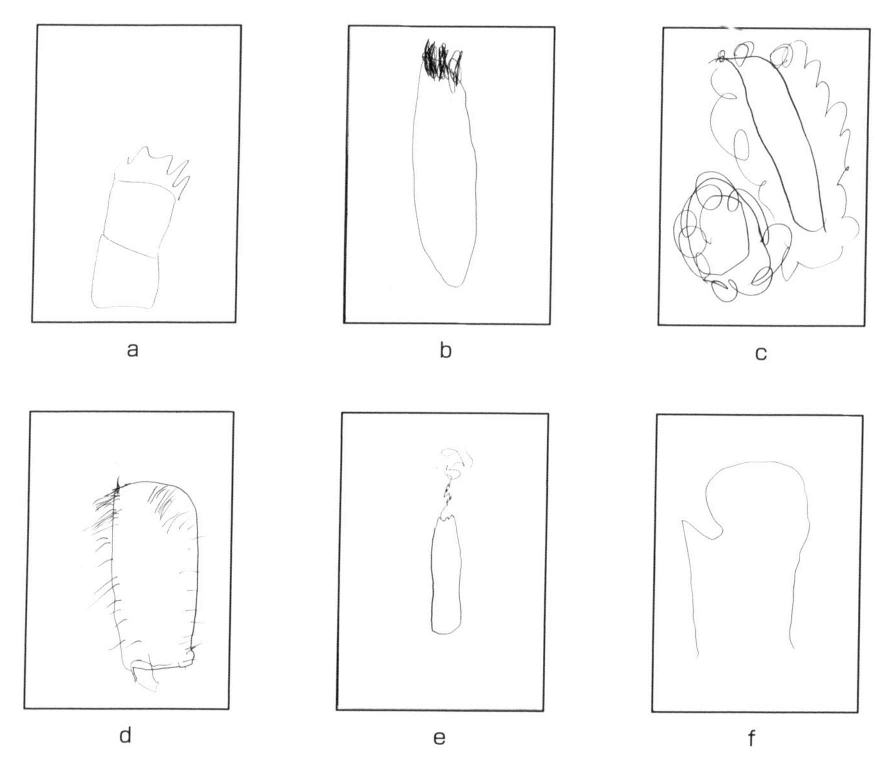

図 48　初期のバウムにおける樹冠の表現様式

2　樹型の分類表の作成

幼児のバウムの樹型分類に取り組んで以来（中島，1982），分類対象の多様化に応じて分類基準や樹型名の一部を訂正してきたが，樹冠の輪郭の有無を優先する分類法に変わりはない。分類表の作成に際しては，筆者が収集したすべてのバウム（約 7,700 例）を概観し，樹型の分類表を作成した。これを表 7 とする。本分類では，バウムテストの教示で描かれた描画はすべてバウムとして扱い，木の形を呈していないものも樹型分類の対象とする。また，描かれた木に対する命名が木以外，例えば「いちご」や「なすび」であっても描かれたものはすべて樹型分類の対象とした。

表7　樹型の分類表

木のイメージの表現段階	分類基準		樹　型
幹と樹冠があり，木としてのイメージが表現されている（6樹型）	樹冠に輪郭がある	冠下枝なし	線描樹冠型
		冠下枝あり	人　型
	樹冠に輪郭がない	幹が木の先端まで伸びる	主幹型
		幹先端から枝が出る	放散型
		幹先端から枝が出る・側枝あり	側枝型
	上記の5樹型以外		その他の樹型
枝はあるが幹がない			幹の欠如
幹はあるが枝がない			枝の欠如
独立した樹冠はないが，幹だけで木のイメージが表現されている	付属程度の小さな樹冠が幹に付く		幹と付属
	葉むらで囲まれた幹		
	付属程度の短い枝が幹に付く		
	実や葉が付いた幹		幹
	幹のみ		
木としてのイメージの独立性が曖昧で，他のイメージと融合している		ヒトと融合	融　合
		花※と融合	
		その他の融合	
形は定まらないが木を描こうとする意図が何となく感じられる			不定型
木のイメージが全くない	木以外のものが具体的に描かれている	顔・人物	木以外
		草花・野菜・草本性果物	
		文字	
		幾何図形	
		木の一部（実・葉・花・枝）	
		その他の絵	
	何か描かれているが具体的でない		錯　画
	点や短い線		
	全く何も描かれていない		白　紙

※ここでは花・茎・葉を備えた草本の花を指す。

次に，“実のなる木”の教示に対する木のイメージの表現段階を，①幹と樹冠があり，木としてのイメージが表現されているもの（幹と輪郭のある樹冠，または幹と枝があり，他者から見ても木だと了解できるもの），②木が描かれていることは了解できるが，幹あるいは枝が描かれていないもの，③樹冠はないが幹だけで木のイメージが表現されているもの，④木としてのイメージの独立性が曖昧で，木以外の他のイメージと融合したもの，⑤形は定まらないが，木を描こうとする意図が何となく感じられるもの，⑥木のイメージがまったく感じられないものの6段階に分け，以下の15樹型を設定した。

1）線描樹冠型

幹先端処理の有無に関係なく，樹冠に輪郭線があり冠下枝のないバウムを「線描樹冠型」とする。樹冠に輪郭線があり冠下枝を持たないという点では，藤岡・吉川分類の「冠型」と共通するが，幹先端が処理されている場合も含む。

指標名は，佐藤正（1978）の“線描樹冠”（「形はなんであれ，一本線で囲まれた冠部」）に因む。途切れ途切れの輪郭線であっても，輪郭線の始点あるいは終点が幹線に接していなくても線描樹冠型とする。

線描樹冠型はそれ自体が幹と樹冠に分化したバウムと言えるが，樹冠内部の分化の程度はさまざまで，樹冠内に何もなくてまったく分化していない冠内空白の状態から，塗りつぶされた状態，枝組みがあり内部が十分に分化したものまである。

図45・46のバウムは，すべて線描樹冠型である。他に，樹冠下部の輪郭線が左右の側枝で代用されている「半冠型」（図49-1），実や葉を一列に並べて樹冠の輪郭線の代用にした「冠輪郭線の代用」（図49-2），幹の根元付近まで樹冠で覆われ，幹高が非常に短い「根元までの冠」（図49-3），樹冠の一部が用紙からはみ出した「冠のはみ出し」（図49-4），樹冠のすぐ下にある冠下枝の枝先が樹冠内に入りこんだ「冠人型」[3]（図49-5）などがある。

また，樹冠の輪郭線を付け根にして外向きに伸びた枝のある線描樹冠型（図49-6）や，内向きに伸びた枝のある線描樹冠型（図2），樹冠の輪郭線が二重，三重に引かれたものもある。

3）当初は線描樹冠型とみなすか人型とみなすかで迷ったが，人型から線描樹冠型への移行型と判断し，線描樹冠型の下位分類とした。

図49　各樹型のバウム（1）

図 49　各樹型のバウム（2）

以上のように，線描樹冠型では樹冠内部の状態や輪郭の形態によって多種多様なバウムが出現する。

さらに，別の視点でみると，樹冠内での幹の高さによっても多様なバウムが出現する。幹が樹冠内にまったく入り込んでいない線描樹冠型，例えば開放した幹先端に樹冠が載ったバウム（図 49-6）や幹上直の幹先端に樹冠が載ったバウム（図 49-7）から，幹先端が樹冠の最高部にまで達した，つまりモミ型幹の図式（図 20）のようなバウムまである。

2）人　型

「人型」は，線描樹冠型に「地面までの枝」あるいは「一部低在枝」のあるバウムをいう。幼児では，何対もの冠下枝が地面まで連続して生えた人型（図 22b）がみられる。

その後，発達によって地面近くの冠下枝が消失し，児童期以降に見られる人型では，冠下枝が一対のもの（図 22d・図 49-8）が多くなる。中には，両腕を広げたヒトの姿にみえる「ヒト型のバウム」もある。冠下枝が左右のどちらか一方にあれば人型とするが，枝の痕跡あるいは枝の兆しのような短い枝（邦訳 p. 127 の図 16）は，冠下枝とみなさない。

3）主幹型

「主幹型」は，途中で枝分かれすることなく幹が木の先端まで，上へ上へと伸びたバウムとする。下枝が残った樹冠形成が不十分な主幹型から，樹冠が形成され幹先端が細く閉じた（これを「細閉」とする）主幹型まである。

本分類法では，藤岡・吉川分類の「基本型」のうち樹冠の輪郭線がないバウムを主幹型とし，そして同分類の「幼型」のうち幹が木の先端まで伸びたバウム（図 44　下段左端）も主幹型とする。

主幹型では，幹や枝の形状と下枝の有無によって多様なバウムが出現する。下枝が地面近くまであって樹冠が十分に形成されていない主幹型（図 49-9），幹先端が開いたままの「幹先開放」（図 49-10　ただし，漏斗状に開放した幹先端は主幹型ではなく「その他の樹型」とする），「幹先開放」の中で，幹の上下が開放しパイプ状になった「パイプ幹」[4]（図 49-11），幹の先端が用紙からはみ

4）『バウムテスト第 3 版』では，幹の先端が開放であれば根元の開放の有無にかかわらず，原語の直訳である管状幹（Röhrenstamm，邦訳 p. 192）としたが，ここでは，上下が開放した幹に限定してパイプ幹と呼ぶ。上下が開放した幹は，たいてい，根元の広がりがない

出した「幹上縁出」(図 49-12)，次々に幹が継ぎ足されて先端が用紙からはみ出した「幹上縁出」(図 49-13)，先端が切断された幹（図 49-14)，幹の先端が木の先端に達していない幹（図 49-15)，幹の上部が左右のどちらかに曲がった幹（図 49-16)，幹全体が左右のどちらかに傾斜した幹（図 49-17)，付属程度の小さな樹冠が付いた幹（図 49-18)，左右どちらかの側枝がまったくない幹（図 49-19）などがある。

4）放散型

幹先端から伸びた枝で樹冠が形成されているバウムを「放散型」とする。幹先端の幹の実質部分から連続して枝が出る「枝分かれ」(図 49-20）と，幹上直などの様式で処理された幹先端の実質部分から枝が出る「閉じるに枝」(図 49-21）がある。

「枝分かれ」のうち，幹先端が二股に分岐したもの（図 49-22）は，その形状からわが国では「Y 幹」と呼ばれる。

「閉じるに枝」には，閉じた幹先端の両端から枝がでるタイプ（図 49-23）や片側だけから枝が出るタイプもある。ただし，幹の描線の上端から枝が出たタイプは，幹の実質部分から出た枝とは言い難いので「放散型」とはしない。これについては，「その他の樹型」で扱うことにする。

5）側枝型

枝が幹の側方から出る主幹型と，幹先端から枝が出る放散型の双方の特徴を併せもつバウムを「側枝型」とする。幼児のバウムではこのようなタイプは少なかったので当初は独立した分類項目としなかったが，児童のバウムになると増えたので新たな樹型として設けた。

側枝型には，閉じた幹先端からも枝が出るタイプ（図 49-24)，幹先端が枝分かれしているタイプ（図 49-25)，幹先端から伸びた枝よりも側枝の方が優勢で，幹先が二股に分岐した主幹型と形容できるタイプ（図 49-26）などがある。

6）その他の樹型

「その他の樹型」は，線描樹冠型・人型・主幹型・放散型・側枝型の５つの樹型に分類されるバウムの質をできる限り均一にするために設けた。したがって，５つの樹型，実質的には線描樹冠型・主幹型・放散型の基準を満たさない

 のでパイプ状になることが多い。

表8 「その他の樹型」の下位分類表

下位分類基準		下位分類	バウム
樹冠の輪郭に関すること	多数の葉や実で樹冠を構成	むら葉冠	図50-1
		むら実冠	50-2
	塗りつぶしで表現された樹冠	塗りつぶし冠	50-3
	らせんで表現された樹冠	らせん冠	50-4
	写実的すぎる樹冠	複雑冠	50-5
	輪郭線の長さが1/3以下	短すぎる冠輪郭	50-6
	枝状の突起がある輪郭	枝状冠	50-7
	クリスマスツリー型	クリスマスツリー型	50-8
	線描樹冠が分散	分散冠	50-9
	根元まで樹冠に覆われる	地面までの冠	50-10
	その他		
幹先端に関すること	幹先端が漏斗状に広がる	漏斗状の形	50-11
	不自然に幹を付け足す	不自然な幹の追加	50-12
	幹を強引に曲げて主枝にする	幹先が枝に	50-13
	幹の描線の上端から枝が出る	幹線の上端から枝	52
	幹先がT字型になる	T字型	50-14・15
	Y幹の分岐部から幹（枝）の追加	Y幹の間から幹（枝）	50-17
	その他		
描線の分化に関すること	二線幹と一線枝の描線が未分化	メビウスの木	50-18
	一線幹と一線枝の描線が未分化		50-19
	幹線と樹冠の輪郭線が未分化	ピルツ	50-20
樹種に特有の表現型		ヤシ・バナナ型	50-22・23
		ぶどう棚型	50-24
側枝のような大きな葉が付いた木		枝状の葉	50-25・26
用紙の端に描かれた縦半分の木		半分の木	50-27・28
幹を土台にしたような木		幹を土台にした木	50-29
バウムの主要部位が統合されていない		統合不全の木	50-30
バウムの主要部位の描画を中断する		未完成	50-31
その他			

図 50 「その他の樹型」のバウム（1）

図 50 「その他の樹型」のバウム（2）

バウムが該当する。

表8に「その他の樹型」の下位分類例を，図50に当該バウムをまとめて示す。

まず，樹冠が輪郭線で囲まれているという線描樹冠型の特徴を損ねるタイプとして「むら葉（叢葉）冠[5)]」（図50-1）・「むら実（叢実）冠」（図50-2）がある。これらは，多数の葉あるいは実が隙間なく描かれた樹冠が特徴で，強迫的な印象を受ける。ただし，多数の葉や実で埋め尽くされていても樹冠に輪郭があるものは含まない。以前の樹型分類では，「むら葉冠」や「むら実冠」に生じる主観的輪郭を樹冠の輪郭線とみなしていたが，実際に引かれた線ではないので線描樹冠型から除外した。他に，樹冠が乱雑に塗りつぶされた「塗りつぶし冠」（図50-3）や，らせんで表現された「らせん冠」（図50-4）がある。多数の葉や枝が詳細に描かれて極めて写実的な「複雑冠」（図50-5）も「その他の樹型」とするが，明確な枝組みがあればその枝組みに応じて主幹型あるいは放散型あるいは側枝型に分類する。

他に，用紙からはみ出すほどの大きな樹冠ではないにもかかわらず，描かれている輪郭線の長さが概ね3分の1以下の「短すぎる冠輪郭」（図50-6），枝状に伸びた突起が特徴的な「枝状冠」（図50-7），「枝状冠」の一種とも見なせる図式的に表現された「クリスマスツリー型」（図50-8），輪郭のある小さな樹冠が何本もの枝先に描かれた「分散冠」（図50-9　コッホの「雲状の丸い形で包まれた枝先」（邦訳 p. 173）がこれに相当），輪郭線が地面線または紙面の下縁にまで達しているためにバウムのすべてが樹冠になった「地面までの冠」（図50-10）などがある。

次に，幹が途中で分岐することなく上へと伸び，細くなって閉じるという主幹型の特徴を損ねるタイプとして，幹の上部が明らかに漏斗状に広がった「漏斗状の形」（図50-11）を設ける。根元から幹の上部にかけて徐々に，しかも直線的に広がる「先太りの幹」とは違って，「漏斗状の形」は幹の上部で左右の幹線がそれぞれ側方に広がり，幹先端を細く閉じようとする意図がまったくないのが特徴と言える。このような形状の幹先端は，上に行くほど細くなって閉じるという主幹型の特徴から大きく懸け離れているので，幹先端の開閉に関係な

---

5)　樹冠が漠然とした葉の茂みで表現された「葉むら冠」とは区別する。多数の葉が群がるように一枚ずつ描かれているので，「むら葉（叢葉）冠」と命名した。これは，英語版で新たに追加された，多数の葉をつなぎ合わせた樹冠（図32）に相当。

く「漏斗状の形」とする。

ところで，幹先端が漏斗状に開放した「漏斗状幹上開」（山中，1976）には「漏斗状の形」と共通する特徴があるが，これに樹冠の輪郭線が加わると本分類では線描樹冠型とみなすので敢えて名称を変えた。また，「幹の中央がくびれた『漏斗状の幹』」（高橋・高橋，1986）にも「漏斗状の形」と共通する特徴があるが，本分類ではくびれの有無を問わないので，これも敢えて名称を変えた。

他に，主幹型の特徴を損ねるタイプとして「不自然な幹の追加」（図 50-12）がある。これは，幹の上部に不自然に幹が付け足されたもので，58 指標の「積み重ね型，建て増し」で述べた「幹の積み重ね」とは区別される。

「幹先が枝に」は，幹の上部が左右のどちらかに曲がった幹とは違って，上方向に伸びるはずの幹の上部が強引に曲げられて枝のようになり，そこに実がぶら下がっているように見えたり，あるいは分枝をもつ主枝のように見えるもの（図 50-13）とする。

次に，幹先端から枝が出るという放散型の特徴を損ねるタイプとして，枝が幹線の上端から出る「幹線の上端から枝」を設ける。「幹先端処理による輪郭閉鎖を完全に放棄したのか，あるいはまったく無関心とも受け取れる」と説明された藤岡・吉川（1971）の「幹先端開放型」に共通する特徴をもつが，これも敢えて名称を変えた。

その理由は，幹先端処理の放棄や無関心の結果で生じる基本型の幹先開放（図 44　中段右端）とは違って，幹線の上端という幹先端の実質部分ではないところから枝が出ること自体が「幹先端開放型」の特異性と考えたからだ。

通常，幹先端から出る枝は，幹先端から連続して枝が出る「枝分かれ」と閉じた幹先端から枝が出る「閉じるに枝」に分類できる。この両者では，幹先端の幹の実質部分が処理されることで枝が出現し，幹と樹冠に明確に分化したバウムになり，しかもバウムの内部と外界は明確に区別される。しかし，「幹線の上端から枝」では，幹から出た枝は幹先端であっても幹の実質部分から出ていないので，幹と樹冠に明確に分化したバウムとは言い難い。

さらに，「幹線の上端から枝」には，幹先端が開放した「幹先端開放型」から，幹線の上端から出た枝によって幹先端が間接的に閉じられたものまであり，幹先端の開放の程度は幹線の上端から出た枝の生え具合によって左右されている。

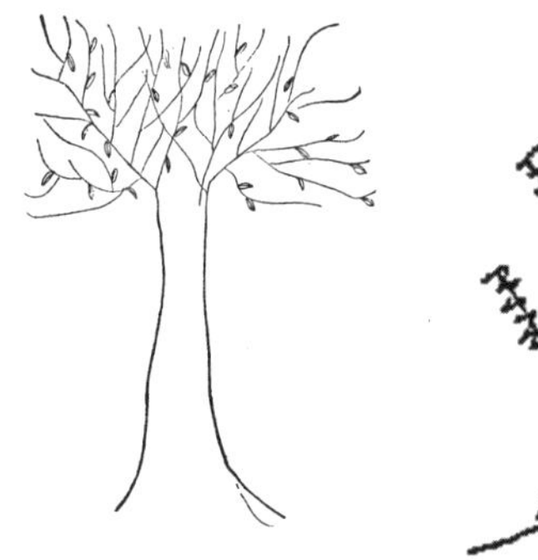

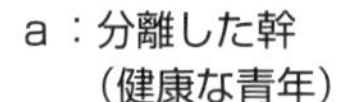

a：分離した幹（健康な青年）　b：分離した幹（統合失調症者）

図 51　分離した幹

ところで，「幹線の上端から枝」には，高橋らの「分離した幹」[6]とも共通する特徴がある。「分離した幹」は，「幹の両側の線がそれぞれ上に伸び，互いに結合しないまま，まるで幹の両側の線がそれぞれ独立した枝のように見える」指標で，幹線の上端から出た複数の一線枝で幹先端が間接的に閉じられたバウム（高橋，1974　図 51a）が紹介された。続いて，健康な青年が描いた「分離した幹」と共に統合失調症者による幹の「上部が開放」した「分離した幹」（高橋・高橋，1986　図 51b）も紹介された。このように「幹線の上端から枝」には「分離した幹」と共通する特徴もあるが，幹の下端が閉じた「幹線の上端から枝」も出現する。その場合は，幹は分離した状態にはならないので幹線の先端から出た枝だけに注目した指標名とした。

図 52 にさまざまな「幹線の上端から枝」を示す。幹線の上端から出た枝は一線枝だけとは限らず，分枝をもつ二線枝もある。幹先端が完全に開放したもの（図 52a・b・c）から，分枝のある一線枝によって幹先端の開放の程度が弱まったもの（図 52d），幹線の上端から出た枝に加えて幹先端に生じた空間にも枝があるもの（図 52e），幹線の上端から出た枝によって幹先端が間接的に閉じられたもの（図 52f）まである。また，幹下直で漏斗状に広がった幹線の上端から枝が出たもの（図 52c），幹線の上端から出た一線枝の両側に分枝があるもの（図 52g）などもある。図 52g は，幹線と一線枝の描線が未分化であれば後述する「メビウスの木」になる「幹線の上端から枝」であり，図 52h は統合失調症の男性が描いた「幹線の上端から枝」である。

6)　高橋『描画テスト診断法――HTP テスト』（1967）では「分離した木」と命名されていたが，高橋『描画テスト入門――HTP テスト』（1974）で「分離した幹」に改称された。

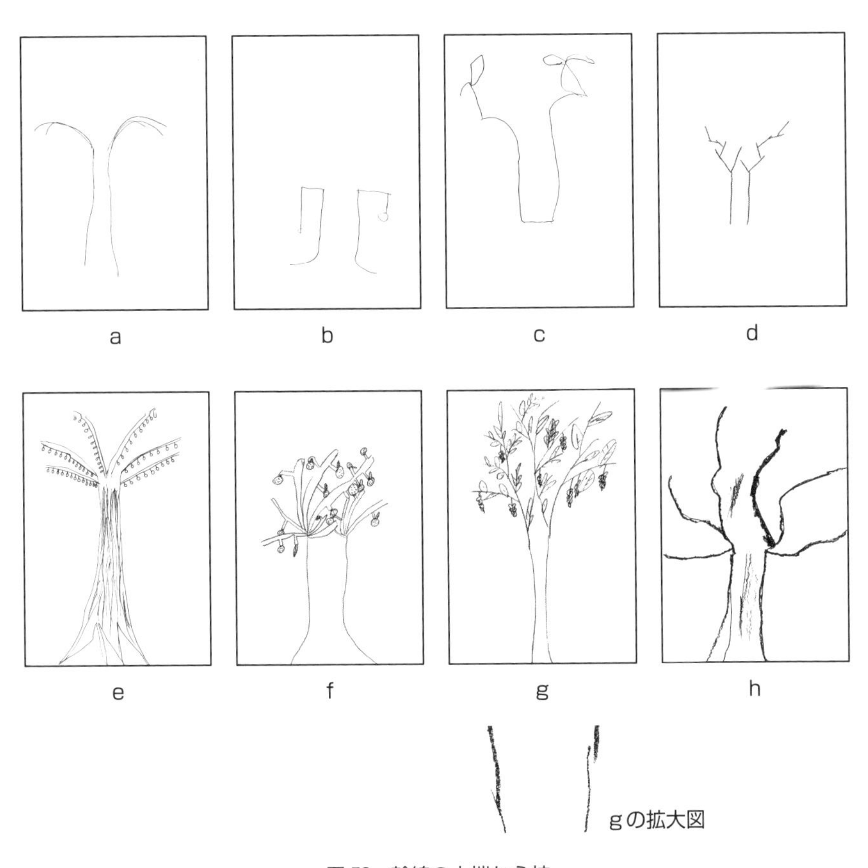

図 52　幹線の上端から枝

なお，左右どちらか一方の幹線から枝が出た状態であっても「幹線の上端から枝」とする。

次の「T 字型」も，放散型の特徴を損ねるバウムである。これは，幹先端の左右の端からそれぞれの方向に側枝が出ているのではなく，早期型で紹介した「水平な型」のように側枝が左右に分化していないところが特徴となる。一線幹に一線枝の T 字型，あるいは二線幹に二線枝の T 字型（図 50-14）があり，下枝があるもの（図 50-15）も含む。ただし，幹上直の幹先端の両端から左右の方向にそれぞれ枝が出ている場合（図 50-16）は，放散型とする。

「Y 幹の間から幹（枝）」（図 50-17）は，二股の分岐部から枝状の幹，ないし

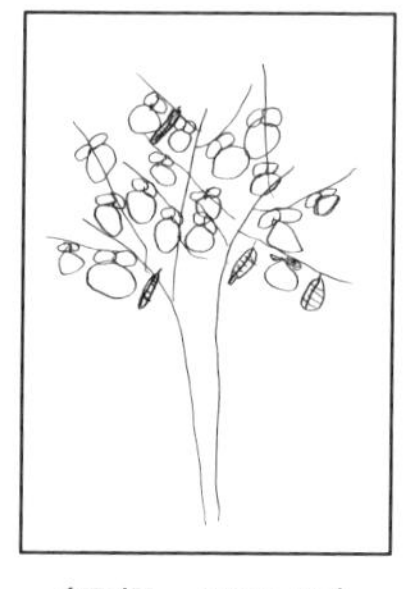

（再掲　図50-18）

メビウスの木（山中，1976）

図53　メビウスの木

幹状の枝が出ているように見えるタイプをいう。

他に，開放した幹先端の空間に枝が描き加えられただけで，幹と枝が分離している「開放に枝」などがある。

繰り返すが「漏斗状の形」・「幹線の上端から枝」などの特徴をもつバウムであっても，樹冠に輪郭があれば線描樹冠型とする。

次に，幹と樹冠の描線の分化に問題があるバウムとして，「メビウスの木」と「ピルツ」を挙げることができる。

「メビウスの木」（山中，1976）は，「漏斗状幹上開」のうち，「幹の上端が開放している為に幹として引かれた線がそのまま枝に移行してしまい，幹の部分においては，内側に内空間を形成していた曲線が，そのまま上部では枝として外空間を形成してしまうという珍現象」であり，精神病者が描いた「メビウスの木」（図53）が例示された。「メビウスの木」は，一見すると二線幹の幹と一線枝の枝組みで構成された樹冠から成るバウムのように見えるが，幹と樹冠の分化が曖昧模糊としている。ただし，幹から枝（あるいは枝から幹）への移行点で一瞬でも筆が止まる，あるいは，描線の方向がわずかでも変化した場合，幹線と枝の描線が外見上連続していても，両者は一応区別されたとみなせる。

図50-18は，幹と樹冠に分化したバウムへと発達的に変化する過程で出現したもので，就学前の標準的な幼児が描いた幹線と枝の描線が未分化という「メビウスの木」の特徴が読み取れる（第Ⅸ章の図85参照）。また，幹線と枝の描線との未分化は一線幹のバウムにも生じ，この場合は図50-19のように一線幹の上部がいつの間にか一線枝になるという形で出現する。

次の「ピルツ」[7)]（図50-20）は，幹線と樹冠の輪郭線が連続しているものを指

7)　ここでの「ピルツ」は，コッホのいう「小さなきのこのような樹冠をもつ短くて太い幹」（邦訳 p. 89）の Pilzkrone とは異なる。先端開放の幹に輪郭だけの小さな樹冠が載ったバウムの中で，幹と樹冠の描線が分化していないものはバウム研究会では「ピルツ」と呼ば

す。これも一見すると幹と樹冠を備えたバウムのように見えるが，幹と樹冠の分化が明確ではなく，幹先端が開放した二線幹に線描樹冠が載ったバウム（図49-6；次章で紹介する「開放冠」のバウム）とは異なる。「ピルツ」の場合も，幹線と樹冠の輪郭線が見かけ上連続していても，幹から樹冠（あるいは樹冠から幹）への移行点で鉛筆の動きが一瞬止まる，あるいは後から移行点に区切りの印が自発的に付けられると，両者は一応区別されたとみなせる。図50-21はこの例で，左側の幹線がそのまま樹冠の輪郭線へと移行したが，後で印が付けられたので幹と樹冠に分化したバウムになった。

樹種に特有の表現型として，ヤシやバナナの木に特有の「ヤシ・バナナ型」（枝のような葉が幹の上部に描かれた図50-22，葉が枝状冠のように描かれた図50-23），ぶどうの木に特有の枝が棚に沿って水平方向に伸びた「ぶどう棚型」[8)]（図50-24）がある。

「枝状の葉」（図50-25・26）は，側枝のように見える大きな葉が特徴的で，第Ⅳ章で紹介した幼木（図15）を連想させる。

他に，木の左右どちらかの半分だけが描かれた「半分の木」（図50-27・28），二線幹の幹を土台にして一線幹あるいは二線幹の木が載っているという印象を与える「幹を土台にした木」（図50-29），木の要素である幹や枝が描かれていても，木の絵として統合されていない「統合不全の木」（図50-30），時間制限がないにもかかわらず自ら描画を中止し，バウムの主要部分を欠いた「未完成」（図50-31では樹冠の輪郭）などがある。しかし，図50-32のように樹冠内の描画が中止された場合は未完成としない。

幹と樹冠を一応備えてはいるが線描樹冠型あるいは主幹型，あるいは放散型の基準を満たさないバウムを「その他の樹型」として一括したので，これには多種多様なタイプのバウムが含まれる。

7）幹の欠如

「幹の欠如」は，枝が十分に描かれているので幹と樹冠に分化した段階のバ

れていた。図50-20は左の幹線，樹冠の輪郭線，右の幹線の順に一筆描きで描かれたのでピルツと思えたが，後で樹冠と幹を区切る横線が追加されたのでピルツではない。ピルツの事例が手元にないので，やむを得ずこのバウムを提示した。

8) 棚がない状態で枝が水平方向に伸びたぶどうの木も含む。海外のぶどう園では，棚ではなく柵に枝が誘引されている。

ウムだと了解できるが幹が描かれていないもの（図 49-27）であり，木の一部として枝だけが描かれた場合と区別する。

なお，「幹の欠如」は斎藤・大和田（1971）で指摘された指標名である。

8）枝の欠如

「枝の欠如」は，幹があるのに樹冠としての枝がないという印象を与えるもの（図 49-28）とする。この場合の幹の形状は，後述する「幹」や「幹と付属」とは異なり，根元に広がりのある成熟した幹で，早期の幹とは区別できる。

9）幹と付属

「幹と付属」は，幹に付属の冠，あるいは付属の枝のあるバウムを指す。

既に紹介した図 48a・b・c は付属の冠のある「幹と付属」に該当し，図 48d・e・f は付属の枝のある「幹と付属」に該当する。その中で，多数の短い線が描かれた図 48d は，コッホが「枝というよりはむしろ，毛が生えている感じ」（邦訳 p. 84）と形容したバウムに該当し，「貧弱な枝のある上端が閉じた幹」（邦訳 p. 84）は，付属の枝のある「幹と付属」に該当する。

10）幹

樹冠のない幹だけのバウムを「幹」とする。これは樹冠が形成される以前のバウムであり，丁度，早期の人物画で出現する顔（頭）に該当する。描かれたのが顔だけであっても，描いた幼児にとってはヒトの全身像を表しているのと同様に，幹だけであっても全体像としての木が描かれている。

「枝が無くて上端が閉じた幹」（邦訳 p. 84）は，この「幹」に該当し，「幹」のバウムには幹の表面や外周に実や葉が付いたものの他に，実や葉，あるいは実や葉をほのめかすようなものは何も描かれていないまさに幹だけのバウム（図 49-29）が出現する。後者を「幹のみ」とし，「幹」の下位分類とする。

さて，「幹のみ」のバウムの中には，1本の縦線あるいは縦方向に塗りつぶされただけの幹がある。このようなバウムを経験し始めた頃は，これを後述する「不定型」とするか，あるいは輪郭のない「幹」とみなすかで迷った。しかし，同様な事例が蓄積されてくると，縦線や塗りつぶされただけの線であっても描いた幼児にとっては一線幹や塗りつぶしの幹で表現されたバウムとみなすようになった。

加えて，バウムが描けなかった養護学校高等部1年の女子生徒が1年後には縦線を何本も描き，さらにその1年後には，幹と樹冠に分化したバウムを描いた事例（図 54）を経験したことも，単なる縦線であってもバウムとみなせることの根拠となった。図 55 に一線幹あるいは塗りつぶしの幹で表現された「幹のみ」のバウムを人物画と共に示す。

11）融　合

「融合」は，木としてのイメージの独立性が曖昧で，木以外のイメージと融合したバウムである。出現数は極めて少ないが，早期のバウム，しかもバウムの萌芽とも言える極めて早期に出現するものなので，独立した樹型として扱うことにした。図 56 に「融合」のバウムをまとめて示し，「ヒトと融合」のバウムについては人物画も共に示す。

「融合」のほとんどは，木とヒトが融合した「ヒトと融合」（図 56a・b・c・d）であり，図 1 で紹介したような“人間風の木”という印象を与えるバウムである。「ヒトと融合」の判定においてのみ，同時に実施した人物画を参照した。なお，樹冠のあるバウムの幹に人面が描かれたものや，表面に人面が描かれた実のあるバウムは「ヒトと融合」とはしない。また，バウムテストの教示で描かれたヒトの顔や全身像などは，後述する「木以外」に分類する。

「花と融合」（図 56e・f）は，花・茎・葉を備えた草花が描かれているのではなく，草花と木が融合した“草花風の木”である。早期型の「日輪型や花型」は「花と木が融合」（邦訳 p. 81）して出来た樹冠を指し，樹型の「花と融合」は，花と木が融合して出来たバウムの全体像を指す。

「ヒトと融合」・「花と融合」の他には，実を樹冠に見立てたバウム（図 56g）や葉を樹冠に見立てたバウム（図 56h）などがある。

12）不定型

「不定型」（図 49-30）は，形は定まらないが木を描こうとする意図が何となく感じられる点で「錯画」と区別できる。藤岡・吉川分類の「幼児不定型」や「木とはわからないような絵」（邦訳 p. 67）と評された 4 歳 9 か月の女児の絵（邦訳 p. 66 の図 1 ）は，本樹型分類の不定型に該当する。

13）木以外

木以外の具体的なものが描かれている場合をすべて，「木以外」とする。ヒトの顔や全身像，チューリップなどの草花の花，なすびなどの野菜，いちごなどの草本性果実，文字（図 49-31），丸や三角などの幾何図形などがある。

なお，びわなどの実（図 49-32）・椿のような花木に咲く花・木の葉・枝

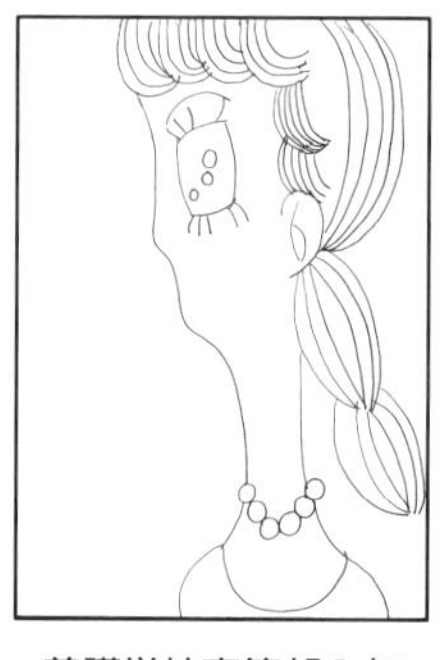

養護学校高等部１年
（不明）

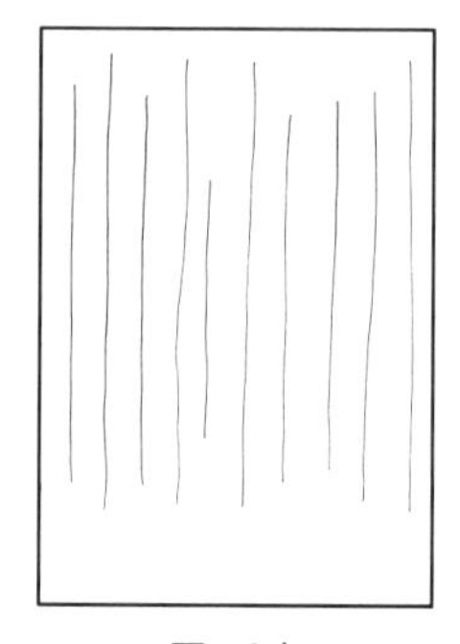

同　２年
（不明）

同　３年
「（分からない）」

図54　知的障がいを伴う自閉症女子生徒のバウムの変化（１年，３年時のDQは37）

「（分からない）」
３歳児クラス前期・男児

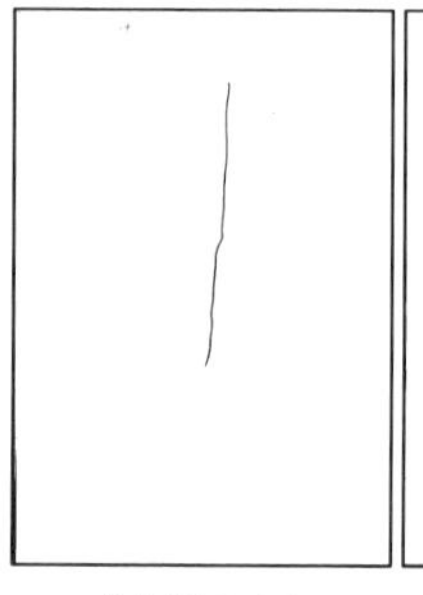

「人間の木」
３歳児クラス前期・女児

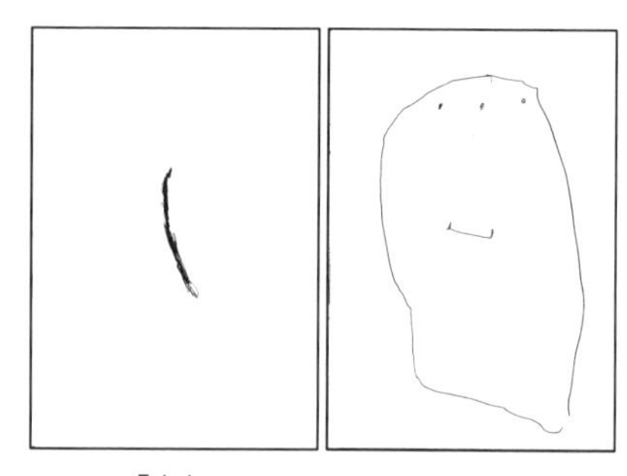

「木」
３歳児クラス前期・女児

「こんな木」
３歳児クラス前期・男児

図55　一線幹・塗りつぶし幹の「幹のみ」のバウムと人物画

図56 融 合

(「幹の欠如」ではなく，枝だけが1，2本描かれているもの）のような，木の一部が描かれている場合も「木以外」とする。

14) 錯 画

「錯画」は，何かが描かれてはいるが具体的でないものとする。紙面一面に描かれたなぐり描きから，点や線がわずかに描かれたものまである。

15）白　紙

「白紙」は，まったく何も描かれていないもの。

以上が，樹冠の輪郭線の有無を優先し，バウムの二大要素である幹と樹冠の分化を重視して分類した15樹型である。

3　樹型調査の方法

(1) 樹型調査の対象

調査対象は，関西地方在住の以下の7群であり，群別の対象数を表9に示す。

1）標準幼児群

幼稚園・保育所で，半年毎に実施したバウムテストを受けた延べ2,578名の幼児（実人数：752名）の内，3歳児クラスから5歳児クラスに在籍する延べ2,459名の幼児（年齢：3歳3か月〜6歳11か月　実人数：725名）を標準幼児群とする。クラス担任から発達上の問題を指摘された幼児は含まない。クラスを前期と後期に分け，3歳児クラス前期（平均年齢：3歳10か月）から5歳児クラス後期（平均年齢：6歳5か月）の6区分とし，実施期間は，1981年から1988年の7年間である。

表9　群別の調査対象数

群	対象数（延べ人数）			対象数（実人数）		
	男	女	計	男	女	計
1）標準幼児群	1,204	1,255	2,459	354	371	725
2）標準児童群	806	830	1,636	263	290	553
3）医療系学生群				302	107	409
4）看護学生群				*	242	242
5）臨床母親群				*	315	315
6）女性高齢者群				*	37	37
7）情緒障がい児群				186	89	275
対象総数	男：2,498		女：2,875		計：5,373	

表 10　標準幼・児童群の学年別対象数と平均年齢

標準幼児群

学　年		3 歳児前期	3 歳児後期	4 歳児前期	4 歳児後期	5 歳児前期	5 歳児後期	延べ人数　計
人数	男女	209	206	497	457	560	530	2,459
	男	104	98	233	228	278	263	1,204
	女	105	108	264	229	282	267	1,255
平均年齢		3 歳 10 か月	4 歳 5 か月	4 歳 10 か月	5 歳 5 か月	5 歳 10 か月	6 歳 5 か月	

標準児童群

学　年		小 1	小 2	小 3	小 4	小 5	小 6	延べ人数　計
人数	男女	289	375	292	308	223	149	1,636
	男	139	176	143	155	115	78	806
	女	150	199	149	153	108	71	830
平均年齢		6 歳 10 か月	7 歳 9 か月	8 歳 9 か月	9 歳 9 か月	10 歳 9 か月	11 歳 9 か月	

2）標準児童群

小学校において，1 年毎に実施したバウムテストを受けた延べ 1,682 名（実人数：569 名）の内，小学校在籍中にクラス担任から発達上の問題を指摘されなかった延べ 1,636 名の児童（実人数：553 名）を標準児童群とする。実施期間は 1987 年から 1992 年の 5 年間である。

標準幼児群と標準児童群を併せた延べ 4,095 名（実人数：1,411 名）を標準幼・児童群とする。表 10 に標準幼・児童群の学年別対象数と平均年齢を示す。

3）医療系学生群

医療系専門学校の 1 年生 409 名（男性：302 名　女性：107 名）を医療系学生群とする。1982 年から 1990 年までの 9 年間にわたって実施した。高校新卒者から大学既卒者までを含む。年齢が判明した 402 名の平均年齢は，23.8 歳（18〜60 歳　$SD=6.7$）で，男性が 23.5 歳，女性が 24.5 歳である。

4）看護学生群

看護専門学校の正看護婦養成課程 1 年の女子学生 242 名を看護学生群とする。1 年生のほとんどが高校新卒者であり，年齢が判明した 151 名の平均年齢は 18.6 歳（18〜19 歳　$SD=0.5$）である。1996 年から 1999 年の 3 年間にわたって実施した。

5）臨床母親群

児童精神科を受診した子どもの母親315名を臨床母親群とする。実施期間は，1981年から2000年までの20年間で，年齢が判明している230名の母親の平均年齢は36.8歳（23～51歳　*SD*＝5.2）である。

6）女性高齢者群

独居老人を対象にした健康教室，あるいは認知症予防教室に参加した37名の女性を女性高齢者群とする。健康教室は1994年に，認知症予防教室は2004年に開催され，年齢が判明している28名の平均年齢は73.3歳（63～86歳　*SD*＝6.3）である。

7）情緒障がい児群

児童精神科と精神科および相談機関の臨床事例，延べ1,373名（実人数822名）の中から，初診時あるいは初回相談時の年齢が3歳児クラスから中学3年生までに相当し，さらにバウムテストと同時に知能の発達水準の査定も実施された578事例をまず選択する。次いで，発達指数（DQ）・知能指数（IQ）が85以上の275名（男子：186名　女子：89名）を選択し，この群を知能の発達水準に問題のない情緒障がい児群とした。

主訴や症状は，不登校，学力不振，チック，遺尿・遺糞，その他の心身症状，多動・落ち着きがない，問題行動，場面緘黙などさまざまである。実施期間は1985年から2000年で，情緒障がい児群の平均DQは98.7（*SD*＝10.5　範囲85～131）である。知能の発達水準の査定には，主に新版K式発達検査（嶋津峯真監修，1985）を使用した。表11に情緒障がい児群の学年別対象数と平均DQ，平均年齢を示す。

以上の7群，計延べ5,373名（実人数2,556名）が描いたバウム（木の形を呈していない描画も含む）を調査対象とする。なお，1枚の用紙に2本以上のバウムが描かれた場合は，描画水準が最も高いバウムを採用[9]したので，標準幼・児童群では延べ人数と調査対象としたバウムの本数は一致し，残りの群では各群の実人数と一致する。

また，臨床母親群・女性高齢者群・情緒障がい児群において継続して実施し

9）実際には，同じ描画水準のバウムで，そのほとんどが「幹」に分類されるバウムだった。

表 11　情緒障がい児群の学年別対象数・平均 DQ・平均年齢

学　年		3 歳児クラス	4 歳児クラス	5 歳児クラス	小 1	小 2	小 3
人数	男女	7	11	24	25	20	45
	男	2	2	3	8	4	17
	女	5	9	21	17	16	28
平均 DQ		99.4	100.5	95.2	103.3	100.0	101.9
平均年齢		4 歳 0 か月	5 歳 1 か月	5 歳 11 か月	7 歳 1 か月	7 歳 11 か月	9 歳 0 か月

学　年		小 4	小 5	小 6	中 1	中 2	中 3
人数	男女	36	26	22	22	23	14
	男	14	15	7	6	8	3
	女	22	11	15	16	15	11
平均 DQ		104.5	98.4	98.0	93.5	91.0	90.5
平均年齢		10 歳 0 か月	10 歳 10 か月	11 歳 10 か月	13 歳 0 か月	14 歳 0 か月	14 歳 9 か月

た場合は，初回のバウムを対象とした。

(2) バウムテストの実施法

臨床母親群・女性高齢者群・情緒障がい児群に対しては，第Ⅲ章で述べた実施法に従ってバウムテストを個別法で行った。

標準幼児群に対してはクラス単位の一斉実施ではなく，一度に数名程度を対象とする集団法で行った。互いの絵が見えないように机の配置を工夫し，時には仕切り板を使用して出来る限り個別法に近い条件が保てるようにする。

Ａ４判の画用紙を縦向きに配布し，４Ｂの鉛筆を幼児に手渡しながら「実のなる木を１本，描いてね」と個別に教示し，「ミノナルキッテ，ナニ？」，「ミノナルキッテ，ワカラヘン」と質問されたときには，「分かるところまででいいから，実のなる木を１本，描いてね」と再度，教示する。

「マチガッタ」と言って消しゴムを要求されたときには，「間違っていても構わないから，そのまま続けて描いてね」と言う。また，用紙の向きが縦から横に変えられる場合も偶にあるが，制止しないで自由に任せる。

描画終了後に「何の木を描いたのかな？」と質問して言語反応を記録し，他に，何が描かれているのかが分かりにくい箇所については，雰囲気を壊さない程度に質問[10)]する。

標準児童群については，クラス単位で担任教師が集団実施し，描画終了後に用紙の裏面に氏名・日付と「木の名前」（樹種名）を書くように指示する。

なお，標準幼・児童群と情緒障がい児群では，先に人物画[11)]を実施してからバウムテストを実施した。

医療系学生群と看護学生群に対しては集団法で実施し，描画終了後に用紙の裏面に氏名・日付・年齢と樹種名を書くように指示した。

(3) 結果の処理法

1）データベースの作成

樹型調査の対象とした7群の被検者だけでなく，筆者が収集したすべてのバウムテストの被検者3,405名[12)]（延べ7,691名）用に6つのデータベースを作成した。標準幼・児童群用，医療系学生群用，看護学生群用，親群用，高齢者群用，臨床群用の6つであり，入力項目は，コード番号・年齢・性・学年・実施日等の基本情報とバウムテストと人物画の諸特徴であり，臨床事例に関しては主訴・症状・診断名・心理検査結果・その他の臨床所見・臨床経過などを追加した（データベース・ソフトの「桐」を使用）。

2）描画の電子データ化

バウムと人物画はそれぞれ1枚ずつスキャナで画像を取り込んで電子データ化し（電子化処理ソフトの「読んde!!ココ」を使用），さらにパワーポイントで被検者ごとに1枚のスライドに収め，それをA4判用紙に印刷して保存した。

幼児（男児）の3年間にわたるバウムと人物画の変化を図57に，図58には男子児童の入学前の時期（5歳児後期に相当）を含めた7年間にわたるバウム

---

10) 幼児のバウムを調査し始めた頃，「これ，何？」と質問すると丸い形には「りんご」とか「実」，半円形（あるいはだ円の縦半分）には「緑のヤツ」とか「葉っぱ」という答が集中した。以来，丸い形は実，半円形は葉とみなしている。

11) A4判画用紙と2Bの鉛筆を準備し，「人間ひとり，頭から足まで描いてください」と教示し，採点は「小林・小野の方法」（小林，1977）に従った。

12) 内訳は，幼児・児童の1,411名（延べ4,788名），医療系学生の409名（延べ634名），看護学生の384名（延べ389名），受診児の母親や父親341名（延べ457名），高齢者の38名（延べ50名），臨床事例の822名（延べ1,373名）の計3,405名（延べ7,691名）である。

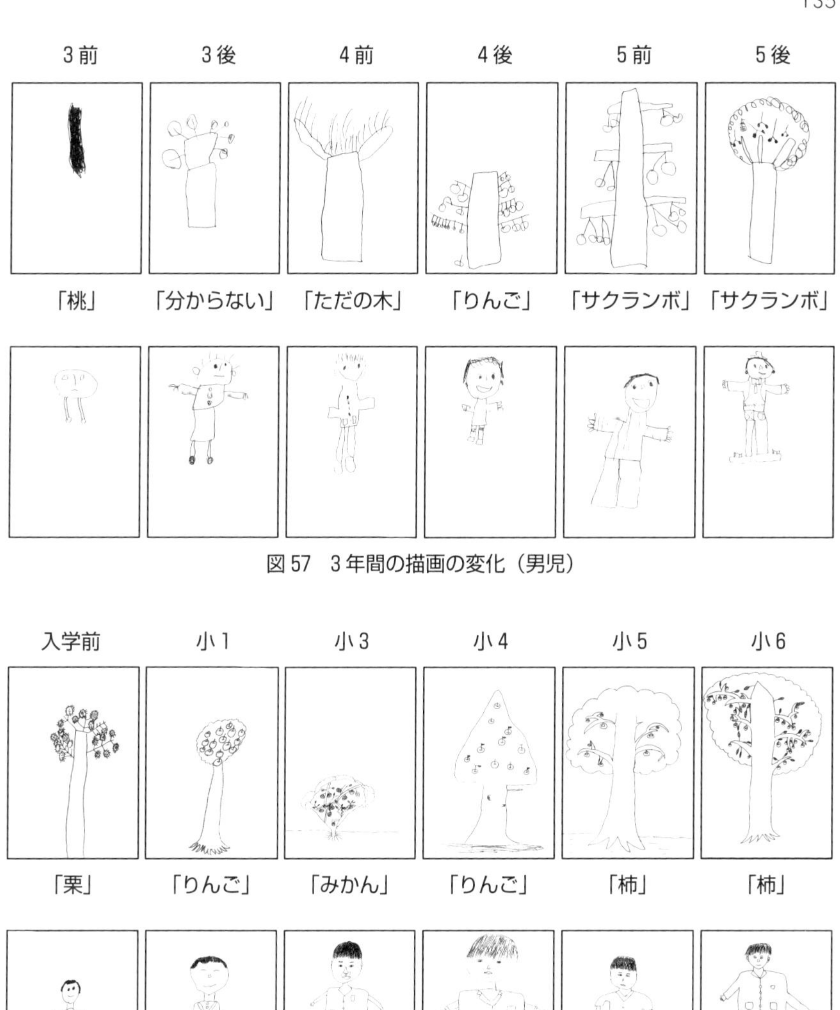

図57　3年間の描画の変化（男児）

図58　7年間の描画の変化（男子児童）

と人物画の変化を示す。このように処理をすることで，個々の被検者に生じる時間経過に伴うバウムと人物画の変化が把握しやすくなった。

ただし，筆圧が非常に弱い場合はバウムを複写し，それに加筆したものを画

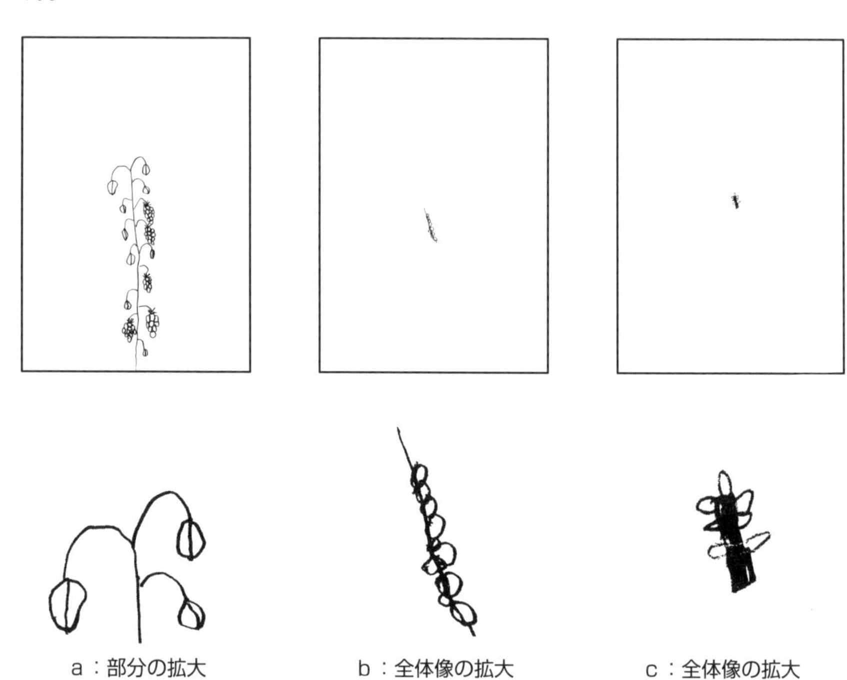

図 59　電子画像による拡大効果

像として取り込み，筆圧の強弱や描線の質に関する特徴は文字データとしてデータベースに記録した。個々のバウムの指標の判定や解釈，樹型分類などはバウムそのものを眺めて行うが，電子画像が役立つこともある。樹型や幹先端などを分類する際には，目視による分類作業を何度か繰り返した後に再度，同一群と判断した多数の電子画像をパソコン画面上で同時に閲覧し，分類を訂正した。特に幼児のバウムは多様性に富むため，分類が困難だったが，この作業を繰り返すことで，分類の均質化が図れた。

電子データ化することのもう一つの利点は，パソコン画面上で画像を随時拡大できるので，描線の分化，描線の重なり具合や描画内容の確認が容易に行えることである。図 59 にその例を示す。図 59a は，一線幹の幹先端に 2 本の一線枝が付いた放散型のバウムのように見えるが，拡大することで左に曲がった幹線がそのまま枝の描線になっていることが確認できる。図 59b は全長 33 ミリ，図 59c は全長 14 ミリの極めて小さなバウムだが，拡大によってその形状が分かりやすくなる。

4　樹型調査の結果

(1) 標準幼・児童群における樹型分布

標準幼・児童群における学年別の樹型分布を表12に示す。まず，明確な枝あるいは輪郭のある樹冠が描かれているので他者から見ても木の絵だと了解される「線描樹冠型」・「人型」・「主幹型」・「放散型」・「側枝型」・「その他の樹型」の6つの樹型を6樹型とする。

一方，「幹」や「幹と付属」のバウムには明確な枝や樹冠の輪郭はないが，それを描いた幼児にとっては教示に応じて描いた木の絵に他ならない。前述したように，早期の人物画で顔（頭）だけが描かれていてもそれを描いた幼児にとってはヒトの全身像の表現であるのと同様に，幹だけであっても木全体の表現と言える。

そこで，6樹型に「幹」，「幹と付属」を加えたバウムの出現率を描画による木のイメージの出現率とし，これも表12に示す。

6樹型の出現率は，3歳前期では10.0%に過ぎないが，その後急増し，4歳児前期で50%を超え，5歳児後期にはほぼ100%に達する。

木のイメージの出現率は，3歳児前期で既に40%を超え，同後期で74.8%となり，4歳児後期にはほぼ100%に達する。このことから，木を課題とする樹木画法は，3歳児クラスの幼児から実施可能と言えよう。

それでは，個々の樹型の出現傾向について述べる。

「線描樹冠型」は，6樹型の中では幼児期・児童期を通して最も高い出現率を示す。3歳児前期の5.3%から4歳児後期の41.4%にまで急増し，その後は小2の52.8%まで緩やかに増加する。小3で一時下降するが再び増加し，小6で幼児期・児童期を通してのピークの66.4%を示す。

線描樹冠型の下位分類とした「冠人型」について調べると，標準幼児群での出現はなく，標準児童群で出現した9本のうち8本は小3以降の児童に限られていた。やはり冠人型は，人型から線描樹冠型への移行型であり，「上へ昇ってしまうべき下枝」（藤岡・吉川，1971）の痕跡を残した「線描樹冠型」であると言えよう。

表12　学年別の樹型分布（標準幼・児童群）

（%）

樹　型	3歳児前期			3歳児後期			4歳児前期			4歳児後期			5歳児前期			5歳児後期		
	男	女	計	男	女	計	男	女	計	男	女	計	男	女	計	男	女	計
	104	105	209	98	108	206	233	264	497	228	229	457	278	282	560	263	267	530
線描樹冠型	3.8	6.7	5.3	11.2	26.9	19.4	17.6	33.0	25.8	28.9	53.7	41.4	32.4	62.1	47.3	35.4	66.3	50.9
人　型	0.0	0.0	0.0	0.0	1.9	1.0	2.6	3.4	3.0	6.6	6.1	6.3	10.8	8.5	9.6	16.0	16.9	16.4
主幹型	1.9	1.9	1.9	17.3	5.6	11.2	21.5	8.3	14.5	30.3	9.6	19.9	30.6	11.0	20.7	28.9	6.7	17.7
放散型	2.9	1.0	1.9	6.1	2.8	4.4	5.6	3.8	4.6	5.3	8.7	7.0	4.7	3.9	4.3	4.2	3.0	3.6
側枝型	0.0	1.0	0.5	1.0	0.0	0.5	3.0	1.1	2.0	4.8	2.6	3.7	5.4	2.8	4.1	5.7	1.1	3.4
その他の樹型	1.9	0.0	1.0	6.1	8.3	7.3	8.6	6.8	7.6	9.2	7.4	8.3	7.9	6.0	7.0	7.2	4.5	5.8
幹と付属	10.6	9.5	10.0	14.3	19.4	17.0	12.9	12.5	12.7	4.4	1.7	3.1	3.2	1.8	2.5	1.5	0.7	1.1
幹	21.2	26.7	23.9	14.3	13.9	14.1	15.5	16.3	15.9	8.8	7.4	8.1	3.6	2.5	3.0	0.8	0.4	0.6
融　合	2.9	2.9	2.9	1.0	2.8	1.9	1.7	1.9	1.8	0.0	0.9	0.4	0.4	0.0	0.2	0.0	0.0	0.0
（ヒトと融合）	2.9	2.9	2.9	1.0	2.8	1.9	1.3	1.9	1.6	0.0	0.9	0.4	0.4	0.0	0.2	0.0	0.0	0.0
不定型	9.6	11.4	10.5	7.1	2.8	4.9	1.7	2.7	2.2	0.4	0.4	0.4	0.0	0.4	0.2	0.0	0.0	0.0
木以外	7.7	8.6	8.1	7.1	4.6	5.8	3.4	4.9	4.2	0.4	0.9	0.7	0.4	0.0	0.2	0.4	0.4	0.4
錯　画	36.5	28.6	32.5	12.2	11.1	11.7	5.6	4.9	5.2	0.9	0.0	0.4	0.4	0.7	0.5	0.0	0.0	0.0
白　紙	1.0	1.9	1.4	2.0	0.0	1.0	0.4	0.4	0.4	0.0	0.4	0.2	0.4	0.4	0.4	0.0	0.0	0.0
6樹型	10.6	10.5	10.5	41.8	45.4	43.7	58.8	56.4	57.5	85.1	88.2	86.7	91.7	94.3	93.0	97.3	98.5	97.9
木のイメージ	42.3	46.7	44.5	70.4	78.7	74.8	87.1	85.2	86.1	98.2	97.4	97.8	98.6	98.6	98.6	99.6	99.6	99.6

樹型	小1			小2			小3			小4			小5			小6		
	男	女	計	男	女	計	男	女	計	男	女	計	男	女	計	男	女	計
	139	150	289	176	199	375	143	149	292	155	153	308	115	108	223	78	71	149
線描樹冠型	32.4	64.7	49.1	40.3	63.8	52.8	32.9	60.4	46.9	48.4	60.1	54.2	56.5	67.6	61.9	61.5	71.8	66.4
人　型	23.0	18.0	20.4	32.4	23.6	27.7	35.0	23.5	29.1	15.5	9.2	12.3	14.8	7.4	11.2	17.9	5.6	12.1
主幹型	28.1	3.3	15.2	11.4	1.0	5.9	11.2	5.4	8.2	18.7	7.8	13.3	11.3	6.5	9.0	10.3	4.2	7.4
放散型	2.2	2.0	2.1	0.6	3.5	2.1	4.9	0.7	2.7	3.2	3.9	3.6	2.6	4.6	3.6	5.1	5.6	5.4
側枝型	6.5	4.7	5.5	3.4	3.0	3.2	9.1	3.4	6.2	5.8	6.5	6.2	7.8	7.4	7.6	2.6	5.6	4.0
その他の樹型	7.9	6.7	7.3	11.9	4.5	8.0	7.0	6.0	6.5	8.4	12.4	10.4	7.0	6.5	6.7	2.6	7.0	4.7
幹と付属	0.0	0.0	0.0	0.0	0.0	0.0	0.0	0.0	0.0	0.0	0.0	0.0	0.0	0.0	0.0	0.0	0.0	0.0
幹	0.0	0.7	0.3	0.0	0.0	0.0	0.0	0.7	0.3	0.0	0.0	0.0	0.0	0.0	0.0	0.0	0.0	0.0
融　合	0.0	0.0	0.0	0.0	0.5	0.3	0.0	0.0	0.0	0.0	0.0	0.0	0.0	0.0	0.0	0.0	0.0	0.0
（ヒトと融合）	0.0	0.0	0.0	0.0	0.0	0.0	0.0	0.0	0.0	0.0	0.0	0.0	0.0	0.0	0.0	0.0	0.0	0.0
不定型	0.0	0.0	0.0	0.0	0.0	0.0	0.0	0.0	0.0	0.0	0.0	0.0	0.0	0.0	0.0	0.0	0.0	0.0
木以外	0.0	0.0	0.0	0.0	0.0	0.0	0.0	0.0	0.0	0.0	0.0	0.0	0.0	0.0	0.0	0.0	0.0	0.0
錯　画	0.0	0.0	0.0	0.0	0.0	0.0	0.0	0.0	0.0	0.0	0.0	0.0	0.0	0.0	0.0	0.0	0.0	0.0
白　紙	0.0	0.0	0.0	0.0	0.0	0.0	0.0	0.0	0.0	0.0	0.0	0.0	0.0	0.0	0.0	0.0	0.0	0.0
6樹型	100.0	99.3	99.7	100.0	99.5	99.7	100.0	99.3	99.7	100.0	100.0	100.0	100.0	100.0	100.0	100.0	100.0	100.0
木のイメージ	100.0	100.0	100.0	100.0	99.5	99.7	100.0	100.0	100.0	100.0	100.0	100.0	100.0	100.0	100.0	100.0	100.0	100.0

「人型」は，3歳児クラスではほとんど出現せず，4歳児後期から数パーセントの出現がみられる。小3で出現率のピーク（29.1%）に達した後は，小6の12.1%にまで減少する。4歳児クラスから始まる人型の増加は，枝が描けるようになった結果であり，一方，その後の減少は，幹と樹冠に分化したバウムへの発達的変化に伴う冠下枝の消失と言える。

ところで，小4以後の「人型」には図22dのような冠下枝が一対で，しかも枝の位置が根元付近ではなく樹冠のすぐ下の地面からは比較的高い位置にある場合が多い。そのため，まさに「上へ昇ってしまうべき下枝」（藤岡・吉川，1971）が残っているという印象を受ける。コッホが樹冠より下の位置を，低い位置ではなく「深い位置」と呼んだ理由が分かる。

「主幹型」は，3歳児前期で1.9%，同後期で11.2%に増え，5歳児前期でピークの20.7%に達した後，小2の5.9%まで減少する。その後，一時的に増加するが再び減少し，小6で7.4%となる。

「放散型」は，幼・児童期を通してほとんどの学年で5%以下であり，出現自体が少ないのが特徴と言える。

「側枝型」は，幼児のバウムだけの樹型分類を行っていたときには独立した樹型として扱っていなかったが，「主幹型」あるいは「放散型」への移行型とみなして設けた樹型である。3歳児前期・後期ではわずか0.5%であり，その後は増加しても幼児期では3%台に留まる。しかし児童期になると，3.2%（小2）から7.6%（小5）の間で変動する。

「その他の樹型」は，3歳児前期では1.0%だが，同後期には7.3%に増え，その後は5%から10%程度の範囲内で変動する。

また，287本の「その他の樹型」の中で最も多いのは，線描樹冠型の特徴を損ねる「塗りつぶし冠」・「らせん冠」で約3分の1を占める。

「幹の欠如」と「枝の欠如」は，標準幼・児童群では出現しなかった。

「幹と付属」は，3歳児前期で10.0%，同後期でピークの17.0%に達したのち減少し，児童期ではまったく出現しない。153本の「幹と付属」の内，付属の枝をもつものが71本，付属の冠をもつものが74本，付属の枝と付属の冠をもつものが8本だった。

「幹」は3歳児前期で23.9%から減少し，5歳児後期で0.6%となり，児童期では小1と小3で各1名が出現したに過ぎない。218本の「幹」のうち，「幹のみ」は102本であった。

ところで,「枝が無くて上端が閉じた幹,あるいは貧弱な枝のある上端が閉じた幹」(邦訳 p. 84)の出現は「確かにまれで」,「1箇所の幼稚園で集めて,そのような型を探しても無駄である。自然に見出されるもの」(邦訳 p. 85)とされ,出現自体が非常に少ないことが強調されている。これは,コッホの調査対象年齢の下限が6～7歳の幼稚園児だったからであり,より年少の幼児であれば本調査のような結果が得られたと思われる。

「融合」は3歳児前期で2.9%,3歳児後期で1.9%,4歳児前期で1.8%と出現率は極めて低く,5歳児後期以後では小2で0.3%を示した外は児童期での出現はなく,残りの5群でも出現しない。

標準幼・児童群で出現した23例のうち,「ヒトとの融合」が21例,「花との融合」と擬人化した小動物との融合が各1例で,「ヒトとの融合」が「融合」のほとんどを占める。早期の人物画で動物と融合した人物像が描かれることがあるように,早期のバウムでは人物と融合したバウムが出現する。幼児期に出現する「ヒトとの融合」のバウムを早期型とするなら,後に出現する擬人的なバウムはその残遺型と言えるのではないだろうか。

「不定型」は,3歳児前期で10.5%を示すが同後期で半減し,5歳児後期以後の出現は皆無である。

「木以外」・「錯画」・「白紙」を併せた「バウム不能」は,3歳児前期では約40%も占めているが,3歳児後期で半減し,小1以後はまったく出現しない。

次に,標準幼・児童群での樹型別の平均月齢を以下に示す。

6樹型の平均月齢は86.5か月(SD=24.0),「幹と付属」は57.0か月(SD=7.2),「幹」は56.9か月(SD=8.6),「融合」は55.9か月(SD=11.3),不定型は51.8か月(SD=6.9),「木以外」は53.9か月(SD=7.7),「錯画」は49.1か月(SD=6.2),「白紙」は55.5か月(SD=8.5)である。

(2) 医療系学生群など4群における樹型分布

表13に,医療系学生群・看護学生群・臨床母親群・女性高齢者群における各樹型の出現率を示す。

平均年齢が23.8歳の男女の集団である医療系学生群では,線描樹冠型が最も多い53.5%を示し,次いで「その他の樹型」の17.4%,主幹型の13.0%,側

表13　樹型の群別出現率

(%)

樹　型	医療系学生群			看護学生群	臨床母親群	女性高齢者群
	男	女	男女			
線描樹冠型	49.0	66.4	53.5	85.1	53.0	8.1
人　型	2.6	0.0	2.0	3.7	0.6	0.0
主幹型	13.6	11.2	13.0	0.0	15.2	24.3
放散型	4.3	2.8	3.9	2.9	4.4	2.7
側枝型	9.3	9.3	9.3	1.7	3.2	8.1
その他の樹型	20.2	9.3	17.4	6.6	22.2	45.9
幹の欠如	0.3	0.0	0.2	0.0	0.0	0.0
枝の欠如	0.3	0.0	0.2	0.0	0.3	0.0
幹と付属	0.0	0.0	0.0	0.0	0.0	0.0
幹	0.0	0.0	0.0	0.0	0.0	0.0
融　合	0.0	0.0	0.0	0.0	0.0	0.0
不定型	0.0	0.0	0.0	0.0	0.0	0.0
木以外	0.3	0.9	0.5	0.0	1.0	2.7
錯　画	0.0	0.0	0.0	0.0	0.0	0.0
白　紙	0.0	0.0	0.0	0.0	0.0	8.1

枝型の9.3%となる。線描樹冠型の出現が多い標準幼・児童群の小6の樹型分布と比較すると，医療系学生群では線描樹冠型の出現率が12.9ポイント低下し，逆に「その他の樹型」で12.7ポイント，主幹型で5.6ポイントの増加がみられる。「その他の樹型」の増加から，青年期になるとバウム表現がより一層多様化することが読み取れる。なお，医療系学生群に生じた71本の「その他の樹型」のうち，出現が比較的多かったのは「ヤシ・バナナ型」の16本，「分散冠」の10本，「ぶどう棚型」の7本である。

次に，側枝型の出現率は小6の4.0%よりも高い9.3%だが，幹先端から出る枝よりも側枝が優勢で，“幹先が二股に分岐した主幹型”と形容できるタイプ（図49-26）が目立つ。

人型は小4の12.3%から減少し始め，青年期になるとさらに減少し，医療系学生群で2.0%（男子で2.6%，女子では出現せず）となり，発達に伴う冠下枝の消失が一層進んだことが読み取れる。

なお，医療系学生群においてのみ，「幹の欠如」が1本出現した。

次に，平均年齢が18.6歳の青年期の女性集団ともいえる看護学生群では，線描樹冠型への一極集中が顕著で85.1%を示す。

それに対し，女性高齢者群になると線描樹冠型はわずか8.1%しかなく，主幹型の出現率は女性集団の中では最も高い24.3%を示す。一方，「その他の樹型」の出現が45.9%と7群中際立って高く，17本の内10本が「幹線の上端から枝」であった。

臨床母親群では，線描樹冠型が最も多く53.0%，次いで「その他の樹型」の22.2%で，70本の「その他の樹型」のうち26本が「幹線の上端から枝」であった。主幹型の出現率は15,2%で，この値は女性高齢者群に次いで多い。

(3) 標準幼・児童群における樹型の男女比較

6樹型の出現率を男女別でみると，すべての学年で出現率がほとんど同じであることから，標準幼・児童群の男女間にはバウムによる自己像の表現に差がないと言える。このことから，男女間に出現した樹型の出現率の違いは自己像の表現型における男女の違いと理解できる。

ここでは，線描樹冠型と主幹型の男女別の出現率を図60[13)]に示し，この2樹型について検討する。男児では3歳児前期から小1までは主幹型と線描樹冠型は同様な動きを示すが，小1を境に両者の出現傾向が大きく変化する。主幹型は，4歳児後期から小1にかけては30%程度の出現が続くが，小2で11.4%にまで減少する。その後，小4で一時的に増加するものの再び減少し，小6では10.3%となる。それに対し，線描樹冠型は小3で一時的に減少するものの学年を通して増加し，小6で61.5%にまで達する。

このように男児では，小1までは両樹型の出現率に大きな差はない。しかし，小2からは主幹型が減少して線描樹冠型が優位になることから，最初の1年間の学校生活による自己像の変化が読み取れる。

一方，女児では，線描樹冠型は3歳児前期の6.7%から5歳児後期の66.3%まで幼児期では明らかな増加を示し，児童期においても60%を下回ることはなく，小6で71.8%に達する。それに対し，主幹型は5歳児前期で最も多い11.0%を示すが，以後は数%程度の出現に留まる。このように，女児では幼児

13) グラフ作成ソフトの関係上，横軸の間隔は幼児期と児童期では異なる。

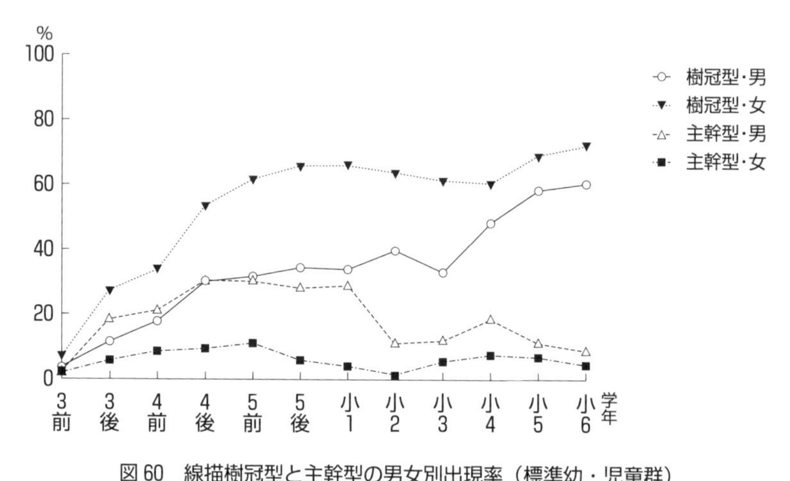

図 60　線描樹冠型と主幹型の男女別出現率（標準幼・児童群）

期・児童期を通して，一貫して線描樹冠型が優位となる。言い換えれば，就学後も続く線描樹冠型優位の傾向は既に幼児期で形成されていると言える。

青年期以降の女性の線描樹冠型の出現率は，表 13 に示したように看護学生群の 85.1%，医療系学生群（女性）の 66.4%から，臨床母親群になると 53.0%にまで減少し，女性高齢者群になるとさらに激減して 8.1%にまで落ち込む。このことから，幼児期以降，女性に多く出現する線描樹冠型は老年期になると激減することが分かった。

(4) 情緒障がい児群における樹型分布

表 14 に情緒障がい児群における学年別の樹型分布，および 6 樹型の出現率を示す。

半年単位で示した標準幼児群の出現率を年単位に算出し直して比較すると，3 歳児クラスから順に 14.3%（標準幼児群：27.0%），63.6%（同 71.2%），87.5%（同 95.1%）と増加する。小 1 で 96.0%（同 99.7%）に達し，その後もほぼ 100%の水準が続く。このことから，6 樹型の出現率は，幼児期では情緒障がい児群の方がやや低いが，児童期になると両群ともほぼ 100%に達するので，バウムによる自己像の表現にほぼ差がないと言える。

次に，6 樹型の中で最も多く出現した線描樹冠型について同様に比較する。

表14　情緒障がい児群における学年別の樹型分布

(%)

樹　型	幼3	幼4	幼5	小1	小2	小3	小4	小5	小6	中1	中2	中3
線描樹冠型	0.0	27.3	20.8	60.0	45.0	53.3	36.1	34.6	40.9	45.5	47.8	64.3
人　型	0.0	0.0	8.3	20.0	25.0	17.8	13.9	11.5	18.2	9.1	8.7	7.1
主幹型	0.0	9.1	20.8	4.0	10.0	20.0	16.7	0.0	9.1	22.7	13.0	21.4
放散型	0.0	9.1	8.3	0.0	10.0	0.0	13.9	3.8	4.5	4.5	4.3	7.1
側枝型	0.0	0.0	12.5	4.0	0.0	0.0	8.3	11.5	13.6	0.0	4.3	0.0
その他の樹型	14.3	18.2	16.7	8.0	10.0	6.7	11.1	34.6	13.6	13.6	21.7	0.0
幹と付属	42.9	18.2	4.2	0.0	0.0	0.0	0.0	0.0	0.0	0.0	0.0	0.0
幹	14.3	0.0	8.3	0.0	0.0	0.0	0.0	0.0	0.0	0.0	0.0	0.0
融　合	0.0	0.0	0.0	0.0	0.0	0.0	0.0	0.0	0.0	0.0	0.0	0.0
不定型	0.0	0.0	0.0	0.0	0.0	0.0	0.0	0.0	0.0	0.0	0.0	0.0
木以外	0.0	9.1	0.0	0.0	0.0	0.0	0.0	0.0	0.0	0.0	0.0	0.0
錯　画	28.6	9.1	0.0	4.0	0.0	0.0	0.0	0.0	0.0	0.0	0.0	0.0
白　紙	0.0	0.0	0.0	0.0	0.0	2.2	0.0	3.8	0.0	0.0	0.0	0.0
6樹型	14.3	63.6	87.5	96.0	100.0	97.8	100.0	96.2	100.0	100.0	100.0	100.0

3歳児クラスでは，標準幼児群では12.3%の出現があるが，情緒障がい児群では出現せず，4歳児クラスで27.3%（標準幼児群：33.2%）となり，5歳児クラスで20.8%に減少する。この値は，標準幼児群の49.1%に比べるとかなり低く，標準幼児群のような順調な増加傾向を示さない。小1になると標準児童群よりも一時的に約10ポイントも多い60.0%を示すが減少し，標準児童群との差は小4で18.1ポイント，小5で27.7ポイント，小6で25.5ポイントになる。

このように，情緒障がい児群の線描樹冠型の出現率は幼児期・児童期では低いが，中3になって標準幼・児童群の最高値である小6時の値に達することが分かった。

他には，「その他の樹型」の出現率が標準幼・児童群に比べると多いことも情緒障がい児群の特徴と言える。なお，「幹の欠如」と「枝の欠如」は出現しなかった。

(5) 一線幹と塗りつぶしの幹の樹型

標準幼・児童群に出現した一線幹のバウムは126本，塗りつぶしの幹は43

本である。

樹型別にみると，一線幹では主幹型が 31 本，線描樹冠型が 29 本，「その他の樹型」が 12 本，放散型が 5 本，人型と側枝型がそれぞれ 2 本，「幹と付属」が 8 本，「幹」が 37 本となる。塗りつぶしの幹では主幹型が 12 本，線描樹冠型が 13 本，放散型が 2 本，「その他の樹型」が 1 本，「幹と付属」が 3 本，「幹」が 12 本である。

次いで一線幹のバウムをみると，31 本の主幹型のすべてが一線幹・全一線枝のバウムであり，線描樹冠型では 28 本で冠内枝がなく，そのうちの 5 本は“紐の付いた風船”のような「冠内空白のボール冠」であった。他に，一線幹の「メビウスの木」ともいえる幹と枝の描線が未分化なバウム（図 50-19）も 1 本出現した。先の図 59a もこれと同様な特徴をもつバウムである。

5　臨床事例における「幹線の上端から枝」の変化

図 61-1 に「幹線の上端から枝」を克服し，「放散型」へと変化した臨床事例を示す。

養護学級在籍の中学 1 年生の男子生徒の初回のバウムでは，枝は幹線の上端から出ているので幹と樹冠の分化は明確でなく，幹の内部と外界は区別されていない。7 か月後（2 回目）には，枝は二線枝へと変化し，その枝で幹先端は不完全ながら間接的に閉じられ，11 か月後（3 回目）には幹先端の実質部分が「枝分かれ」した放散型のバウムが出現した。幹先端から伸びた枝は弱々しく，しかも管状枝であることから環境に関わる手段である枝の不十分さが目立つバウムと言える。しかし，幹先端の実質部分から弱々しいながらも枝が分岐したことは，自身のもつエネルギーを何に対しどのように使うのか（使いたいのか）をこれからの課題として取り組む準備ができたと思われる。

次に，腹痛と不登校を主訴とする中学女子生徒のバウムの変化を図 61- 2 に示す。初回のバウム（中 2 の 7 月）では，漏斗状に広がった幹線の上端から枝が出たバウムだった。4 か月後（中 2 の 11 月）には漏斗状の広がりは消失したが，左右の幹線の上端にはまだ枝が残っていた。しかし，7 か月後（中 2 の 1 月末）には，「幹線の上端から枝」は消失し，幹先端からわずか 5 ミリ下であっても幹線を付け根とする側枝が描かれ，その側枝から出た分枝によって間

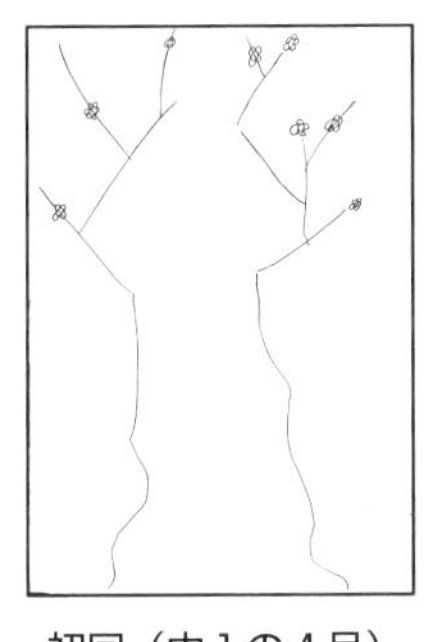
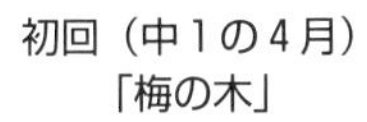
初回（中1の4月）
「梅の木」

2回目（中1の11月）
「(分からない)」

3回目（中1の3月）
「(分からない)」

図 61-1　中 1 養護学級男子生徒のバウムの変化

初回（中2の7月）
「(分からない)」

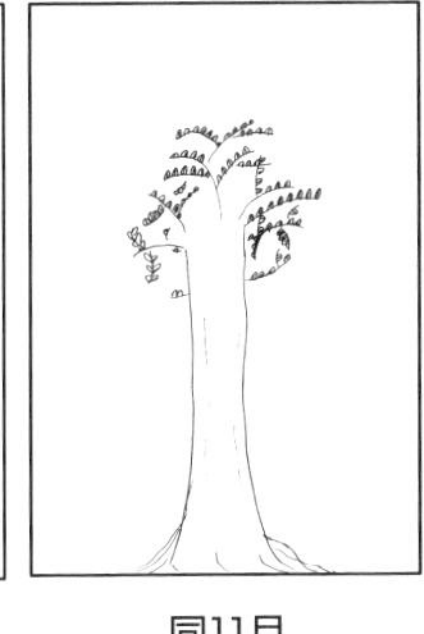
同11月
「みかん」

同1月末
「みかん」

中3の5月
「みかん」

図 61-2　腹痛と不登校を主訴とする中学女子生徒のバウムの変化

図 61 「幹線の上端から枝」の消失

接的だが幹先端はほぼ閉じられた。一見すると幹線の上端から出た枝のように見えるが，幹線から側枝が出ることは幹の実質部分から枝が伸びたことを意味するので，幹線の上端から出た枝とは質的に大きく異なる。

10 か月後（中 3 の 5 月）には，側枝の付け根は幹先端の 20 ミリ下になり，「幹線の上端から枝」の名残も消え，幹先端は分枝によって完全に閉じられ，幹の内部と外界が間接的だが区別されたバウムに変化した。しかし，幹先端は分枝によって完全に閉じられ，幹の内部と外界が間接的だが区別されたバウムに変化した。

彼女はこのバウムを描く1か月前から登校し，相談室で2，3時間の自習をし始め，腹痛を訴えることもなくなっていた。この事例では，症状の改善が「幹線の上端から枝」の消失という形でバウムに表れている。このように，症状の変化はバウムに敏感に反映されるので，バウムテストは臨床経過の確認手段としても有効であり，相談面接の終了時期の判断材料としても役立つ。

6　コッホの指標と樹型との関連

樹型を検討し始めたのはコッホの原著に取り組む以前だったので，樹型の分類基準は前述したように筆者の経験に基づいて作成した。その後，第3版を読み進めるうちに，輪郭線で表現された樹冠を指すKugelkroneや，枝組みで表現された樹冠を指すAstkroneの用語が横断調査の教示で使用されていることを知った。このことから，輪郭線の有無を優先する筆者の基準つくりの大枠は，樹冠をKugelkroneやAstkroneと呼んだコッホの視点に通じると思い，樹型分類を進めた。

ところで，バウム全体像に関するコッホの指標としてバウムから感じる直観的な印象を言い表した「全体の印象」(邦訳p. 148)，バウムの幹と樹冠の高さの比で全体像の特徴を数値化した「樹冠の幹と高さの比」などはあるが，バウムの部分的特徴に関する指標と比べるとその数はかなり少ない。

しかし，部分的特徴に関する指標の中には本調査の樹型に関連する指標も含まれているので，該当する主な指標を以下に挙げる。

そこで，樹型の判定基準に関連するコッホの指標を以下に挙げる。

①球形樹冠

この指標に関連する樹型として，輪郭線のある樹冠を特徴とする線描樹冠型や人型を挙げることができる。しかし，輪郭線のある樹冠という共通点はあっても，冠内分化の程度や輪郭線の形状などの質的な違いが大きいと思われる。球形樹冠の図式（図27a)・「散在している管状枝」の図式（邦訳p. 185・邦訳p. 179の球形樹冠に出現する管状枝の図式も同様)・空中の実の図式（邦訳p. 264）と球型樹冠が指摘された図像D（図9)・G（邦訳p. 297)・K（図21）では，明確な幹や枝が樹冠内になく，冠内分化が乏しい。したがって，球形樹冠は次章で紹介する「閉じた樹冠で閉」や「開放冠」の特徴をもつ線描樹冠型や人型に該当すると思われる。

②モミ型幹

幹が「根元から木の頂上まで伸びている」(邦訳 p. 156) というモミ型幹の特徴は，途中で枝分かれすることなく木の先端まで伸びた幹を特徴とする主幹型と一致する。ただし，この指標の図式（図 20）のような，輪郭線のある樹冠をもつモミ型幹は主幹型ではなく線描樹冠型とする。しかし，線描樹冠型の幹の先端が樹冠の頂上あるいは頂上近くに達していないものは，モミ型幹に該当しない。

③半モミ型幹

樹冠に輪郭線がない半モミ型幹は，側枝型に該当し，両者は移行型であることが共通している。

④幹，幹と付属の枝（枝が無くて上端が閉じた幹，あるいは貧弱な枝のある上端が閉じた幹）

「幹，幹と付属の枝」の“幹”（枝が無くて上端が閉じた幹）は，本樹型分類の「幹」に該当し，“幹と付属の枝”（貧弱な枝のある上端が閉じた幹）は「幹と付属」の中の「幹と付属の枝」に該当する。

⑤協応の不足

早期型のリストに列挙された「協応の不足」は，「不定型」に該当する。

7　倒立像のバウム

幼児の人物画では，倒立像が一過的に出現することはよく知られているが，同じ現象が幼児のバウムにも出現することを確認した。

標準幼・児童群では，11 名の幼児（実人数：男児 10 名，女児 1 名）が描いた 11 本の倒立像が出現し，その内の 2 名の男児の人物画も倒立像であった。11 本のバウムの内訳は，6 樹型に分類されるバウムと「幹と付属」がそれぞれ 5 本，「幹」が 1 本である。人物画については，8 名の幼児が倒立像を描いた。図 62 に倒立像のバウムを人物画と共に示す。

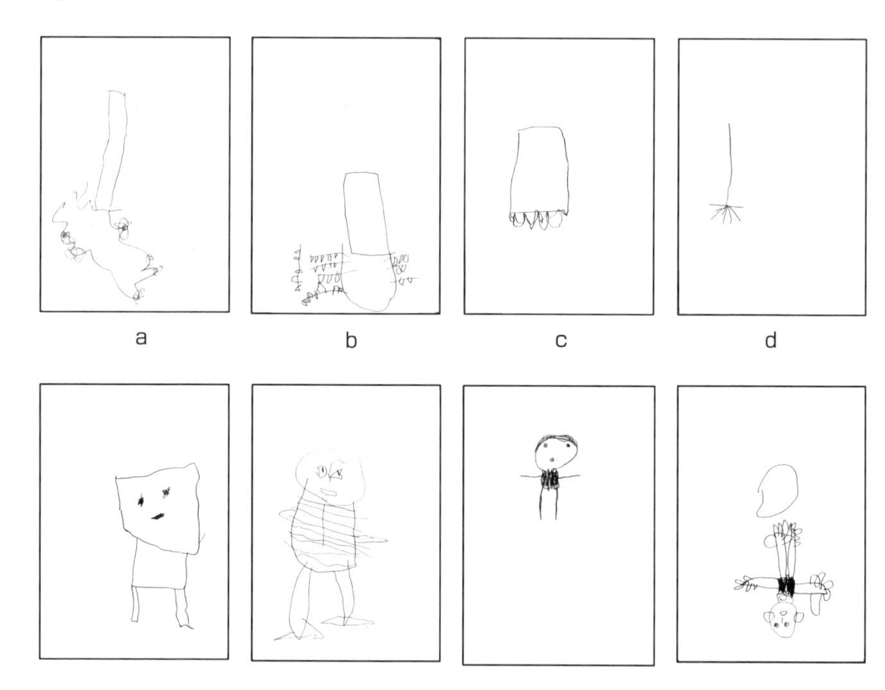

図 62　標準幼児群に出現した倒立像のバウム（下段は同一児による人物画）

8　樹型の特性

最後に，線描樹冠型などの主な樹型の特性を述べてみよう。実際には，各部位の形態，描線の質，バウムのサイズや紙面空間の使い方などの多くの要因に個々のバウムは規定されるが，ここでは大まかな視点で述べたい。まだまだ不十分だが，今後の検討材料になればと思う。

• 線描樹冠型

線描樹冠型の最大の特徴は，樹冠の輪郭線を引くだけで樹冠が形成され，幹と樹冠に分化したバウムが取りも直さず成立することにある。

したがって，輪郭線の効用としてまず樹冠の形成を指摘できる。細部にこだわることなく適度に分化し統合された樹冠から，冠内空白に代表されるような空疎なあるいは冠内を塗りつぶしただけの曖昧な樹冠まであり，線描樹冠の内部や樹冠の形は実に変化に富む。

次に，開放した幹先端であっても樹冠に輪郭線があると幹の内部と外界は区別される。同時に，地中から吸い上げられたエネルギーが外界へと無駄に流出することも防ぐことができる。

さらに，「樹冠の外層部分は，周囲の環境との接触領域を構成」（邦訳 p. 42）しているので，輪郭線には外界との緩衝地帯としての効用がある。輪郭線の形状は外界との接触状況を表し，リズミカルで伸びやかな輪郭線からは社会適応の良さが読み取れる。しかし，弱い輪郭線や輪郭線に隙間があると，外界との緩衝地帯としての機能が低下し，外界の変化に左右されやすくなる。隙間のある輪郭線に加えて幹先端も開放していると，自己と外界との区別が脆弱になり，環境が悪化するとその影響をもろに受けやすくなる。

他に，葉が一枚もないバウムであっても樹冠の輪郭線があれば枯れ木にはならない。この点も輪郭線の効用と言えよう。

さて，線描樹冠型では輪郭線を引くだけで簡単に樹冠を形成できるがその分，環境に関わるための手段である枝を発展させ，樹冠内部をどのように分化し充実させるかが課題となる。内部が乱雑に塗りつぶされた樹冠は，外界の状況把握が曖昧な故にその場凌ぎのごまかした対応をとる姿に通じる。

ところで，幹先端処理をしなくても輪郭線を引くだけで幹と樹冠に分化したバウムが成立する線描樹冠型は，当たり障りのない無難なバウムとして描かれる場合がある。同様なことが，球形樹冠について指摘されている。商店員の50％が採用試験時に球形樹冠を描いたことに対し，「調査対象となることを不愉快に思って」いるが，あからさまな拒否はできないので当たり障りのない「蓋をできる円という形に逃げるのを好んだからではないか」（邦訳 p. 171）とある。「自分が画家を目指しているわけではない」（邦訳 p. 76）ので真剣に取り組む気もせず，不承不承描かれたのが球形樹冠のバウムだったのであろう。輪郭線を引くだけで樹冠が形成され，同時に二線幹に蓋をする，つまり幹先端が処理されたバウムになる。商店員を目指す人たちは，採用試験の場で課せられた想定外の課題を球形樹冠を描くことで無難にこなしたということであろう。

最後に，樹冠の輪郭線が引かれるタイミングについて述べたい。この樹型を最も特徴づけている輪郭線は，線が引かれるタイミングによって２通りに分かれる。既に述べたように，樹冠となる枝や幹を描いた後に樹冠の領域をより明確にするかのように線が引かれる場合と，先に輪郭線が引かれる場合がある。このような手順の違いにも描いた人の心理的な特徴が表れる。

・人　型

人型は，冠下枝のある線描樹冠型であり，「上へ昇ってしまうべき下枝が，少数だけ冠の下へ残ってしまったとみなすことのできる型」（藤岡・吉川，1971）である。人型の解釈仮説としては，コッホが「一部低在枝」の解釈仮説として指摘した「部分的遅滞」（邦訳 p. 83）が当てはまる。

ウーパールーパーのように，本来は成長すると消失するはずの外鰓を残したまま成体になることをネオテニー（幼形成熟）という。成熟後のバウムにみられる人型は，子ども時代の特徴を部分的に残したまま大人になった状態と見て取れる。人型は，ヒトの精神面に生じたネオテニーといえないだろうか。年齢的には大人になってはいるが子どもっぽい未熟な一面のある人なのか，大人だけれども純真で世間ずれしていない人かどうかは，冠下枝が残っているということだけではなく，冠下枝の位置（高さ）・太さ・本数を含めたバウム全体像の印象から読み取らなければならない。

ところで近年，人型の増加を耳にすることがある。3，4 年前に調べた青年期のバウムでは，人型の出現率は 12%（男性：16%　女性：8 %）もあり，1980 年代の医療系学生群の 2 %に比べると確かに増加している。

・主幹型

主幹型の特徴は，幹が途中で枝分かれしないで木の先端まで伸びていることにある。主幹型では，地中から吸い上げたエネルギーは枝（側枝）に配分されつつ上へ上へと流れるが，流れの本流はあくまで幹にあるので，エネルギーの大きさは幹の高さと太さに敏感に反映する。

したがって，エネルギー量に見合う高さで幹の先端を細く閉じ，下枝を払ってバランスのとれた樹冠を形成することが課題となる。樹冠に輪郭線がないので，幹先端の開放は自己と外界との区別のなさに直結し，根から吸い上げたエネルギーの流失も防げない。このように，主幹型は樹冠に輪郭線がある線描樹冠型や人型に比べると，ごまかしの効かない樹型と言える。主幹型では，幹先端の開放の有無，幹の傾斜の有無とその方向（『左への傾斜と右への傾斜』（邦訳 p. 223)），幹先端部の曲がりの有無とその方向（『左へ流れること，右へ流れること』（邦訳 p. 222)）は，主要な着眼点となる。

コッホは，モミ型幹を描く人について「原初的で，頑健粗忽であり，あまり分化していない」（邦訳 p. 158）という。その理由は，「樹冠の中で枝全体が広がる」果物の木に比べると，モミの幹は「開花を大幅に欠いている」ので，「上方の意識の領域が幹の領域に置き換わっている」（邦訳 p. 158）ことを意味し，「太古のもの，原初的なものが，未分化なまま，意識の世界の只中に流入してその世界に行き渡る」（邦訳 p. 158）からと説明されている。

主幹型の特徴はモミ型幹と共通するので上記の解釈仮説を適用できるが，主幹型を描く人は放散型を描く人よりもパーソナリティが未発達，あるいは劣っているということでは決してない。環境への関わり方の違いであり，見方を変えると，主幹型を描く人は初志を貫徹できる意思の強い人とも言える。

ところで，表 12 で示したように，男児の主幹型の出現率は小 2 になると小 1 の 28.1%から 11.4%へと半減する。樹冠の輪郭という外界との緩衝地帯のない主幹型では，自我はもろに外界に出てしまうので，他者と衝突する可能性が高くなる。それ故，男子児童では入学後の 1 年間の社会生活によって主幹型が減少し，代わりに外界との緩衝地帯のある樹型が増加したのではないかと思われる。

• 放散型

放散型では，幹先端に枝が付くことで幹と枝は分化し，樹冠を備えたバウムになる。しかも放散型では，管状枝が生じることはあっても幹先端そのものが開放することはないので，自己と外界は基本的に区別されている。

「果物の木の場合は，樹冠の中で枝全体が広がる。樹冠の中で木は幹（素質）を開花させ，幹は子を産む」（邦訳 p. 158）とあるように，地中から吸い上げたエネルギーは幹を通って上部に達し，幹先端から個々の枝に配分され，素質が開花する。しかし，幹先端から枝分かれする枝，閉じた幹先端から出た枝の本数と方向次第でバランスの悪い枝組みにもなる。

したがって，放散型では，地中から吸い上げたエネルギーを何に対してどのように使うかを考え，幹先端から枝へのスムーズな分化とエネルギー量に応じた枝数とバランスの取れた枝組みから成る樹冠の形成が課題となる。何本もの細くて弱々しい枝が幹先端から分岐した放散型では，環境に関わる手段である枝の本数を見直す（整理する）ことで，バランスの取れた放散型になることが多い。

• 側枝型

児童期の側枝型では，側枝と幹先端から伸びた枝の双方の伸び具合が同程度で，主幹型と放散型の特徴を同時に備えたタイプもある。しかし青年期の側枝型になると，前述したような“幹先端が二股に分岐した主幹型”と形容できるタイプが多くみられるので，側枝型は主幹型への移行型と思われる。

地中から吸い上げたエネルギーの本流の向きを定めるには，あともう少しの期間を要するのであろう。

• 「幹」と「幹と付属」

樹冠が未だ形成されていない段階のバウムが「幹」であり，バウムは「幹」から始まるが，その中でも最初に出現するのがだ円や円のような閉じた形をした「幹」である。「幹」が命の始まりである種子や卵のような形をしているのは，まさに種子や卵のような存在に他ならないからであろう。発芽や孵化には外部から摂取する特別な養分は不要だが，発芽や孵化に適した保護的な環境が必要となる。そして，適した時期に発芽し，孵化し，その後は自らの力で生きなければならない。

バウムも同様で，「幹」が閉じた形をしているのも地中からのエネルギーを吸い上げるための根や取り入れ口が不要だからである。環境との関わりの手段となる枝がないのも，外界との交流を遮断しているのではなく，外界と関わりながら自らの力で生きていくための準備状態にあるのが「幹」のバウムではないだろうか。

「幹と付属」は，「幹」が幹と樹冠に分化するまでの移行過程にあるバウムと言える。

以上がバウムの全体像としての特徴を把握するための樹型分類と，各樹型の出現率からみた発達的変化の検討である。

第VI章　バウムの幹と枝

幹と枝の最も基本的な形状は，輪郭の有無によって決定される。輪郭のある幹として最初に出現するのは，だ円状の幹（図 49-28・図 63a）・上が細い幹（図 63b）・円形の幹（図 63c）のような一筆で描ける「一筆描きの幹[1]」，あるいは左右の幹線が幹の上下で接する「上下が細い幹」（図 63d）である。このような形状の幹は，幹の先端や下端の処理を意図しなくても，一見すると閉じているので，「閉じた形の幹」（図 63）と呼ぶ。

「閉じた形の幹」から，幹先端や幹下端の処理を要するいわゆる二線幹へと変化し，さらに縦長構造のバウムに安定感をもたらす形状の幹へと発達的に変化する。

しかしながら，「閉じた形の幹」から成熟した二線幹への変化は一気に，あるいはスムーズに進展するとは限らない。二線幹への移行の過程で，幹の下端あるいは先端のどちらか一方に「閉じた形の幹」の特徴を残す「二線幹への移行型」が生じる。

次いで，幹の先端と下端の双方の処理を要する二線幹へと変化する。最初の二線幹といえる長方形のような幹上直・幹下直の幹から，根元が適度に広くて幹先端を細く閉じた幹，あるいは幹先端が枝分かれした幹へと変化する。しかし，ここでもその変化の過程はさまざまで，多様な移行型が生じる。

図 64 に，「閉じた形の幹」や幹上直の段階を克服する様子がバウムに残った

1）「一筆描きの幹」とは，本来は円を描くように描線が連続しているものをいうが，年少の幼児の場合，一筆描きの途中で描線が継ぎ足されることもある。また，初期の幹上直・幹下直の幹では，描線は連続していても幹に長方形のような角があるので「一筆描きの幹」とはしない。その後，左右の幹線が引かれ，幹の上端と下端を横線で閉じた幹上直・幹下直の幹となる。

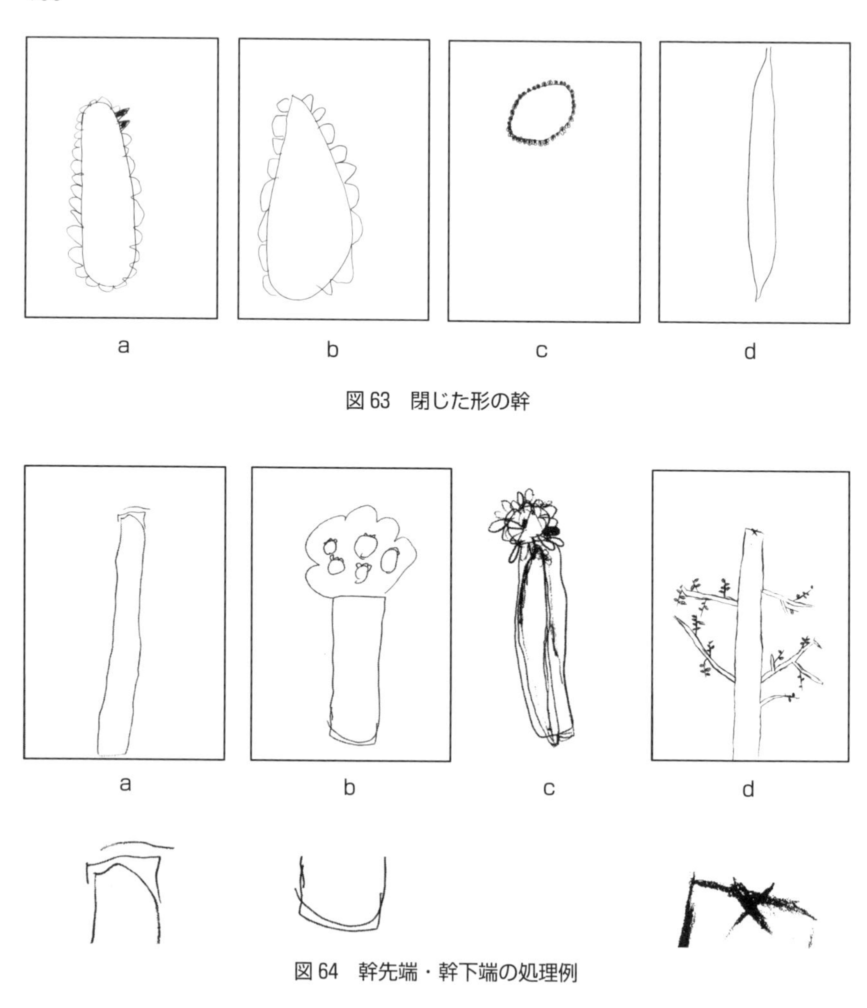

図 63　閉じた形の幹

図 64　幹先端・幹下端の処理例

事例を示す。4 例とも描画が一旦終了した後に，自発的に修正されたものである。図 64a は 4 歳児後期の男児が「マチガイ」と言いながら「閉じた形の幹」の特徴を残す幹先端を幹上直に描き直し，図 64b では，5 歳児前期の男児が「閉じた形の幹」の特徴を残す幹下端を幹下直に描き直した。図 64c は，4 歳児後期の女児が「上下が細い幹」を幹上直・幹下直の幹へと描き直したものである。

図 64d は，幹先端処理に困惑している様子が観察された事例で，幹上直の幹

先端に納得できないのか，しばらく考え込んだ末に幹先端に×印が付けられた。幹先端を枝先のように細く処理することを諦めた様子から，被検者にとっては幹上直の克服が容易ではないことが窺われる。

そこで本章では，標準幼・児童群で得た木のイメージが表現された3,837本のバウム（6樹型＋幹と付属＋幹）について，バウムの発達的変化を幹と枝に焦点を当てて検討する。幹の形状は，輪郭の有無・根元の広がりの有無だけでなく，幹の先端および下端の処理様式によっても規定されるので，これら4つの視点から検討する。

また，根や地面線・地面は幹下端の処理様式と深く関連するので本章で扱う。

1　幹の輪郭

通常，輪郭のある幹を二線幹と呼ぶが，ここでは輪郭のある幹をいわゆる二線幹と「閉じた形の幹」に分け，輪郭の無い幹を一線幹と「塗りつぶしの幹」に分けた計4種の幹について調べる。

「木のイメージ」が表現された3,837本のバウムの幹の輪郭は，二線幹（「閉じた形の幹」からの移行型を含む）が3,617本[2)]，「閉じた形の幹」が51本，一線幹が126本，塗りつぶしの幹が43本である。表15にこれら4種の学年別の出現率を示す。

木のイメージの出現率（表12）が50%弱の3歳児前期では，幹の先端と下端の処理を要する二線幹は24.4%に過ぎないが，4歳児前期になると70%を超え，5歳児後期でほぼ100%になる。ただし，二線幹に含めた66本の「二線幹への移行型」(幹先端が処理された54本と幹下端が処理された12本）は，すべて幼児群で出現した。

「閉じた形の幹」は3歳児前期で約10%出現するが同後期で半減し，児童期ではまったく出現しない。

一線幹は，3歳児前期から4歳児前期までは10%前後の出現を示した後，5

2)　3,617本のうち，66本が二線幹への移行型，10本が「幹を土台にした木」(幼児群：7本児童群：3本）であり，この10本は幹先端および幹下端の分類対象から除外した。幹の上に載った10本の木のうち7本は全一線枝の一線幹。

表15　幹の輪郭（4種）の学年別出現率（標準幼・児童群）

（%）

輪　郭	3前	3後	4前	4後	5前	5後	小1	小2	小3	小4	小5	小6
二線幹	24.4	58.3	70.8	88.4	95.2	98.9	99.7	99.5	100.0	100.0	100.0	100.0
閉じた形の幹	9.6	4.9	3.6	0.4	0.2	0.0	0.0	0.0	0.0	0.0	0.0	0.0
一線幹	9.6	11.2	8.9	5.7	2.0	0.2	0.0	0.3	0.0	0.0	0.0	0.0
塗りつぶしの幹	1.0	0.5	2.8	3.3	1.3	0.6	0.3	0.0	0.0	0.0	0.0	0.0

歳児前期で2.0%まで減少する。小3で例外的に1本の出現がみられたが，一線幹は就学前に消失する指標である。

「塗りつぶしの幹」は4歳児前・後期に約3%の出現が見られる程度で，43本の内の42本が幼児期に出現した。「塗りつぶしの幹」には，丁寧に塗りつぶされた幹と，粗雑な描線で塗りつぶされた幹がある（図16）。

次に，3,467本の6樹型のバウムでは二線幹が96.6%・閉じた形の幹が0.3%・一線幹が2.3%・塗りつぶしの幹が0.8%で，153本の「幹と付属」では二線幹が85.6%・閉じた形の幹が7.2%・一線幹が5.2%・塗りつぶしの幹が2.0%となり，217本の「幹」では二線幹が63.1%・閉じた形の幹が14.3%・一線幹が17.1%・塗りつぶしの幹が5.5%であった。

2　根元の広がり

根元（根を含まない）の広がりの有無にのみ着目して，根元の形状の発達的変化を検討する。

(1) 根元が広い幹

根元が広い幹には，広がりの表現様式が異なる2つのタイプがある。根元の幹線を側方に軽く伸ばして根元の広がりを表現した幹と，幹の下部を上部よりも太くして幹全体で根元の広がりを表現した幹がある。前者を「根元を広げる」，後者を「幹全体で表現」と呼び，両者を併せて「根元が広い幹」とする。

「根元を広げる」には，根元の広がりが曲線で表現された幹（図65a）の他に，根元を直線的に広げた幹（図65b），「まっすぐな根元」に後から広がりを加えた幹（図65c），根元が幹の上部よりも細いが幹線の下端を外側に曲げて根

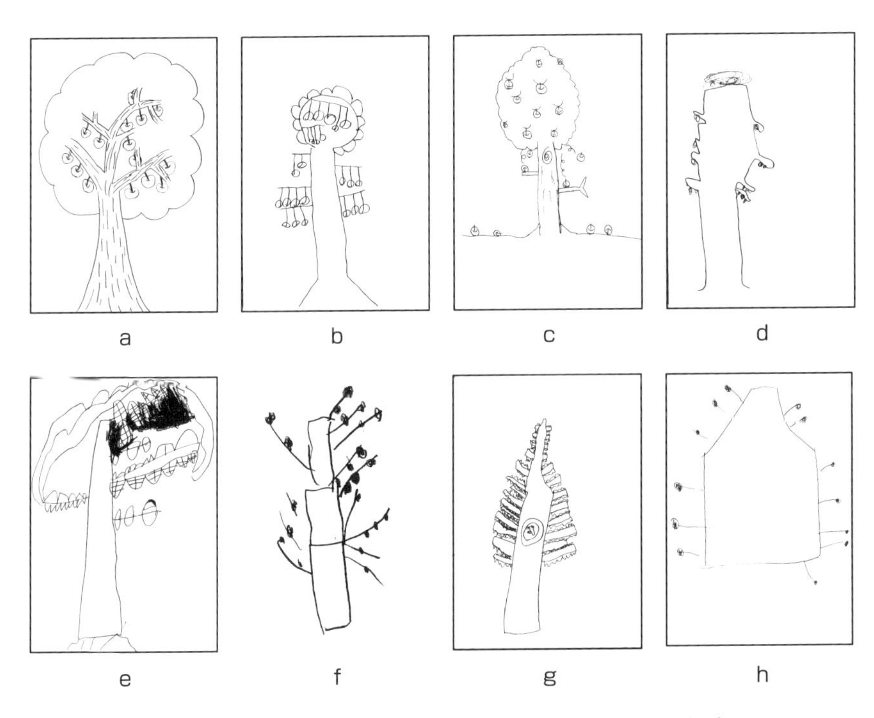

図 65　根元が広い幹（a〜d：根元を広げる　e〜h：幹全体で表現）

元の広がりを表現した幹（図 65d）などがある。

次の「幹全体で表現」には，幹先端から根元にかけて直線的に広がった幹（図 65e）より細い幹を上に継ぎ足した幹（図 65f），幹の上部が極端に細い幹（図 65g），幹の上部は根元より細いが幹上直が残る幹（図 65h）などがある。

ところで，「まっすぐな根元」と「幹全体で表現」の 2 指標は，通常は同時に出現しない。しかし，特に幼児のバウムでは図 65f・h のように根元の広がりが「幹全体で表現」され，同時に根元がまっすぐな幹（「まっすぐな根元」）も出現する。したがって，本調査の「幹全体で表現」には根元がまっすぐな幹も含む。

表 16 に根元の広がりに関する指標の学年別の出現率を示す。なお，「根元を広げる」には広がりの表現が左右のどちらかだけの幹も含み，「幹全体で表現」と「根元を広げる」が重複した場合は「根元を広げる」を優先した。

「根元を広げる」は，3 歳児前期の 1.0%から漸増し，5 歳児後期で 24.2%と

表16　根元の広がりに関する指標の学年別出現率（標準幼・児童群）

（%）

根	3前	3後	4前	4後	5前	5後	小1	小2	小3	小4	小5	小6
根元が広い幹	5.7	18.4	23.3	28.4	30.7	41.7	49.8	64.8	78.8	86.4	91.5	94.0
根元を広げる	1.0	1.5	6.4	7.4	11.3	24.2	34.9	53.1	64.0	78.2	85.7	87.9
幹全体で表現	4.8	17.0	16.9	21.0	19.5	17.5	14.9	11.7	14.7	8.1	5.8	6.0
まっすぐな根元	12.9	25.7	38.8	53.2	56.6	56.2	39.8	32.0	21.6	13.3	9.0	5.4
根元が細い幹	1.0	9.7	12.1	15.1	15.9	12.5	12.1	5.9	5.8	3.2	0.4	0.7

なり，小2で50%を超えて小6で87.9%に達し，幼・児童期を通して一貫した増加曲線を示す。

一方，「幹全体で表現」は5歳児前期までは「根元を広げる」よりも多いが，5歳児後期で逆転し，「根元を広げる」が「幹全体で表現」を上回るようになる。

これらの2指標を併せた「根元が広い幹」は3歳児前期の5.7%から増加し，5歳児後期で40%を超え，その後は顕著に増加し，小6で94.0%に達する。

「まっすぐな根元」は，3歳児前期の12.9%から急増し，4歳児後期で50%を超えてピークに達した後，小1の39.8%から小6の5.4%まで減少する。

6～7歳の幼稚園児から調査を開始したコッホの結果では，「まっすぐな根元」の発達曲線は一貫した下降曲線になるので，根元の発達的な変化は「まっすぐな根元」の減少として捉えられている。しかし，本調査のようにコッホの調査よりも年少の3歳児クラスから開始すると，「まっすぐな根元」の発達曲線は山型曲線となる。したがって，発達曲線が一貫した傾向を示す指標を用いる方が発達的変化を捉えやすいので，根元の広がりに関しては，一貫した上昇曲線を示す「根元を広げる」あるいは「根元が広い幹」の利用を薦めたい。

（2）根元が細い幹

幼児や低学年児童のバウムでは，根元が幹の上部よりも細い二線幹が出現するのは稀ではなく，第Ⅳ章で指摘した「先太りの幹」もその例である。

「根元が細い幹」には，根元から幹先端にかけて太さが漸増する「先太りの幹」（図66a），側枝や根のある「先太りの幹」（図66b），幹先端は処理されているが幹下端に「閉じた形の幹」の特徴を残す「二線幹への移行型」（図66c），

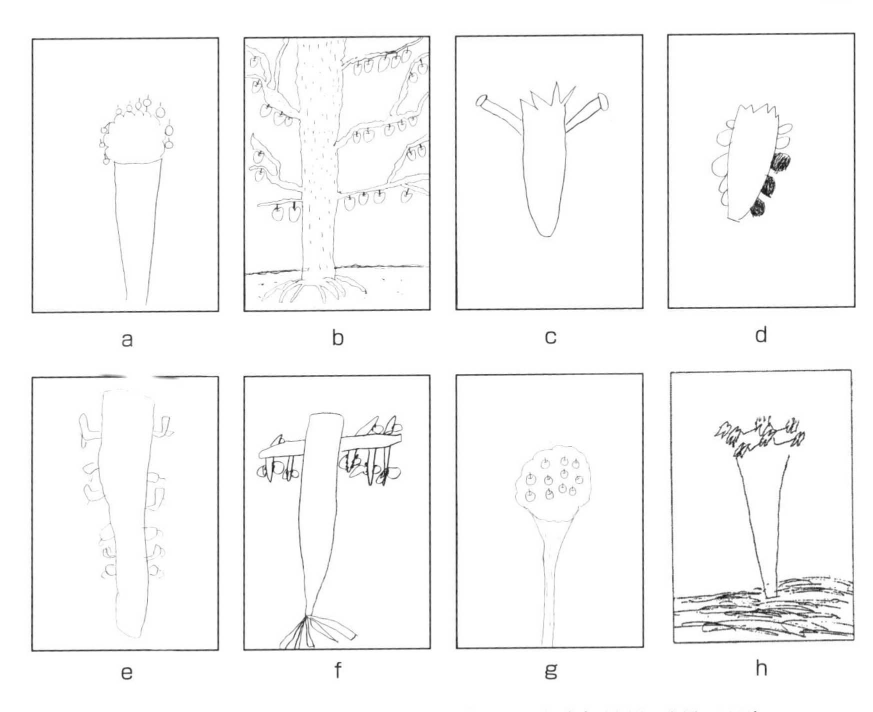

図 66 「根元が細い幹」と「幹の上が広くなった木」（高橋・高橋，1986）

幹の先端と下端は一応処理されているが「閉じた形の幹」の名残のある幹（図 66d　幹下端は直線で処理されている），幹の下半分が上部よりも細い幹（図 66e），根元の細さが目立つ幹（図 66f），図 49-6 のように幹の中央部が上下よりもやや太い「根元が細い幹」などがある。他に，図 66g のように「漏斗状の形」の中に出現する「根元が細い幹」もある。

では，「根元が細い幹」の学年別の出現率を表 16 に併せて示す。「根元が細い幹」は，5 歳児前期の 15.9％をピークとする出現傾向を示し，小 4 以降は 5％以下となる。

根元が細い 392 本の幹の内訳は，「先太りの幹」が 272 本で約 70％を占める。その内，幹先端の幅が根元の 2 倍以上ある「先太りの幹」は 46 本，残りの 226 本は 2 倍に満たない程度の先太りである。次いで「閉じた形の幹」の名残のある幹が 18 本，「漏斗状の形」が 9 本となり，残りの 93 本は「先太りの幹」などの 3 タイプ以外の多様な「根元が細い幹」である。

ところで，「先太りの幹」と共通する特徴をもつ指標として第Ⅳ章で「上にいくほど幅が広くなる」(高橋，1967）を紹介した。この指標は，後に高橋・高橋（1986）で「幹の上が広くなった木」(図 66h）に改称され，「①被検者の統制力をこえた衝動が存在し，②理性よりも感情的な行動に走りやすく，③時に自我が崩壊していることをあらわしたりする」と指摘されている。

「先太りの幹」は「幹の上が広くなった木」と共通する特徴をもつが，コッホの「先太りの枝」の対語として使えるので指標名を「先太りの幹」とする。

3 幹先端の分類

藤岡・吉川（1971）が「幹先端処理は事実上かなり困難な，表現上の問題であって，そこにさまざまな移行型を生みだす」と指摘するように，幹先端には多種多様な表現型が生じる。

しかしながら，コッホが設けた指標の中で幹先端の特徴だけで判定される指標は，「幹上直」と「切断された枝，折れた枝，折れた幹」の「折れた幹」と「上端が開いた幹[3)]」が設けられている程度で幹先端処理に関する指標は少ない。

そこで，幹先端の処理様式を検討するために筆者が収集したすべてのバウムを概観し，発達や臨床経過に伴う変化を参考に幹先端処理の類型化を行った。

(1) 幹先端の分類表の作成

幹先端の分類に際しては，幹の内部と外部が区別されていることを重視し，幹先端の実質部分が直接的に処理されているか否かを分類の第一の視点とした。幹先端の特徴だけに着目した分類法だが，幹先端が開放している場合のみ樹冠の輪郭の有無を副次的に扱う。

表 17 に，幹先端の分類表を示す。なお，樹型分類で使用した幹先端に関する用語は，幹先端の処理様式の用語としても使用する。

まず，直接的に処理された幹先端として，「枝分かれ」・「細閉」・「閉じる」がある。

---

3) 「上端が開いた幹 3a・3b」(邦訳 p. 179）はまとめて「幹上開」(一谷ら，1968）と呼ばれている。

表 17　幹先端の分類表

分類基準			処理様式
幹先端を直接的に処理する	幹先端が枝分かれ		枝分かれ
	幹先端を細く閉じる		細　閉
	幹先端を閉じる（「細閉」以外）	閉じるのみ	閉じる（幹先端）
	「閉じるのみ」の幹先端から枝が出る	閉じるに枝	
	「閉じるのみ」に輪郭のある樹冠が載る	閉じるに冠	
	先端が処理された幹と樹冠の輪郭線が重なる，または離れる		二重処理(幹先端)
幹先端を間接的に処理する	閉じた樹冠で幹先端を閉じる	閉じた樹冠で閉	何かで閉
	「樹冠で閉」以外	その他で閉	
幹先端が処理されていない	樹冠に輪郭線がある	開放に冠	先端処理なし
		開放冠	
	樹冠に輪郭線がない	幹先開放	
幹先端が用紙からはみ出す			幹上縁出
特異な幹先端	幹線の上端から出た枝		特異な幹先端
	漏斗状の形		
	その他の特異な幹先端（切断された幹・T字型など）		
閉じた形の幹・幹下端が処理された「二線幹への移行型」			閉じた形(幹先端)
一線幹・塗りつぶしの幹			判定外
樹型の「幹の欠如・融合・不定型・木以外・錯画・白紙」と「幹を土台にした木」			

「枝分かれ」は枝が幹先端から分岐している場合で，3 本以上の枝が幹先端から連続して伸びたいわゆる枝分かれ（図 49-20）と，幹先端が二股に分岐して Y 字状になった「Y 幹」（図 49-22）がある。

「細閉」は幹先端を細く閉じたもので，徐々に幹が細くなるように左右の幹線が閉じられたものから，幹の途中から不自然に細く閉じられたものまである。なお，「ピラミッド型」（邦訳 p. 192）の幹先端（図 58 の小 6 時のバウム）は本調査では「細閉」とする。

幹先端の「閉じる」は，「枝分かれ」・「細閉」と後述する幹先端の「二重処理」・「何かで閉」以外の方法で幹先端が直接的に閉じられているものとする。ただし，閉じてあっても漏斗状に広がった幹先端は「漏斗状の形」とする。

「閉じる」の下位分類には，幹先端を直線や曲線で閉じただけの「閉じるのみ」（図 49-19），閉じた幹先端から枝が出た「閉じるに枝」（図 49-21・23　閉じた幹先端の左右どちらか一方の端からのみ枝が出る場合も含む），閉じた幹先端に線描樹冠が載った「閉じるに冠」（図 49-7）がある。

「閉じるのみ」には，実を横一列に隙間なく並んだ実で閉じられた幹先端や，ギザギザの線や点線で閉じられた幹先端，枝分かれとするには未熟な幹先端を含む。他に，「閉じるのみ」の幹先端に塗りつぶし冠，らせん冠，付属の冠，付属の枝などが付いたものや，「閉じるのみ」の幹先端が線描樹冠内に入り込んだもの（図 49-3）も，「閉じるのみ」とする。

幹先端の「二重処理」は，先端が処理された幹に閉じた線描樹冠が重なってレントゲン画になったもの（図 67a・b）で，幹と線描樹冠が離れたもの（図 67c・d）も含む。

次に，間接的に処理された幹先端を「何かで閉」とする。開放した幹先端に閉じた線描樹冠を載せた「閉じた樹冠で閉」（図 68a），幹先端の空間を埋め尽くすように多数の実が描かれたもの（図 68b），同様に葉が描かれたもの（図 68c），幹先端が樹冠の茂みで閉じられているもの（図 68d），幹先端が樹冠の輪郭の最上部にまで達し，幹先端が樹冠の輪郭に達しているもの（図 68e），ユニークなものとしては幹先端にスイカを載せたもの（図 68f）などがある。

ただし，実や葉を隙間なく列状に並べて幹先端を閉じるという意図が感じられないもの（図 68g）や，幹と樹冠の一方あるいは双方の内部が黒く塗られているだけで，明確な線で区切られていない場合（図 68h）は，次の「先端処理

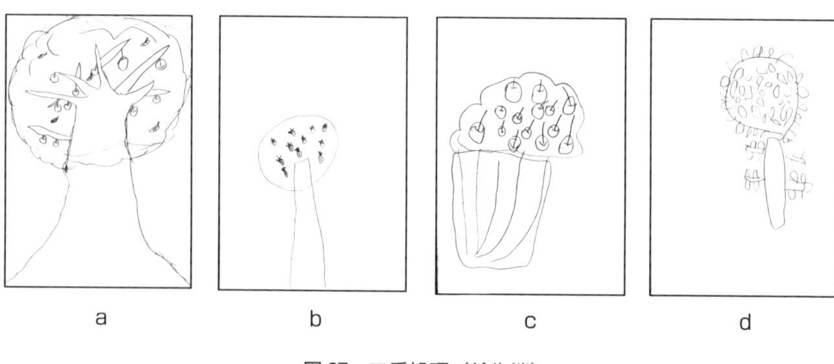

図 67　二重処理（幹先端）

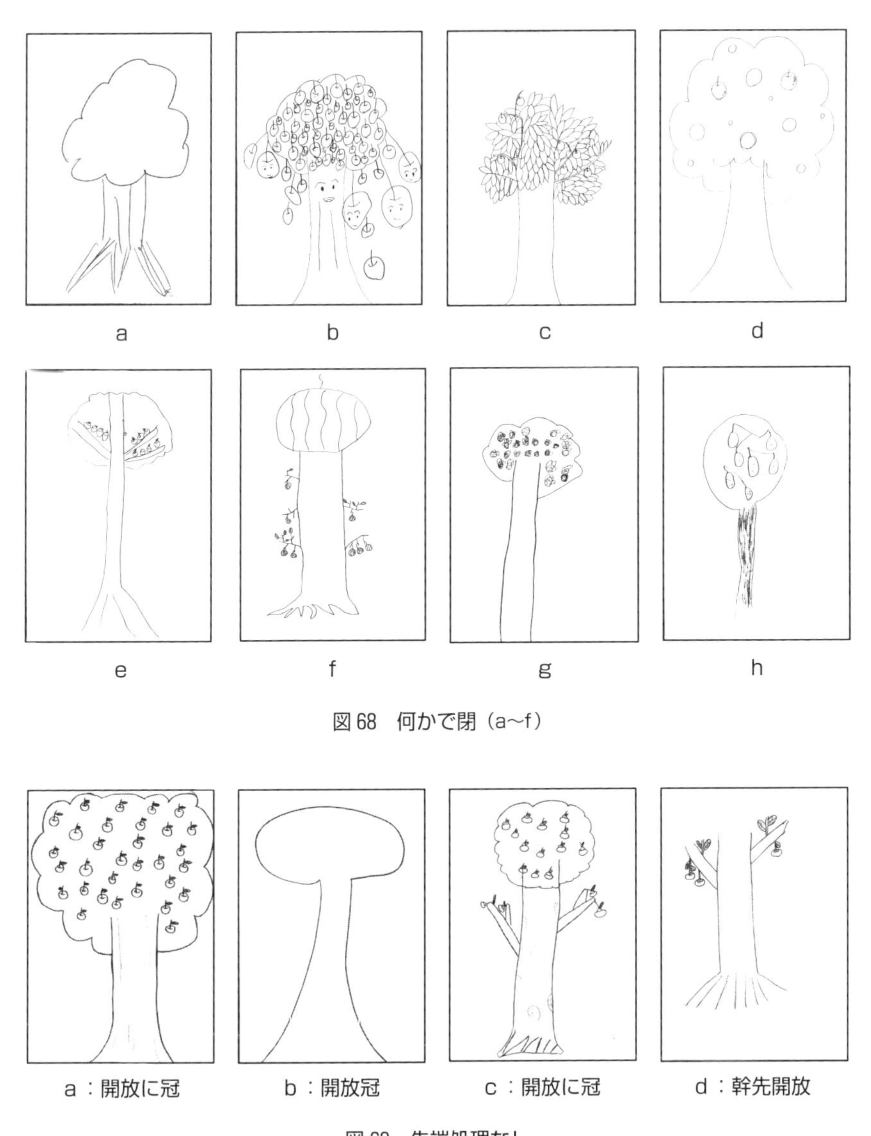

図 68　何かで閉（a〜f）

図 69　先端処理なし

なし」とする。

「先端処理なし」は，幹先端の直接的な処理がなく開放したままのものとする。しかし，線描樹冠があると幹の内部と外界は区別されるので，「先端処理なし」は樹冠の有無で二分するが，ここでも漏斗状に開放した幹先端は樹冠の有無に関係なく「漏斗状の形」とする。

樹冠がある場合は，開放した幹先端が樹冠内に入り込んだ「開放に冠」（図69a）と幹先端が樹冠内に入っていない「開放冠」（図69b）にさらに分ける。先端開放の幹と閉じた線描樹冠が重なってレントゲン画になったもの（図69c）は「開放に冠」とし，「開放冠」の幹先端が後で閉じられた場合は「閉じるに冠」とする。

次いで，線描樹冠がない場合を「幹先開放」（図69d）とする。典型は主幹型に生じる「幹先開放」で，開放した幹先端に塗りつぶし冠やらせん冠が載った場合も「幹先開放」とする。

「幹上縁出」（図49-12）は，用紙の上端から幹先端がはみ出したものとする。

「特異な幹先端」は，線描樹冠の有無に関係なく幹先端の特徴のみで判定し，「幹線の上端から枝」・「漏斗状の形」・「その他の特異な幹先端」に分ける。

幹先端の「幹線の上端から枝」（図52）と「漏斗状の形」の判定基準は，樹型分類で使用した基準と共通で，図70にさまざまな「漏斗状の形」を示す。

幹先端が「幹先開放」タイプ（図50-11），幹先端が「閉じる」タイプのもの（図70a・b），幹先端が「何かで閉」タイプ（図70c），幹先端が「開放に冠」タイプ（図70d・e），幹先端が「開放冠」タイプ（図70f）がある。本分類では，「一般の『幹上開』の中の特殊なタイプであって，『幹上開』に対して行われている一般の解釈以上のものを含有」し，「殊に分裂病及び非定型精神病にこれが特有に認められるところから，精神科領域でバウムを見る場合，非常に有用な指標」とされる「漏斗状幹上開」（山中，1976）は「幹先開放」タイプに含める。

また，「自我機能が弱いために衝動と理性を適切に調節できず，状況に応じて感情を表出しにくいこと」を表す「漏斗状の幹」（図70g　高橋・高橋，1986）は，「開放に冠」タイプに含める。なお，図70gは「妄想型精神分裂病者が描いた樹木画」である。

「その他の特異な幹先端」は，「幹線の上端から枝」と「漏斗状の形」以外の特異な処理をされた幹先端とする。その例として，先に紹介した「T字型」（図50-14・15）・切断された幹（図49-14）・折れた幹（図71a），他に図71b・c・

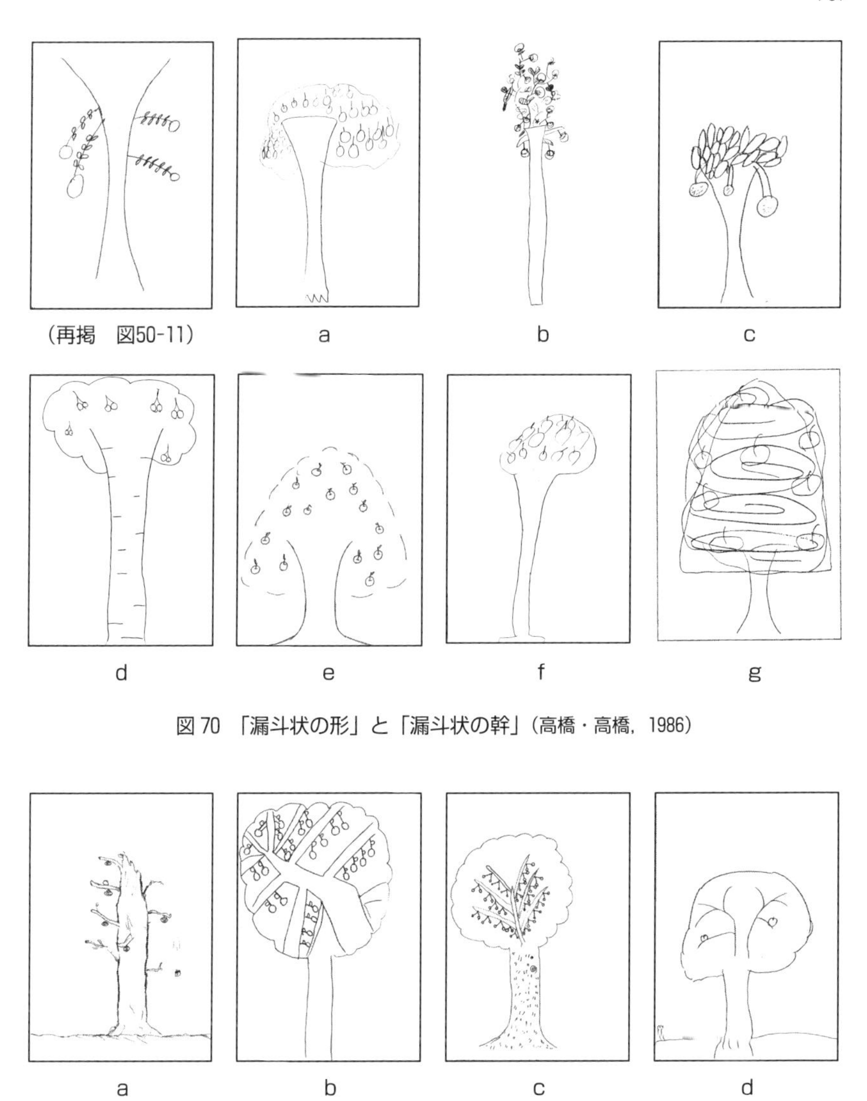

図 70　「漏斗状の形」と「漏斗状の幹」(高橋・高橋，1986)

図 71　その他の特異な幹先端

dのような樹冠の内と外との幹の繋がりが著しく不良な幹などがある。

幹先端の「閉じた形」は，幹先端の処理が不要なもの（意図しなくても閉じてあるもの）とし，「閉じた形の幹」と幹下端が処理された「二線幹への移行型」がある。

なお，幹の輪郭が一線幹・塗りつぶしの幹，そして二線幹であっても「幹を土台にした木」の179本のバウムと，樹型の「融合」・「不定型」・「木以外」・「錯画」・「白紙」に分類された258本のバウムは，幹先端の分類対象外として「判定外」とする。

(2) 幹先端の調査結果

標準幼・児童群のバウムの幹先端を分類表（表17）に従って分類し，その結果を表18に示す。

「枝分かれ」は，3歳児クラスではほとんど出現しないが5歳児後期で9.6%となり，小6で35.6%まで増加し，小学校高学年では最も多い幹先端の処理様式となる。標準幼・児童群を通じての「枝分かれ」の男女比は1：1.8となり，「枝分かれ」は女児に多い。

幹先端処理が「枝分かれ」の458本のバウムの樹型は，線描樹冠型が275本，次いで側枝型が66本，放散型が63本，人型が39本，「その他の樹型」が15本となり，線描樹冠型が「枝分かれ」のほぼ60%を占める。

「細閉」は「枝分かれ」に比べると出現率は低く，ピークであっても小4の12.0%しかない。標準幼・児童群での「細閉」の男女比は，1：0.5となり，「細閉」は男児に多い。

幹先端処理が「細閉」の120本のバウムの樹型は，主幹型が69本，線描樹冠型が40本，人型が6本，「その他の樹型」が4本，「幹と付属」と「幹」がそれぞれ1本である。

ところで，「細閉」と共通する特徴をもつ基本型（藤岡・吉川，1971）は，「小学校高学年以後の，バウム成長後の年齢集団ではつねにその頻度がもっとも高」い言われているが，本調査の「細閉」の出現率は最高でも小4の12.0%であり，小6になると5.4%まで低下する。「細閉」は医療系学生群であっても小6と同程度の11.7%であることから，藤岡・吉川ら（1971）に比べると「基本型」の出現率は大きく低下している[4)]。因みに，医療系学生群での「細閉」以

4) バウム研究会で藤岡先生は，「昔はバウムを見ただけで男性が描いたか女性が描いたかが分かるほど，男性には「基本型」が多かった。最近は，バウムにも女性化の波が押し寄せている」とよく仰っておられた。

表18　幹先端処理の学年別出現率（標準幼・児童群）

（%）

処理様式	3前	3後	4前	4後	5前	5後	小1	小2	小3	小4	小5	小6
枝分かれ	0.0	1.0	1.2	3.7	4.1	9.6	13.5	14.4	20.2	25.0	34.5	35.6
細　閉	0.0	1.0	0.4	1.3	1.1	2.5	1.7	1.9	5.1	12.0	8.5	5.4
閉じる（幹先端）	18.2	40.8	49.7	58.9	57.1	54.9	55.4	37.3	22.3	14.6	6.7	7.4
閉じるのみ	14.4	28.6	33.6	30.6	29.3	26.4	26.3	15.2	11.0	6.8	4.0	6.0
閉じるに枝	1.9	4.4	5.6	8.3	7.3	7.0	12.8	7.2	5.5	4.5	0.9	0.7
閉じるに冠	1.9	7.8	10.5	19.9	20.0	21.5	16.3	14.9	5.8	3.2	1.8	0.7
二重処理（幹先端）	0.0	1.9	1.6	2.4	2.5	1.3	1.4	2.1	3.1	1.0	1.8	0.7
何かで閉	0.5	4.9	4.2	7.0	8.2	7.9	8.0	13.6	17.8	12.0	6.7	8.1
閉じた樹冠で閉	0.5	3.9	3.8	6.8	8.0	7.2	6.6	12.3	15.4	6.8	5.4	6.7
その他で閉	0.0	1.0	0.4	0.2	0.2	0.8	1.4	1.3	2.4	5.2	1.3	1.3
先端処理なし	3.3	5.3	10.3	11.2	18.4	19.4	12.5	21.9	20.5	20.1	24.7	22.8
開放に冠	0.0	1.5	0.8	0.9	1.6	2.5	1.7	8.0	9.6	11.0	19.3	16.8
開放冠	1.0	1.9	6.8	9.6	15.4	15.7	10.0	12.8	10.6	8.1	5.4	6.0
幹先開放	2.4	1.9	2.6	0.7	1.4	1.3	0.7	1.1	0.3	1.0	0.0	0.0
幹上縁出	0.0	1.9	0.6	1.1	1.1	0.6	1.0	0.5	0.0	3.2	4.5	5.4
特異な幹先端	0.0	0.5	1.8	2.0	2.0	2.6	5.9	7.5	11.0	11.7	12.6	14.8
幹線の上端から枝	0.0	0.0	1.2	1.3	0.7	1.7	2.8	5.3	7.5	8.8	8.1	11.4
漏斗状の形	0.0	0.0	0.2	0.7	0.4	0.9	1.4	0.5	1.4	1.0	0.9	1.3
その他の特異な幹先端	0.0	0.5	0.4	0.0	0.9	0.0	1.7	1.6	2.1	1.9	3.6	2.0
閉じた形（幹先端）	12.0	5.8	4.4	0.7	0.4	0.0	0.0	0.0	0.0	0.0	0.0	0.0
判定外	66.0	36.9	25.8	11.8	5.2	1.1	0.7	0.8	0.0	0.3	0.0	0.0
幹上直	15.3	38.8	46.1	59.1	58.0	53.8	55.7	37.1	22.9	12.3	5.4	5.4
直閉	12.0	36.4	42.5	53.8	54.5	51.9	50.5	34.7	17.5	7.8	3.1	3.4

外の幹先端の処理様式は「枝分かれ」が29.6%，次いで「先端処理なし」が23.5%，「何かで閉」が18.3%，「特異な幹先端」が10.3%，「幹上縁出」が5.1%であった。

次に，幹先端の「閉じる」は3歳児前期の18.2%から増加し，4歳児前期でほぼ50%に達する。4歳児クラスから小1にかけては主要な処理様式となるが，その後は減少し小5で6.7%となる。下位分類の「閉じるのみ」は，4歳児前期で33.6%に達した後は減少し，小4からは10%以下になる。「閉じるに枝」は，幼児期では10%を超えることはないが，小1でピークの12.8%に達した後，小4からは5％以下になる。「閉じるに冠」は，5歳後期でピークの21.5％に達するが，就学後は減少する。

幹先端の「二重処理」は幼児期・児童期を通して出現は少なく，最も高くても小3の3.1％に過ぎない。幹先端が「二重処理」のバウムは，幹と樹冠に分化しているが両者の統合が十分でないバウムと言える。

「何かで閉」は，幼児期では10％を超えることはなく，小3でピークの17.8％に達した後減少し，小6では8.1％となる。下位分類では，開放した幹先端に閉じた線描樹冠が載る「閉じた樹冠で閉」が最も多く出現する。「閉じた樹冠で閉」と，閉じた幹先端に線描樹冠が載った「閉じるに冠」の出現時期を比較すると，「閉じるに冠」が「閉じた樹冠で閉」に先行して出現する。ボール冠のように輪郭線が単調な場合，両者はよく似た外観となるので，両者の区別には描画時の観察がやはり役立つ。

「先端処理なし」は，3歳児前期の3.3％から増加し，5歳児後期で19.4％となる。児童期では小1での出現率が12.5％と最も低いが小2で20％を超え，小5で24.7％，小6で22.8％となる。下位分類別にみると，幼児期では「開放冠」が多く，児童期になると開放した幹先端が線描樹冠の中に入り込んだ「開放に冠」が増加する。

一方，幹先端の開放が目立つ「幹先開放」となると標準幼・児童群ではかなり少なく，幼児期では0.7％～2.6％，児童期では0.0％～1.1％に過ぎない。しかも，幹内部の塗りつぶしなどがなく幹先端が完全に開放した幹の出現となるとさらに少なくなり，「木のイメージ」が表現された2,202本の幼児のバウムで9本，1,635本の児童のバウムで1本なので，標準児童群ではほぼ出現しないと言える。

「幹上縁出」は，小3までの出現は極めて少ないが，小5・小6で5％程度出現する。

「特異な幹先端」は，幼児期での出現はわずかだが児童期から増加し始め，小6では14.8％を示す。206本の「特異な幹先端」の内，137本が「幹線の上端から枝」であり，小6での「幹線の上端から枝」の出現率は「枝分かれ」，「開放に冠」に次ぐ11.4％を示す。

それに対し，「漏斗状の形」は幼児期・児童期を通して2％を超えることはなく，出現した28本の内16本が「開放に冠」タイプ，12本が「閉じる」タイプで「幹先開放」タイプの出現はみられなかった。

残り41本の「その他の特異な幹先端」では，「T字型」が8本，「幹先が枝に」が8本，先端が切断された幹が5本，「Y幹の間から幹（枝）」が4本，折れた幹（図71a）と樹冠の輪郭線を除去すると樹冠内の幹との連続性が著しく損なわれる幹（図71b・c・d）がそれぞれ2本，上記以外の12本の「その他の特異な幹先端」が出現した。12本の内の1本は「メビウスの木」であり，幹線と樹冠の輪郭線が未分化なピルツの出現はみられなかった。

幹先端が「閉じた形」は，3歳児前期の12.0%から始まり4歳児後期には1%以下にまで減少し，児童期になるとまったく出現しない。

「判定外」は，3歳児前期で66.0%を示すがその後は，木のイメージ表現が可能になるので急激に減少する。

次に，幹上直の出現率を表18の末尾に示す。原語を“Lötstamm”とする幹上直は，一谷ら（1968）によって「幹の上部がハンダ付けされたように閉じられているもの」と紹介され，図式として長方形のような幹先端が示されて以来，直線で閉じた幹先端を幹上直とする基準が広まったと言える。幹上直の典型は，確かに「幹の端が水平な線で閉じられたもの」（邦訳p. 64）である。しかし，斜線や曲線などの「水平な線」ではない様々な線で閉じられた幹先端を経験すると，コッホが“Lötstamm”を「尖っていない先端」（邦訳p. 190）と一括した理由が理解できる。

そこで，「閉じる」・「二重処理（幹先端）」・「特異な幹先端」に分類した1,965本のうち，「ピラミッド型」を含まない多様な「尖っていない先端」をここでは幹上直とし，その出現率を調べた。この幹上直には「半円型」の幹先端や点線で閉じた幹先端，幹上直の幹先端から枝が出たものや輪郭のある樹冠が載ったものを含むが，ギザギザな線で閉じた幹先端や，「枝分かれ」とするには未熟な幹先端は含まない。

次に，幹上直のうち直線で閉じた幹先端を「直閉」とし，「幹上直」と「直閉」の出現率を表18の末尾に示す。ただし，幹線に比べると非常に弱い筆圧の直線や点線で閉じられた幹先端は「直閉」としない。

幹上直は3歳児前期の15.3%から増加し始め，4歳児後期に59.1%に達した後は小1まで50%台の出現率が続く。しかし，小2で37.1%に減少し，その後も減少し続け，小6で5.4%となる。

幹上直の典型ともいえる「直閉」は，当然のことながら，幹上直を下回る形で推移し，幹上直と同じような発達曲線を描く。「幹上直」との出現率の差は，1.9ポイントから5.4ポイントの範囲内にある。

4　幹下端の分類

幹下端の処理様式を検討するために，幹先端の分類表の作成と同様に多数のバウムを概観して幹下端の類型化を行った。

(1) 幹下端の分類表の作成

幹下端の処理様式だけに着目して作成した幹下端の分類表を表19に示す。

「幹下縁立※」は，紙面の下縁が地面線や地面に見立てられたバウムで，幹線（左右あるいはどちらか一方）が紙面の下縁に達しているもの（図72a）とするが，幹線の下端が紙面の下縁から2，3ミリ離れている場合も含む。他に，根元に楔形の切り込み（「空白の空間」の一種）があるもの（図72b・邦訳p. 144の図24），根元に多数の短い線のあるもの（図72c）も幹下縁立とするが，根の基部（根の先端）が下縁に達しているもの（図72d）は含まない。幹

表19　幹下端の分類表

分類基準	処理様式
幹線が用紙の下縁に達する	幹下縁立※
幹下端から連続して二線根が出る	根分かれ
幹下端が開放	根元開放
幹が地面線上あるいは地面上に立つ	地面線・地面上
幹下端を閉じる	閉じる（幹下端）
閉じた幹下端から一線根・二線根が出る	閉じるに根
幹下端に未分化な根が付く	未分化な根で処理
幹下端の処理が重複する	二重処理(幹下端)
閉じた形の幹・幹先端が処理された「二線幹への移行型」	閉じた形(幹下端)
一線幹・塗りつぶしの幹	判定外
樹型の「幹の欠如・融合・不定型・木以外・錯画・白紙」と「幹を土台にした木」	判定外

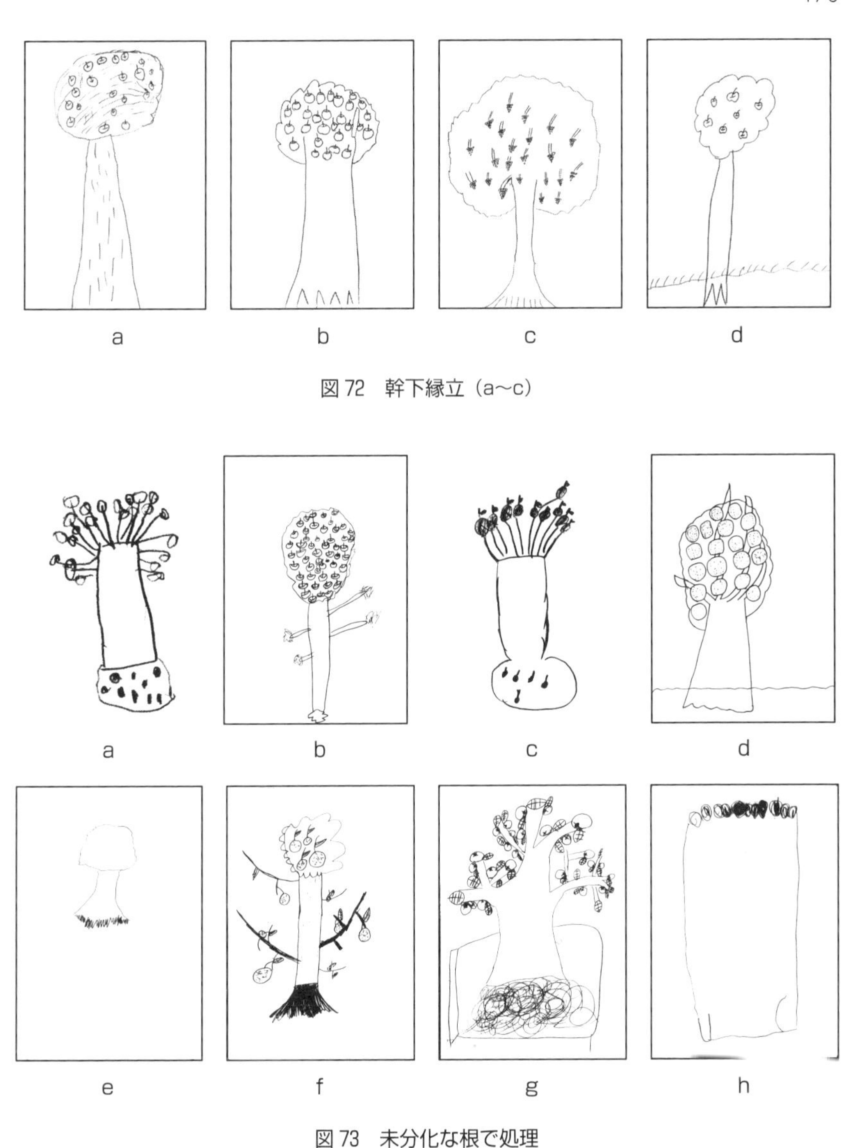

図 72　幹下縁立（a～c）

図 73　未分化な根で処理

下縁立が後述する「閉じる」や「地面線・地面上」と重複する場合はカウントしないので，ここでの幹下縁立を「幹下縁立※」とした。

「根分かれ」は，幹下端から枝分かれのように二線根が幹から連続して出ているものとする。根の先端の開放の有無は問わないが，図 28c のように地面線が幹を横断している場合も含む。

「根元開放」は，幹下端が開放しているもので，開放が不完全あるいは曖昧なもの，開放した幹下端に一線根があるもの（図 50-13）を含む。

「地面線・地面上」は，幹が地面線や地面の上に立っているもの（図 71a）とする。なお，この指標は地面線や地面の有無をカウントするためのものではなく，あくまで幹下端処理の特徴を把握するためのものとする。

幹下端の「閉じる」は，幹下端が直線あるいは曲線で閉じられたもので，「閉じるに根」は，閉じた幹下端から一線根，あるいは二線根が出ているもの（図 66d・図 67f）とする。「閉じる」には，一谷ら（1968）で「幹の下端がハンダづけされたように閉じられているもの」と規定され，「発達上の重要な指標」となると指摘された幹下直を含む。

「未分化な根で処理」は，未分化な根，つまり 1 本ずつに分かれていない根や，根とみなすには未熟な根が幹の下端に付いているものとする。閉じた幹下端に「未分化な根」が付いたもの（図 73a），開放した幹下端に閉じた形の「未分化な根」が付いたもの（図 73b），開放した幹下端に連続して「未分化な根」が付いたもの（図 73c），根分かれの程度が兆し程度で不十分なもの（図 73d），塗りつぶしたような根（図 73e・f・g），閉じた幹下端の内側にある根（図 73h）などを「未分化な根で処理」とする。

なお，コッホが示した「6 歳から 7 歳の子どもにみられる根元の図式」（図 18）には，一谷ら（1968）で示された幹下直の図式と同じ図式（図 18 上段の左から 2 番目）や，「未分化な根」に相当する図式（同図下段の左端と中央の図式，）が含まれている。

幹下端の「二重処理」は幹下端の処理が重複している場合で，「閉じる」と幹下縁立が重複したもの（図 74a），「閉じる」と地面線・地面上が重複したもの（図 74b），幹下縁立と地面線・地面上が重複したもの（図 74c），「閉じる」と幹下縁立とそして地面線・地面上が重複したもの（図 74d）がある。

幹下端の「閉じた形」は「閉じた形の幹」と，幹先端が処理された「二線幹への移行型」とする。

なお，一線幹や塗りつぶしの幹であっても，幹下端の特徴を幹下縁立や地面線・地面上などに分類できるが，幹下端の分類においても幹先端の場合と同じ

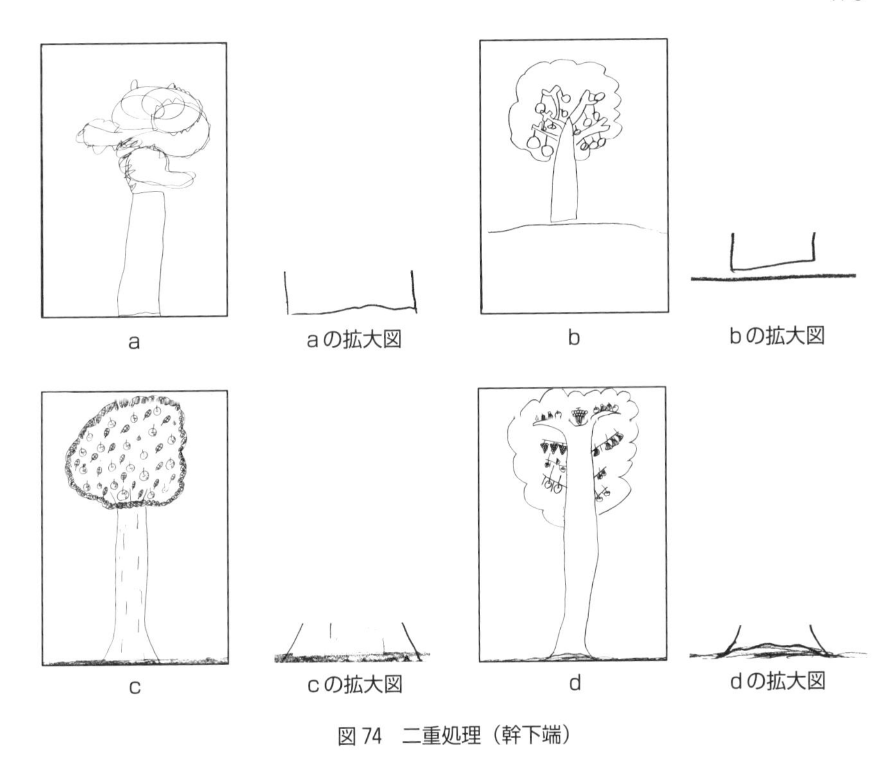

図74　二重処理（幹下端）

基準で「判定外」を設けた。

(2) 幹下端の調査結果

標準幼・児童群のバウムの幹下端を分類表（表19）に従って分類し，その結果を表20に示す。幹下端の形状は幹下端の処理様式だけでなく，根元の広がりの有無にも大きく左右されるので，出現頻度が高い処理様式については根元の広がりの有無（根元を広げる・まっすぐな根元）も調べた。

「幹下縁立※」は，3歳児前期の1.4%から増加しはじめ，5歳児後期からは幹下端の最も多い処理様式となり，小2からは40%を超え，小6で47.7%を占める。児童期になると「根元を広げた幹下縁立※」(幹下縁立※×根元を広げる）の増加が著しい。それに対し，「根元がまっすぐな幹下縁立※」（幹下縁立※×まっすぐな根元）では，発達に伴う「まっすぐな根元」の減少効果が大きく，小学校高学年でほぼ消失する。

表 20　幹下端処理の学年別分布（標準幼・児童群）

（%）

処理様式	3 前	3 後	4 前	4 後	5 前	5 後	小 1	小 2	小 3	小 4	小 5	小 6
幹下縁立※	1.4	6.3	6.0	13.6	20.9	35.3	37.7	45.1	47.6	48.4	46.2	47.7
×根元を広げる	0.0	0.0	1.0	1.3	2.1	8.7	10.4	24.3	32.2	40.6	41.3	40.3
×まっすぐな根元	1.4	3.9	3.2	8.8	12.3	20.6	18.3	13.9	10.3	4.5	1.8	2.0
根分かれ	0.0	0.0	0.6	1.3	2.9	6.4	13.8	16.0	16.1	13.0	18.8	20.1
×根元を広げる	0.0	0.0	0.2	0.4	1.1	3.2	7.3	9.9	9.9	9.7	13.9	17.4
×まっすぐな根元	0.0	0.0	0.2	0.2	0.4	1.9	2.4	3.5	2.4	1.6	4.0	2.0
根元開放	2.4	3.9	5.8	6.6	9.8	11.3	7.6	9.1	8.2	19.8	18.8	19.5
×根元を広げる	0.0	0.5	1.4	0.9	2.1	3.8	4.8	7.5	5.8	16.9	17.9	18.1
×まっすぐな根元	1.0	1.9	3.2	3.7	5.5	4.3	1.7	1.1	1.0	1.6	0.9	0.7
地面線・地面上	0.5	1.0	1.0	3.1	5.5	6.4	10.0	10.4	12.7	10.4	9.9	8.7
閉じる（幹下端）	16.3	38.3	48.9	51.0	45.4	29.2	18.0	12.0	6.5	6.5	4.9	2.0
閉じるのみ	16.3	37.4	46.3	47.5	40.9	25.5	13.5	8.8	3.8	3.9	4.0	2.0
×根元を広げる	1.0	1.0	2.8	2.2	4.3	2.3	3.5	3.7	2.4	2.3	3.6	2.0
×まっすぐな根元	8.6	18.0	27.6	32.8	26.3	19.2	6.9	3.5	1.0	1.0	0.0	0.0
閉じるに根	0.0	1.0	2.6	3.5	4.5	3.8	4.5	3.2	2.7	2.6	0.9	0.0
未分化な根で処理	1.4	2.4	3.6	6.3	5.4	6.4	10.0	6.1	5.8	1.6	1.3	2.0
二重処理（幹下端）	1.0	1.0	2.0	2.6	3.4	3.2	2.1	0.5	3.1	0.0	0.0	0.0
閉じた形（幹下端）	11.0	10.2	6.2	3.7	1.6	0.6	0.0	0.0	0.0	0.0	0.0	0.0
判定外	66.0	36.9	25.8	11.8	5.2	1.1	0.7	0.8	0.0	0.3	0.0	0.0
幹下縁立	3.3	9.2	8.7	16.6	24.5	37.9	39.8	45.6	49.7	48.7	45.7	47.7
×根元を広げる	0.0	0.0	1.0	2.0	2.3	8.9	11.1	24.5	32.9	40.6	41.3	40.3
×まっすぐな根元	1.9	4.4	4.4	9.0	14.6	22.5	19.0	14.1	11.3	4.5	1.8	2.0

「根分かれ」は小 1 から 10%を超えるようになり，次の根元開放とともに小学校高学年で幹下縁立※に次ぐ出現率を示す。幹下縁立※と同様に，「根元を広げた根分かれ」（根分かれ×根元を広げる）が児童期に増加する。

「根元開放」は，幼児期では 2.4%から 11.3%に増加し，児童期になると小 4 からは 20%近くになり，「地面線・地面上」を上回る。この時期に増加するのは「根元を広げた根元開放」（根元開放×根元を広げる）であり，「根元がまっすぐな根元開放」（根元開放×まっすぐな根元）の出現は極めて少ない。

ところで，根元開放に関連するコッホの指標に「下端が開いた幹」（邦訳

p. 179）がある。この指標は，スイスでは「この純粋な形が，まっすぐな根元のバウムにだけ証明されることは言うまでもない」（邦訳 p. 179）が，わが国では「根元を広げた根元開放」は児童期になると「根元がまっすぐな根元開放」（「下端が開いた幹」の純粋な形に相当）に比べて著しく増加する。

「地面線・地面上」は，やはり幼児期では出現は少ないものの小３の 12.7% まで増加し，その後は減少して小６で 8.7% となる。

幹下端の「閉じる」は，幹下縁立※が５歳児後期で 35.3% を占めるまでは幼児期では最も多い処理様式であり，４歳児後期にはピークの 51.0% を示す。

幹下端を閉じただけの「閉じるのみ」は「閉じる」とほぼ同じ推移を示し，「閉じるに根」の出現は少ない。

次いで，「閉じるのみ」を根元の広がりの有無との関連でみると，まっすぐな根元の「閉じるのみ」は幼児期に多く，４歳児後期でピークの 32.8% に達して就学後は顕著に減少する。一方，根元を広げた「閉じるのみ」は就学後も２，３％程度出現する。

「未分化な根で処理」は，小１でピークの 10.0% に達した後減少する。

幹下端の「二重処理」は３歳児前期から小３までの期間を通してわずかだが出現し，80 本の二重処理の内，60 本が幹下縁立と重複していた。紙面の下縁を地面線に見立てることができるまでの移行期の表現と言える。

「閉じた形」は，３歳児前期で 11.0% の出現を示した後は減少し，幹先端処理の場合と同様に４歳児前期には５％以下になる。

「判定外」とした 169 本の「一線幹・塗りつぶしの幹」のうち，38 本で幹下端処理が行われていた。内訳は，幹下縁立が 18 本，地面線・地面上が 12 本，未分化な根で処理が６本，根が出ている幹が２本であった。

次に，標準幼・児童群に出現したいわゆる「幹下縁立」の出現率を表 20 の末尾に示す。幹下縁立の判定基準は「幹下縁立※」と同様だが，ここでの幹下縁立には一線幹や「幹を土台にした木」そして「閉じる」や「地面線・地面上」と重複する場合も含み，根元の広がりの有無についても調べた。

幹下縁立は，３歳児前期の 3.3% から増加し始め５歳児後期で 37.9% になり，就学後も減少することなく 50% 弱の出現率を維持し，根分かれや根元開放，地面線・地面上などと比べても非常に高い出現率を示す。

ところで，幹下縁立については一谷ら（1968）[5] によってわが国では下降曲線を示さないことが明らかにされ,「一般的には,発達的指標とはなりにくい」と指摘されて久しい。

そこで,高校卒業者の集団でもある医療系学生群を「バウム成長後の年齢集団」(藤岡・吉川,1971)とみなして同群の出現率を調べると6.1%であった。この結果と一谷ら(1968)の結果から,わが国での幹下縁立の消失時期は高校生の頃と思われる。因みに,看護学生群・臨床母親群・女性高齢者群での出現率は,5.4%,4.1%,8.1%であった。

次に,根元の広がりの有無を調べると「根元を広げた幹下縁立」(幹下縁立×根元を広げる)は5歳児後期から増加し始め,小3で30%を超え,以後は約40%の出現率があり幹下縁立の8割以上を占める。一方,早期型(第Ⅳ章p. 101参照)である「根元がまっすぐな幹下縁立」(幹下縁立×まっすぐな根元)のピークは5歳児後期の22.5%であり,小4でほぼ消失することが分かった。

5　根

バウムに出現するさまざまな根を図75に紹介し,標準幼・児童群における根の出現率を表21に示す。

(1) 根の表現

ここでは,二線根・一線根という輪郭の有無による根の区分ではなく,根の生え方に着目してバウムに表れるさまざまな根の表現型を紹介する。

図49-26のように幹下端から連続した状態で二線根が伸びた「根分かれ」,幹下直の幹下端から伸びた一線根(図75a)・二線根(図75b),根元の幹線から外側に伸びた根(図75c),幹線の下端から伸びた根(図75d),地面線から伸びた根(図75e),根元の幹線から内側に伸びた根(図75f),足のような根(図75g),既に紹介した「未分化な根」などがある。また,幹や枝と同様に輪郭線のない塗りつぶしの根(図75h)も出現する。

---

5) 一谷ら(1968)は幼稚園4歳児クラスで26%,同5歳児クラスで48%,小学生で1年から順に55%,38%,69%,45%,48%,42%,中学生で48%,29%,43%と報告。小学校の低・中・高学年の児童を対象に一谷ら(1968)の結果との比較を行った依田(2007)は,中・高学年の幹下縁立の出現傾向に有意差はないと報告。

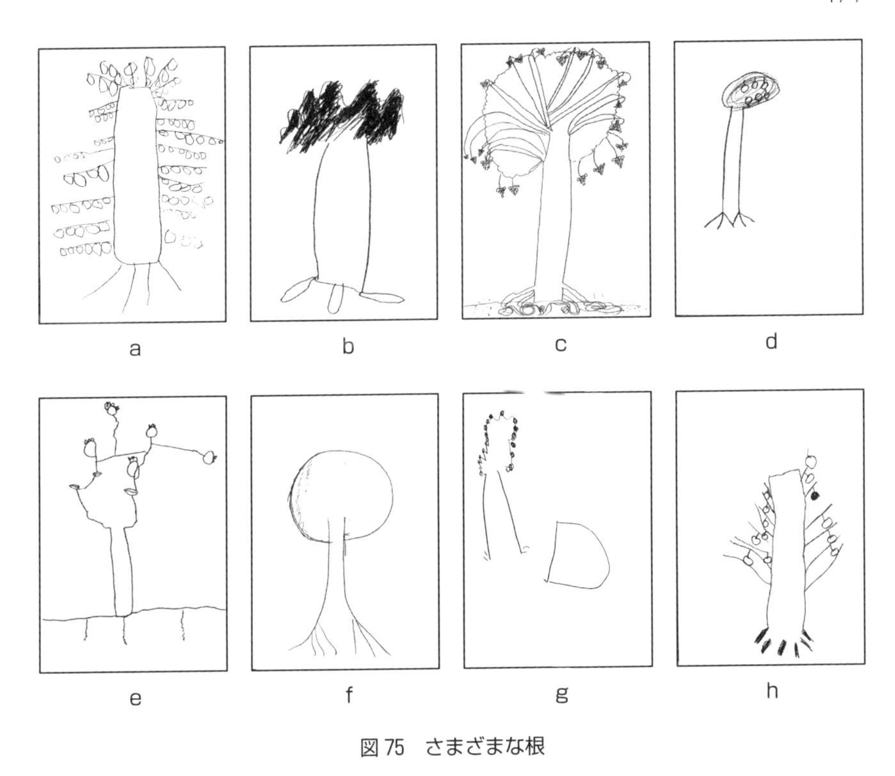

図75　さまざまな根

(2) 根の出現率

根の集計に関しては,「二線根は，地面の上に置かれた根の起始部が描かれていてもカウント」(邦訳 p. 153) されるので，楔形の切り込みがある根元（図72b）も二線根として計上した。

コッホの調査では，根の出現率はすべての根が二線根の場合（二線根）と一線根の場合（一線根）についてのみ報告されている（図76)。

しかし，本調査の幼児のバウムでは，前述したように，一線根や二線根に該当しない根も出現する。そこで，根をすべての根が二線根，すべての根が一線根，すべての根が塗りつぶしの根，未分化な根，混在根（一線根と二線根，あるいは一線根か二線根か区別し難い根が混じったタイプ）に分類し，この5種の根を一括して「根あり」とし，学年別の出現率を表21に示す。

ところで,「一線根の場合は，完全に描かれた場合に限りカウントされる」

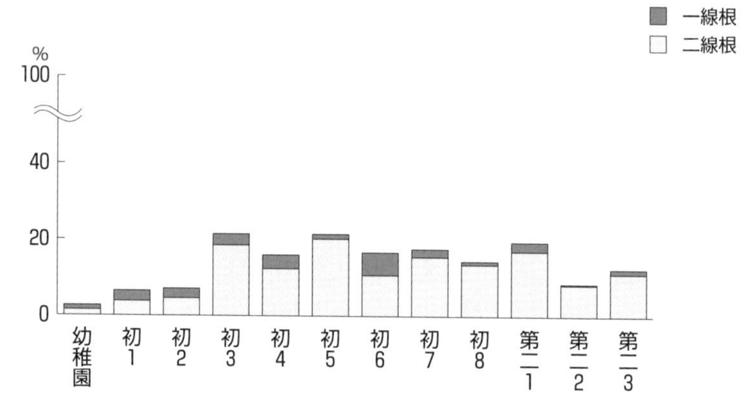

図 76　一線根と二線根の出現率（標準児群）

表 21　根の学年別出現率（標準幼・児童群）

(%)

根	3前	3後	4前	4後	5前	5後	小1	小2	小3	小4	小5	小6
根あり	1.4	3.9	8.0	15.5	15.5	22.8	35.6	31.5	38.7	23.4	32.3	30.9
二線根	0.0	0.5	0.6	2.8	4.8	10.0	16.6	18.7	24.3	17.5	26.0	25.5
一線根	0.0	0.5	3.0	5.0	4.8	5.8	7.6	5.3	6.5	3.6	2.2	2.0
塗りつぶしの根	0.0	0.0	0.0	0.0	0.2	0.2	0.0	0.0	0.0	0.0	0.0	0.0
未分化な根	1.4	2.9	4.4	7.7	5.7	6.6	11.4	6.9	7.2	1.6	1.3	2.0
混在根	0.0	0.0	0.0	0.0	0.0	0.2	0.0	0.5	0.7	0.6	2.7	1.3
不完全な根	0.0	0.0	0.0	0.0	0.2	0.4	1.0	3.5	4.1	3.6	2.2	6.0

(邦訳 p. 153）ので，図 72c のように根の起始部から根の基部まで描かれていないものは「不完全な根」とし，これを表 21 の末尾に示す。

「根あり」は 4 歳児後期になって 10%を超え，小 1 で 35.6%に達した後，増減を繰り返して小 6 では 30.9%となる。根の種類でみると，二線根の出現が全学年を通じて最も多く，特に児童期になると根のほとんどが二線根となり，一線根の出現は少なく「塗りつぶしの根」は出現しない。

このような二線根への集中は，コッホの結果と一致する。

「未分化な根」は 4 歳児前期までは出現する根の中で最も多く，小 3 までは一線根よりも多い出現率を示す。

「不完全な根」は幼児期ではほとんど出現しないが，児童期になって少し増える。

6　地面線と地面

バウムに出現するさまざまな地面線と地面を図77に紹介し，標準幼・児童群における地面線と地面の出現率を表22に示す。

(1) 地面線と地面の表現

地面線上にバウムが立っているもの（図77a），草花や石などを列状に並べて地面線の代用としたもの（図77b），根元より上にある地面線（図77c），根元より下にある地面線（図77d），短い地面線（図77e），傾斜した地面線（図77f），根元の描線と地面線が分化せずに連続しているもの（図77g），緩やかな

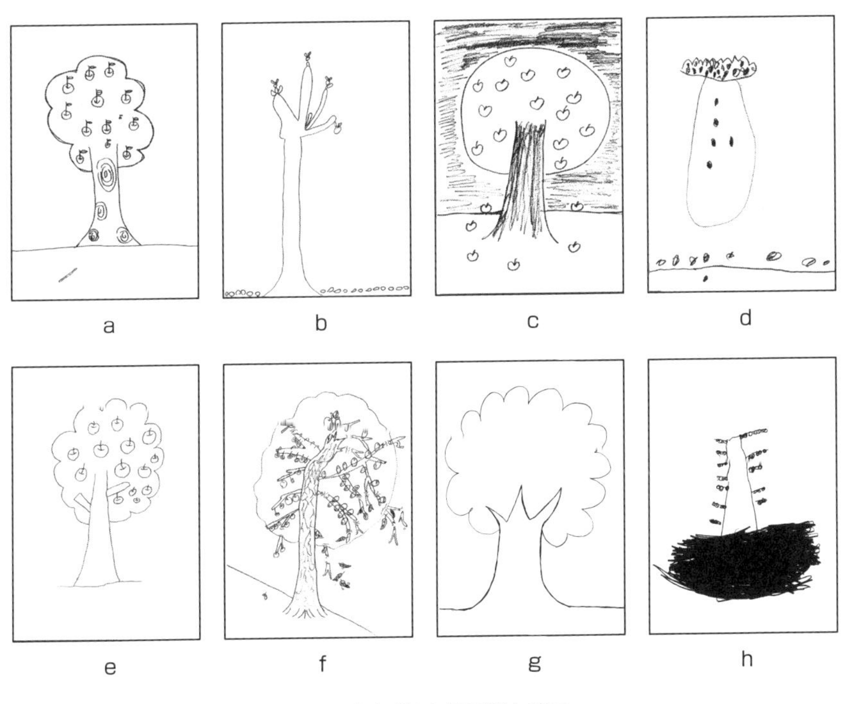

図77　さまざまな地面線と地面

表 22　地面線と地面の学年別出現率（標準幼・児童群）

(%)

地面線・地面	3前	3後	4前	4後	5前	5後	小1	小2	小3	小4	小5	小6
地面線/地面	1.4	4.4	4.6	9.2	11.1	12.8	25.6	21.1	35.6	24.0	25.6	19.5
地面線あり	1.0	2.9	3.2	6.3	9.8	12.5	21.5	18.4	31.2	18.5	21.5	18.1
地面あり	1.0	1.5	2.0	3.9	3.4	2.5	10.0	9.3	10.3	7.8	8.1	2.0
地面線のみ	0.5	2.9	2.6	5.3	7.7	10.4	15.6	11.7	25.3	16.2	17.5	17.4
地面のみ	0.5	1.5	1.4	2.8	1.3	0.4	4.2	3.2	4.8	5.8	4.0	1.3

弧を描いたような地面線（図 50-31），地面線が根元を横切っているもの（図 28c）などがある。他に，地面線は引かれていないが図 77h のように塗りつぶされた地面上に立つバウムもある。

(2) 地面線と地面の出現率

地面線が描かれている場合を「地面線あり」(地面との重複を含む)，地面が描かれている場合を「地面あり」(地面線との重複を含む)，地面線だけが描かれている場合を「地面線のみ」，地面だけが描かれている場合を「地面のみ」，地面線と地面の双方あるいはどちらかが描かれている場合を「地面線/地面」とし，学年別の出現率を表 22 に示す。なお，地面線の長さや傾き，地面の広さに関係なく集計し，丘の形も地面線とみなし，草などが列状に並んで生えている場合は地面線の代用，一面に生えている場合は地面の代用とみなして集計した。

バウムが立つ場所に地面線や地面が描かれていることを示す「地面線/地面」は，3 歳児前期の 1.4%から漸増し，5 歳児後期 12.8%になり，小 1 で 20%を超え，小 3 で 35.6%を示した後は小 6 の 19.5%にまで低下する。そして，そのほとんどが地面線による表現であり，「地面のみ」は 1.3%に過ぎない。

本調査の結果を一谷ら（1968）[6] と比べると，小 3 を除く学年，特に小 1・小

6) 一谷ら（1968）では，「地平描写（地平線が具体的に描かれているもの）」とされ，幼稚園 4 歳児クラスで 9 %，同 5 歳児クラスで 6 %，小学 1 年で 41%，以後順に 60%，20%，34%，28%，31%となり，中学生で順に 28%，47%，36%となる。依田（2007）の「地平描写」は本調査の「地面線/地面」とほぼ同様な基準で集計され，小学校低学年で 21.7%，中学年で 30.1%，高学年で 37.8%となる。

2での「地面線」の出現率の低さが目立つ。

医療系学生群になると「地面線/地面」は52.3%にまで上昇し，「地面のみ」が0.5%，「地面線あり」が51.8%になる。因みに，看護学生群，臨床母親群，女性高齢者群での「地面線あり」の出現率は順に47.5%，22.5%，29.7%であった。

7　枝

(1) 枝の表現

「(木の) 手足ともいえる，樹冠の外層部分は，周囲の環境との接触領域を構成」(邦訳 p. 42) とあるように，枝は環境と関わる部位であるが故に枝先は「洗練される」(邦訳 p. 42)。つまり，豊かな樹冠を形成するために，主枝から分枝が順次出て，枝先が複雑になるのが枝の発達過程である。

枝は二線枝あるいは一線枝で表現されるが，塗りつぶしの枝や付属の枝も出現する。「さしあたり発達がひと段落したこと」(邦訳 p. 64) の目安となるのが二線枝で，一線枝にはまっすぐに伸びた直線枝と曲線の枝（さまよった枝や弓状の枝など）がある。図78a・bや初期のバウムとして紹介した図48aの付属の枝は，コッホが例えたように密生して生える毛のようにも見える。

図78cは「これは何？」という筆者の質問に対し，4歳児後期の女児が「木のオテテ」と答えたバウムで，図78dの枝は幹から出た腕のように見え，まさに，枝が木の手として描かれている。

(2) 枝の出現率

枝に関する出現率を表23に示す。付属の枝はこれだけが出現した場合のみカウントし，「二線枝あり」は全二線枝と一部一線枝を併せた出現率，「主枝あり」は全二線枝・一部一線枝・全一線枝・塗りつぶしの枝を併せた出現率とする。直線枝は1本でもあればカウントし，「分枝あり」は分枝をもつ主枝が1本でもあればカウントする。なお，側枝のように大きく描かれた葉（図50-25・26の「枝状の葉」）および，「ヤシ・バナナ型」における枝のように大きな葉（図50-22）は，枝としてカウントしない。

全二線枝と全一線枝は4歳児前期までは双方共に増加するが，その後全二線

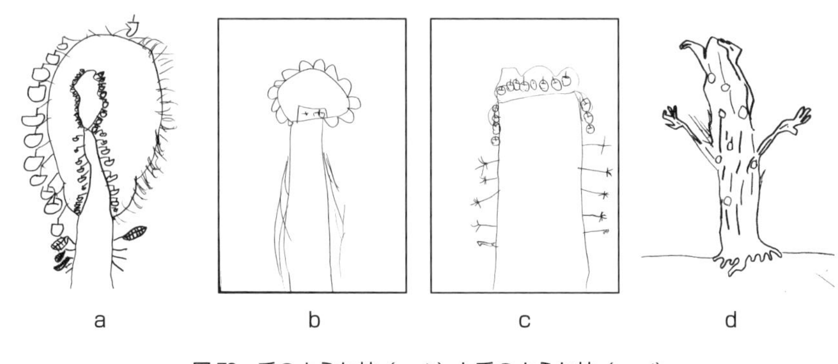

図78　毛のような枝（a・b）と手のような枝（c・d）

表23　枝の学年別出現率（標準幼・児童群）

（%）

枝	3前	3後	4前	4後	5前	5後	小1	小2	小3	小4	小5	小6
全二線枝	1.0	7.8	11.9	25.4	27.5	46.2	53.3	56.3	72.9	75.3	76.7	78.5
一部一線枝	0.5	0.5	0.2	1.8	2.0	2.1	4.5	1.6	3.1	0.6	0.9	1.3
全一線枝	2.9	10.7	16.5	19.0	19.5	11.9	15.2	10.7	4.5	3.2	3.6	2.7
塗りつぶしの枝	0.5	0.0	0.2	0.2	0.2	0.0	0.0	0.0	0.3	0.0	0.0	0.0
付属の枝	5.3	9.7	5.4	2.2	1.8	0.9	0.0	0.3	0.0	0.0	0.0	0.0
二線枝あり	1.4	8.3	12.1	27.1	29.5	48.3	57.8	57.9	76.0	76.0	77.6	79.9
主枝あり	4.8	18.9	28.8	46.4	49.1	60.2	73.0	68.5	80.8	79.5	81.2	82.6
直線枝	3.3	9.7	15.5	19.0	19.8	12.5	16.6	11.2	6.5	2.3	2.7	0.7
分枝あり	0.5	1.9	2.4	5.7	7.1	13.4	22.5	25.1	43.5	55.5	62.3	57.7

枝は学年の上昇に伴って急増し，小1で53.3%，小3で70%を超えて小6で78.5%に達する。それに対し，全一線枝は5歳児前期の19.5%から減少し，小3になると5%以下になる。

一部一線枝は全二線枝や全一線枝に比べると出現自体が低く，幼児期では0.2%から2.1%，児童期では小1の4.5%をピークとし小6で1.3%になる。

塗りつぶしの枝は幼児期に出現するが，その頻度は1%に満たず，付属の枝は，3歳児前期で5.3%，同後期で9.7%の出現を示した後は減少し，塗りつぶしの枝のように稀に児童期に出現することはあっても，その出現は幼児期に限られる。

「二線枝あり」は，5歳児後期で50％近くになり，小3で76.0％に達した後の増加は少なく，小6の79.9％に留まる。「主枝あり」は5歳児後期で60.2％になり，小3で80.8％に達するがその後の増加は少ない。直線枝は，4歳児後期から5歳児前期にピークの20％程度に達した後減少し，小4で5％以下となる。「分枝あり」は，3歳児前期では1％に満たないが，5歳児後期で10％を超え，小1の22.5％からさらに増加し，小5でピークの62.3％に達し，小6で57.7％となる。

8 コッホの発達調査との比較

バウムテストの解釈理論は，スイスの文化，さらに言えば1950年代という時代背景の中で構築されたものである。それ故，このバウムテストをわが国に適したものにするには，日本の文化に根付いた解釈理論が必要となる。指標の解釈仮説を発達調査に基づいて検討し直すことは，その方法の一つと言える。

そこで，今後の出現率の比較研究の参考として，本調査で得た結果とコッホの結果を比較するグラフを作成した。図79に幹・枝（主枝）・根などに関する指標のグラフを示す。就学年齢の違いによりスイスの初等学校1年生はわが国の小学1年生よりも年齢が1歳大きい。しかし，生活年齢よりも学校社会での生活経験の効果を重視し，小学1年に初等学校1年を対応させ，スイスの幼稚園を5歳児後期とみなして比較する。なお，本調査の対象は小学6年生までだが，横軸は初等学校8年生までとし，5歳児後期から小学6年までの期間で両曲線の動きを大まかに比較した。

(1) 幹の輪郭

図79-1に一線幹，図79-2に二線幹を示す。本調査の二線幹は，表15に示した「二線幹」に「閉じた形の幹」を併せた値である。一線幹，二線幹共にコッホと本調査の発達曲線はピタッと重なり，両指標は文化の影響を受けない指標であることが分かる。就学の1年前までには一線幹は消失し，二線幹の出現率がほぼ100％になる。

ところで，初版には「一本線の幹は，5歳で44％，6歳で21％，7歳で

3.7%であり，それ以後は1.2%でほとんど出現しなくなる」(『バウム・テスト』p. 17）とある。1947年に収集されたバウムの一線幹の出現率は，1953年に収集された幼稚園児（6歳から7歳）の値に比べるとかなり高く，しかも年少になるほど高い。『バウム・テスト』を読んで二線幹の出現率の異常な低さはおかしいと感じたのと同時に，一線幹の出現率の高さも気に掛かったが，その時は一線幹よりも二線幹の方が遥かに大きな問題だと捉えていた。一線幹については読み流していたが，その後に届いたコッホ女史からの返信を読み，幼児期における一線幹の出現率の高さに改めて気づかされた。

コッホ女史は私の質問に答えるために，わざわざ初版に使われたバウムを探し出してくださり，それらが初版出版の2年前に収集されたものであることを明らかにされた。そして，6歳と7歳の幼稚園児のバウムに多くの一線幹が出現しているのを知って深い悲しみに陥ったと綴られていた。二線幹は地面に両足でしっかり立っているという安心感を意味するので，一線幹が多いということは当時の親たちは子どもに安心感を与えられなかったのであり，誰もが安心感を持てなかったのであろう。そして，調査対象となった子どもたちは第二次世界大戦中に生まれているので，平和がいつまで続くのかという恐怖はとても大きく，物資も不足し父親たちには兵役があるということなどが子どもの心理的形成に大きく影響したと書かれていた。

二線幹や一線幹の出現率は国による文化の影響を直に受けないと思い込んでいたからこそ二線幹の出現率に疑問を抱き，それをきっかけに第3版に辿り着いた筆者としては，やや拍子抜けの感があった。しかし，それ以上に中立国であるスイスにおいてさえ，二線幹を一線幹に変えるほどの極めて強い不安を幼児に与えた戦争の影に強い衝撃を受けた。

(2) 幹の根元と幹先端

図79-3にまっすぐな根元，図79-4に幹上直を示す。まっすぐな根元の出現率は本調査の方が上回っているが，小3までは同様な減少傾向を示し，小6で共に4，5％程度にまで減少する。

幹上直では，就学後は出現率と減少傾向については同様な傾向を示し，両曲線はほぼ重なる。

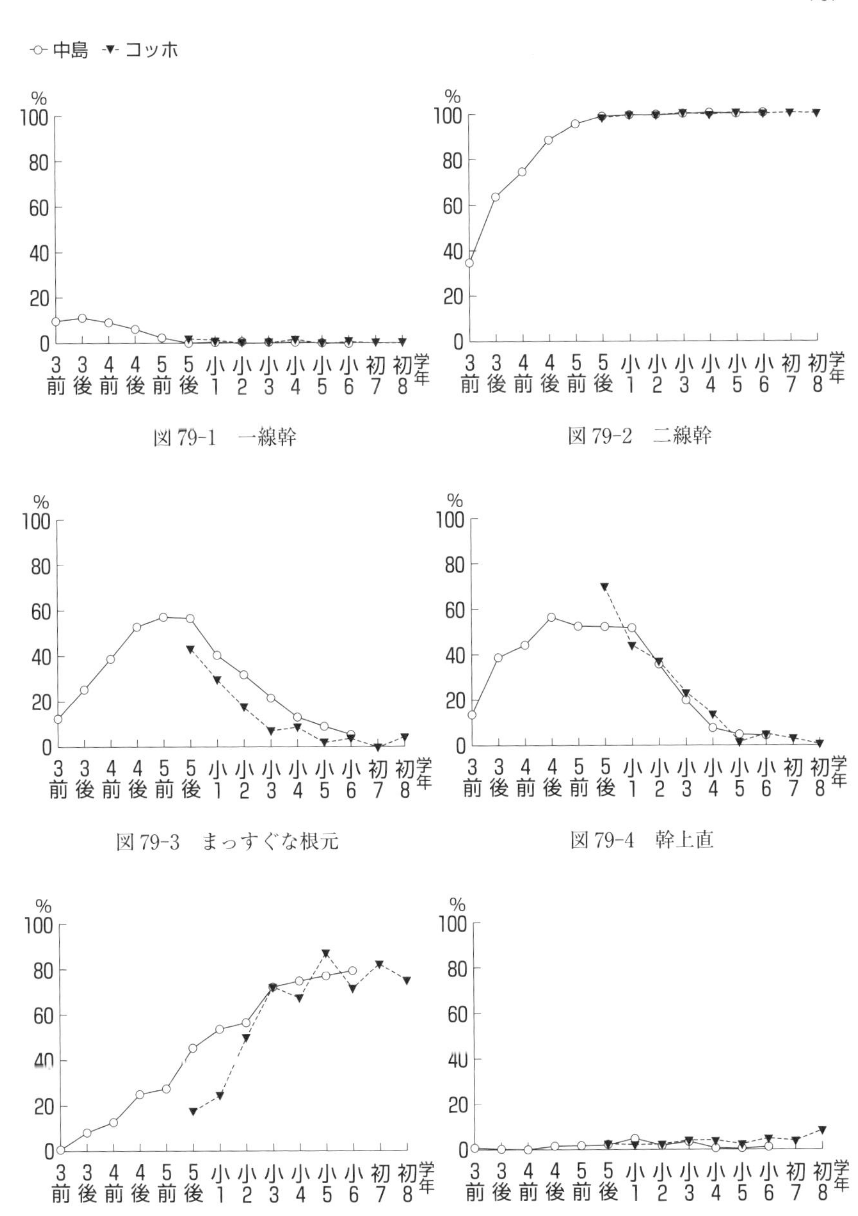

図 79-1　一線幹

図 79-2　二線幹

図 79-3　まっすぐな根元

図 79-4　幹上直

図 79-5　全二線枝（a）

図 79-6　一部一線枝（b）

図 79　コッホの発達調査との比較（1）

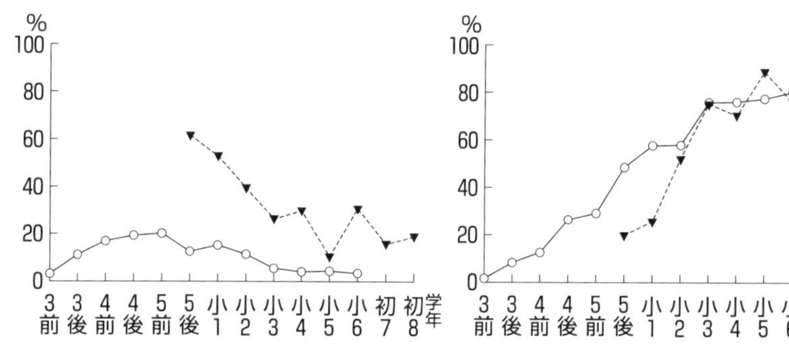

図 79-7　全一線枝（c）

図 79-8　二線枝あり（a + b）

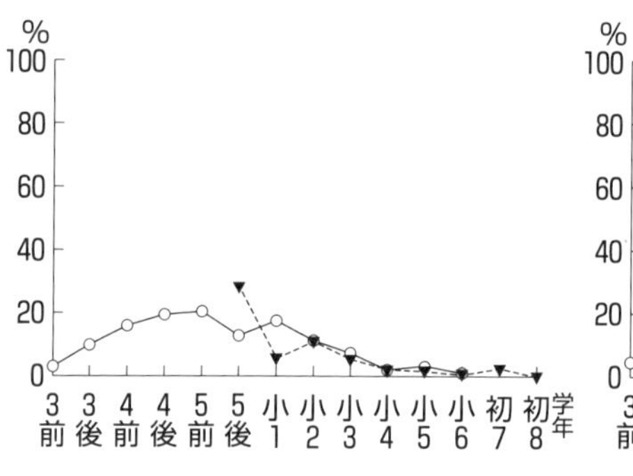

図 79-9　直線枝

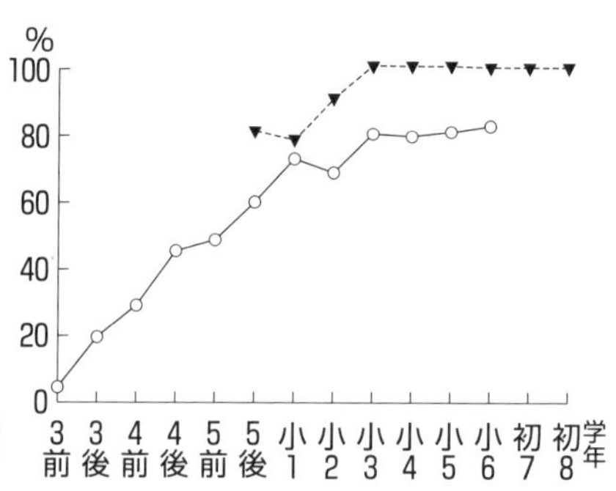

図 79-10　主枝あり（a + b + c）

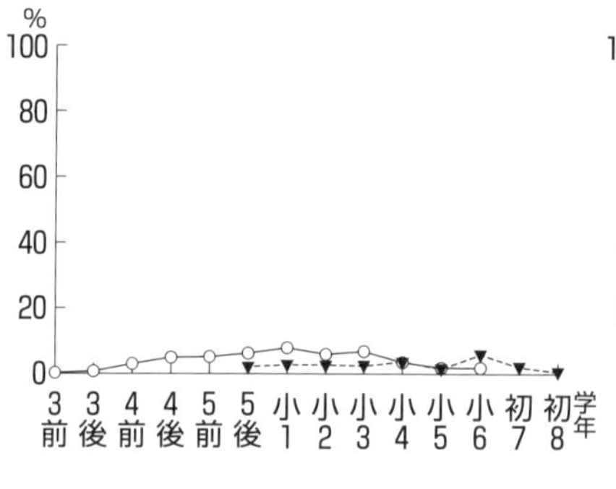

図 79-11　一線根

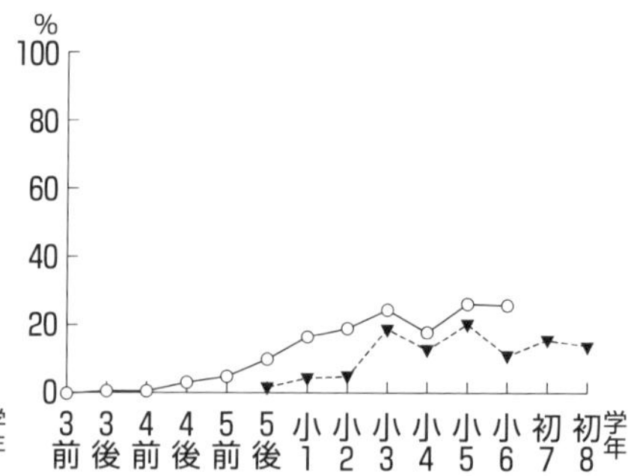

図 79-12　二線根

図 79　コッホの発達調査との比較（2）

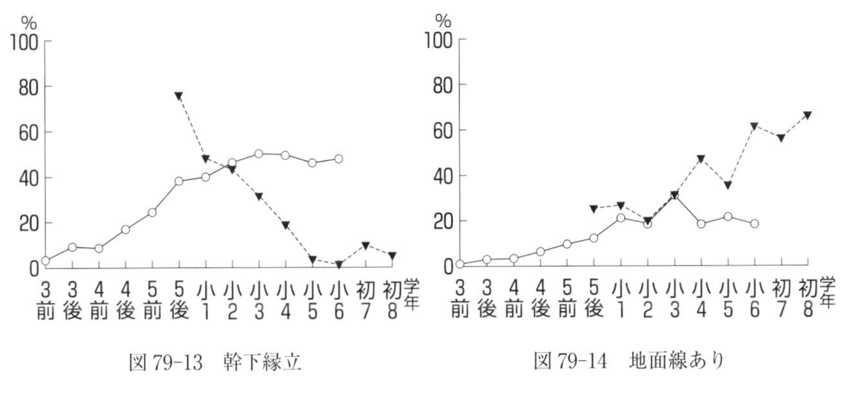

図 79-13　幹下縁立

図 79-14　地面線あり

図 79　コッホの発達調査との比較 (3)

(3) 枝

枝に関する比較のグラフを図 79-5 から図 79-10 に示す。

全二線枝（図 79-5）については，5 歳児後期と小 1 ではコッホの方が 20〜30 ポイントも低いが小 2 以降はほぼ同じ水準となり，一部一線枝（図 79-6）の出現は両者共に少ない。

全一線枝（図 79-7）では，コッホに比べると本調査の出現率はかなり低い。その差は学年の上昇に伴って縮小し，小 5 で 6.6%の差となるが小 6 で拡大する。コッホの調査では初等学校 7 年で 15.2%，同 8 年で 18.6%，第二学校 3 年で 9.9%を示すことから，スイスの全一線枝は減少傾向を示す指標であっても消失する指標ではないことが改めて分かる（図 37 参照）。

次に，二線枝は前述したように成熟の目安となる指標なので，「二線枝あり」（図 79-8）を比較した。両者共に一部一線枝の出現が少ないので全二線枝と同様な結果になる。

直線枝（図 79-9）は，小 2 からは両者の発達曲線はほぼ一致し，消失時期も同じであることが見て取れる。ところで，本調査では全一線枝と直線枝の出現率がほぼ同じであることから，全一線枝はほぼ直線枝と言える。しかし，「本物の早期型と見なせる」（邦訳 p. 79）直線枝の消失後にも出現し続ける一線枝は，曲線の一線枝に違いない。このことから，スイスではわが国の幼・児童に比べて曲線の一線枝の出現が多いことが分かる。

「主枝あり」(図79-10) は，本調査では，小3で80.8%に達するとその後の変動はほとんどなく，「主枝あり」の上限が約80%，言い換えると小3からは冠内枝のない線描樹冠型のバウムや「塗りつぶし冠」などの枝組みのないバウムが20%程度出現していることが読み取れる。

一方，コッホの調査では「主枝あり」はすべての学年で本調査の結果を上回り，初等学校3年で100%に達する[7)]。しかし，このことから「主枝あり」の出現率はスイスの方が高いとは断言できない。何故なら,「最初に枝のない球形樹冠を描いた人は，枝のある樹冠を描いてください」(邦訳 p.72) と教示されているので，教示の影響を否定できないであろう。

(4) 根

図79-11に一線根，図79-12に二線根を示す。一線根では，両者共に10%を超えることはなく，本調査の方が小6を除く学年で出現率は高い。その差は5歳児後期から小3の間で3〜5ポイント程度，小4・小5で1ポイント以下となり小6で逆転する。

二線根においても本調査の方が高く，その差は一線根の場合よりも大きく5〜15ポイントほどある。その内，小3から小5の間で両者の差は小さくなり，しかも両者共に小4で落ち込んでいる。

(5) 幹下縁立と地面線

図79-13に幹下縁立，図79-14に「地面線あり」を示す。本調査では「地面線あり」を「ほのめかされるだけの風景」とみなして比較した。

幹下縁立は，コッホの調査では幼稚園の75.3%から就学後は急激に減少し，初等学校5年で3.2%になる。しかし，本調査では5歳児後期の値は37.9%しかなく，小3で漸く調査期間内でのピークの49.7%に達しても，コッホの値に及ばない。また，初等学校5年で幹下縁立はほぼ消失するが，本調査ではそのような現象はまったくみられず，小4・5・6では小3と同様な高い値が続く。この値はスイスの中等度知的障がい者群の12.5%よりもはるかに高い。

---

7) 3指標の出現率の合計は，幼稚園から順に81.2%，78.3%，90.9%，101.3%，100.0%，98.7%，105.8%，100.5%，101.1%となるが，100%を超えた場合は100%とみなした。

中・高生の結果を欠く本調査だけでは幹下縁立の消失時期を明言できないが，前述したように高校生の頃と思われる。このことから，用紙の下縁に地面を見出す，つまり仮の地面線を見出すまでの経過が長く，しかもピーク時であってもその値はコッホの値の半分程度であり，ピークに達する時期も消失する時期も遅いのがわが国の幹下縁立の特徴と言えよう。

ところで，「根元がまっすぐな幹下縁立」は，幹下縁立とまっすぐな根元の発達曲線（図33参照）が「同じような動きをする」（邦訳p. 86）ことから設けられた早期型の指標である。初等学校5年でほぼ消失する幹下縁立は，この「根元がまっすぐな幹下縁立」と思われる。本調査においても「根元がまっすぐな幹下縁立」は，5歳児後期でピークの22.5%に達した後小5で1.8%にまで減少するので，消失時期に関してはコッホのいう幹下縁立との差はない。

しかし，幹下縁立とまっすぐな根元の発達曲線が同調しないわが国では，まっすぐな根元が消失しても幹下縁立は「根元を広げた幹下縁立」として出現し続ける。コッホのいう幹下縁立が消失しても「根元を広げた幹下縁立」の出現が続き，高校生になって消失するのがわが国での幹下縁立の特徴と言える。

さらに言うと，根元の幹線を側方に軽く伸ばすことは，根元の広がりを表現するだけでなく地面線の存在をほのめかす効果もある。それ故，「根元を広げた幹下縁立」は，用紙の下縁を仮の地面線とするだけでなく側方に軽く伸ばした幹線で地面線をほのめかす，つまりコッホのいう幹下縁立よりも地面線の存在がより強調された幹下縁立となる。

次に「地面線あり」について検討する。コッホの調査では発達曲線は上下しながらも上昇し，初等学校6年で60.9%，同8年でピークの65.6%に達した後第二学校3年で44.4%となる。本調査では表22に示したように，小2で一時減少するものの3歳児前期から小3の31.2%にまで上昇し，初等学校3年の値に追いつく。しかし小4で小2の水準にまで減少し，その低い出現率が小6まで続くが，医療系学生群になると51.8%にまで上昇することが分かった。

ここで，幹下縁立から地面線への移行を検討するためにこの2指標の発達曲線を比較する。本調査での比較を図80-1に，コッホの調査での比較を図80-2に示す。

コッホの調査では，幹下縁立と「ほのめかされるだけの風景」の発達曲線は初等学校3年で交差し，幹下縁立の減少と共に「ほのめかされるだけの風景」

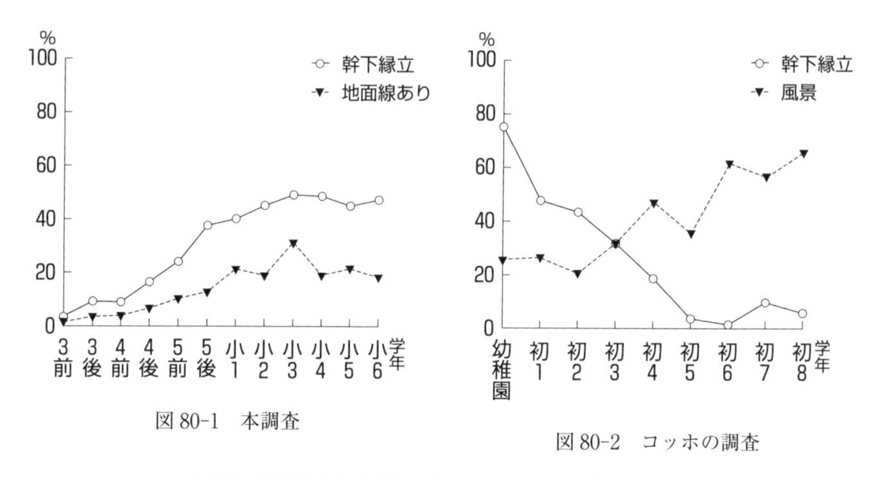

図 80-1　本調査

図 80-2　コッホの調査

図 80　幹下縁立と地面線（ほのめかされるだけの風景）

は増加する。つまり，幹下縁立から地面線への移行が読み取れる。

一方，本調査では幹下縁立と「地面線あり」の発達曲線は交差しない。小 3 で「地面線あり」はピークに達し，幹下縁立との差も一時的には縮まるがその後は「地面線あり」の減少で両者の差は拡大する。しかしながら，医療系学生群では幹下縁立の 6.1％に対して「地面線あり」が 51.8％もあることから，幹下縁立から地面線へと移行したことが分かる。ただし，幹下縁立から地面線へと一気に移行するのではなく，前述したように「根元を広げた幹下縁立」を経た移行である。

以上が幹と枝を中心にしたバウムの発達的な変化の検討である。

第VII章　バウムの樹種

バウムテストでは，PDI（描画後の質問）は規定されていないが，筆者はバウムテストを利用し始めた頃より，描画終了後に「何の木を描きましたか？」と尋ねることにしていた。その理由は，描かれた木の種類（樹種）を知ることは，幼児や発達障がいのある被検者が描いた，何の木か分かりにくいバウムの理解に役立ち，そして実のない木を描いた被検者が抱く木のイメージの理解にも役立ったからである。

「何の木を描きましたか？」に対する答えを，“実のなる木”の教示に対する木のイメージの言語反応ととらえ，描画による反応であるバウムの理解を補うものとして位置づけてきた。

ところで，描画課題である木の植生は地理的条件に左右され，また木のイメージ形成には植生だけでなく文化的要因も影響する。したがって，日本とは植生も文化も異なるスイスで体系化されたバウムテストの解釈理論をわが国に適用するには，わが国で描かれたバウムの樹種を知ることも必要となる。

そこで，本章ではバウムの樹種調査のための分類表を作成し，関西地方で収集されたバウムの樹種を検討する。

1　樹種の分類表の作成

「何の木を描きましたか？」に対する反応には，「落葉期剪定前の５年生のぶどう」，あるいは「りんご」のような断定的な反応から，「りんごの木のつもりではなかったけれど，りんごの木になってしまいました」のような説明的な反応まである。反応が叙述的であっても，この場合の樹種分類の対象は，ぶどうやりんごといったバウムに命名された樹種名に限定する。

表24　樹種の分類表

大分類			中分類	小分類（例）
存在する木	具体的な樹種名あり	果樹	代表的果樹	りんご（姫りんご含まず）・柿・みかん・サクランボ・ぶどうの5種
			トロピカルフルーツ	ヤシ・バナナ・マンゴー　等
			その他の果樹	桃・びわ・梨・栗・みかん以外の柑橘類（夏みかん・八朔・レモン等）・洋ナシ　等
				複数本の果樹・未決定の果樹（例えば「りんごかみかん」）
		果樹以外の木	果物以外の実のなる木	南天・イチョウ（ギンナン）・樫・クヌギ・ドングリ・梅干しの木　等
			花　木	桜・バラ・梅・アジサイ・藤　等
			針葉樹	松※1・杉・モミ・ケヤキ　等
			その他の木	モミジ・楠・バオバブ　等
	具体的な樹種名なし	木	実のなる木	実のなる木・実のある木・実の木・小さな実のなる木・赤い実のなる木　等
			漠然とした木	（木の名前は）分からない・特になし・忘れた・普通の木・木　等
			その他の「木」	葉っぱの木（葉っぱの木・緑の木・繁っている木等）
				果物の木（果物がなっている木・果物の木・フルーツの木　等）
				花の木（花咲く木・お花の木等）
				その他（公園の木・実のなっていない木・枯木・クリスマスツリーの木・気になる木※2　等）
存在しない木			抽象的な木	理想の木・金のなる木・何でもなる木・魔法の木　等
			異種の果物や実がなる木	色々な実のなる木・色々な果物のなる木・複数の果物（例えば「りんごとみかん」）
			その他の「存在しない木」	草本の木（いちごの木・なすびの木等）・洒落（自動販売木・思いつ木・短気はソン木等）・○○の木（ロボットの木・饅頭の木等）・アザラシのなる木・サボテンのなる木　等
木以外の命名			草本性果物	いちご・メロン・スイカ・パイナップル
			野菜・草花	野菜（なすび・トマト等）　草花（朝顔・チューリップ・お花等）
			竹・サボテン等	竹・シュロ竹・サボテン　等
			その他の命名	実・葉・枝などの木の一部・人間（顔含む）・お化け・怪獣・飛行機　等

大分類	中分類	小分類（例）
その他	無反応	教示に応じて描いたが，質問しても反応がない
	実施不能	バウムテストが実施不能あるいは拒否
	不　明	記入もれ・聞き忘れ

※1　松には，食用となる実を付ける種類もあるが，日本に多い松には該当しないので「針葉樹」とする。
※2　“この木何の木気になる木”や“気になる木”は，ＴＶコマーシャルでよく知られた存在する木なので「洒落」とはしない。
塗りつぶした項目を「実を付ける木」とする。

なお，「お母さんの口」のように樹種名でない場合でも，「何の木を描きましたか？」に対する反応とみなして分類の対象とする。このように樹種分類では，描画内容ではなく，言語反応だけを対象とする。

樹型の場合と同様に，筆者が収集した約7,700例の言語反応を概観し，幼児から高齢者，さらに発達障がいや精神障がいの臨床事例にも適用できる樹種の分類表（表24）を作成した。これは，大分類・中分類・小分類の３段階から成る分類表（中島，2002）を修正して作成したものである。

大分類として，「果樹」，「果樹以外の木」，樹種は特定できないが実在する「木」，実際には「存在しない木」，木以外の植物やその他の具体的なものを指す「木以外の命名」，無反応や記入もれ等の「その他」の６項目を設け，各大分類の下位項目として20項目の中分類を設けた。

(1) 果　樹

「果樹」は，「代表的果樹」・「トロピカルフルーツ」・「その他の果樹」の３つの中分類から成る。「代表的果樹」とは，出現の多い果樹であり，全反応を概観して選んだ。出現が突出して多いりんごと，比較的多い柿・みかん，次いで多いサクランボ・ぶどうの５樹種とする。ヤシやバナナなどを「トロピカルフルーツ」とし，「代表的果樹」と「トロピカルフルーツ」以外の果樹を「その他の果樹」とする。

「その他の果樹」の下位分類とした「複数本の果樹」は，複数本のバウムが描かれて個々のバウムに対し，「りんご，みかん」などと命名された場合とする。「未決定の果樹」は１本のバウムに対して「りんごかみかん」，「りんごかも，みかんかも」のように樹種を一つに限定できない反応を指す。

(2) 果樹以外の木

「果樹以外の木」は，「果樹以外の実のなる木」・「花木」・「針葉樹」・「その他の木」の４つの中分類から成る。「果樹以外の実のなる木」にはイチョウを含め，また，樹種名ではないがブナ科の木の種子で木の実を意味する「どんぐり」も含める。同様に，梅干しの木や梅干しは，花よりも実に着目した反応なので，「果物以外の実のなる木」として扱う。

(3) 木

「木」は，具体的な樹種名はないが植物の木を指している場合とし，「実のなる木」・「漠然とした木」・「その他の『木』」の３つの中分類から成る。「漠然とした木」は，「(木の名前は) 分からない」，「(木の名前は) 特になし」，「(木の名前は) 忘れた」，「普通の木」とか単に「木」のように具体的な樹種名がないだけでなく，“公園の木”とか“大きな木”のような特徴にも言及していない反応とする。

「その他の『木』」は，「実のなる木」と「漠然とした木」以外の，具体的な樹種名のない存在する木とする。

(4) 存在しない木

「存在しない木」は，実際に存在しない木であり，「抽象的な木」・「異種の果物や実がなる木」・「その他の『存在しない木』」の３つの中分類から成る。「抽象的な木」とは，“理想の木”のように命名に抽象的な意味が込められている場合を指す。「異種の果物や実がなる木」とは，１本のバウムに対して“りんごとみかんのなる木”とか”いろいろな実のなる木”のように複数の種類の果物や実がなる木と命名された場合を言い，コッホの58指標の中の「樹冠における主題の変化」に相当する。

「その他の『存在しない木』」には，“いちごの木”のように草本植物を木に仕立てた「草本の木」，“自動販売木”のような「洒落」，“ロボットのキ”のように言葉の末尾に「キ（木)」を付けた「○○のキ」などがある。

(5) 木以外の命名

「木以外の命名」には，４つの中分類を設けた。“いちご”のような「草本性果物」，“なすび”や“朝顔”などの「野菜・草花」，植物学上は木に属さない“竹”や“サボテン”のための「竹・サボテン等」，そして，実・葉（葉っぱ）・枝などの木の一部や，先の3つの中分類に該当しない人間・お化け・飛行機などを「その他の命名」とする。

(6) その他

「その他」には，3つの中分類を設けた。「無反応」は，教示に応じて描画は行われたが，質問しても反応がない場合をいう。「実施不能」は，バウムテストが実施不能または拒否した場合，「不明」は記入漏あるいは聞き忘れた場合とする。

以上が，「何の木を描きましたか？」に対する言語反応の分類基準である。

2　樹種調査の方法

樹型の調査時に聞き取った樹種名や記入された樹種名を樹種の分類表（表24）に従って分類した。

3　樹種調査の結果

(1) 大分類について

表25に大分類6項目の群別の分布を示す。7群すべてにおいて「果樹」の割合が最も高く，中でも標準児童群では「果樹」への集中が顕著で91.0%を占

表25　群別の大分類6項目の分布

(%)

大分類	標準幼児群	標準児童群	医療系学生群	看護学生群	臨床母親群	女性高齢者群	情緒障がい児群
果　樹	51.2	91.0	71.4	69.4	77.5	43.2	50.5
果樹以外の木	3.5	2.3	7.1	3.7	2.5	18.9	6.5
木	28.9	1.7	12.0	17.8	9.8	16.2	35.6
存在しない木	2.8	2.2	7.1	5.8	0.0	0.0	2.2
木以外の命名	4.1	1.0	0.2	0.8	0.3	10.8	0.4
その他	9.5	1.8	2.2	2.5	9.8	10.8	4.7

表 26　学年別の大分類 6 項目の分布（標準幼・児童群）

(%)

大分類	3 前	3 後	4 前	4 後	5 前	5 後	小 1	小 2	小 3	小 4	小 5	小 6
果　樹	16.7	24.3	35.6	51.9	66.8	72.6	91.7	90.9	84.9	90.3	96.0	96.0
果樹以外の木	2.9	1.5	3.0	4.6	2.9	4.9	2.1	0.8	4.1	3.2	2.2	0.7
木	24.9	44.7	40.8	34.8	21.1	16.6	3.1	1.6	3.8	0.3	0.0	0.7
存在しない木	6.2	5.8	3.4	2.4	1.6	1.1	1.4	1.1	5.1	3.2	0.9	0.7
木以外の命名	9.6	4.9	4.2	3.1	3.4	3.2	1.0	1.3	1.0	1.0	0.9	0.0
その他	40.2	18.9	12.9	3.3	4.3	1.5	0.7	4.3	1.0	1.9	0.0	2.0

める。次いで，80％近い値を示した臨床母親群，約 70％を示す青年期集団の医療系学生群と看護学生群となる。女性高齢者群になると「果樹」の割合は，さらに減少して約 40％となる。ただし，女性高齢者群では「果樹以外の木」の出現が他のどの群よりも多く，約 20％を占める。

情緒障がい児群では，「果樹」の割合が約 50％と低く，そして植物学上の具体的な樹種名のない「木」の割合が高いのが特徴で，約 35％を占める。

次に，標準幼・児童群における学年別の大分類 6 項目の分布を表 26 に示す。3 歳児前期では「果樹」の割合は 20％に満たず，「無反応」に代表される「その他」の割合が最も多い。しかし，4 歳児後期になると「その他」が減少し，「果樹」が半数を超える。その後も「果樹」は増加し，5 歳児後期で約 70％となる。「果樹」は児童期になるとさらに増え，小 1 で 90％を超え，小 3 で一時低下するものの果樹の割合は，小 5・小 6 で 96.0％まで高まる。

一方，「果樹以外の木」の出現は，すべての学年を通じて 5％以下と低く，具体的な樹種名に占める「果樹」の多さが読み取れる。また，具体的な樹種名のない反応である「木」は，3 歳児後期でピークの約 45％に達するが，以後は減少し，児童期では 5％以下になり，小 4 以後はほぼ出現しない。

(2) 中分類について

中分類 20 項目の群別の分布を表 27 に示す。

「代表的果樹」は，全群において高い出現率を示し，その中で標準児童群が最も高い 80％を超える出現率を示す。一方，最も低いのが 35.1％を示した女性高齢者群であり，次に低いのが情緒障がい児群の 45.1％である。

具体的な樹種名がなく，しかも描いた木に対して「大きい」とか「公園の」

表 27　群別の中分類 20 項目の分布

(%)

中分類	標準幼児群	標準児童群	医療系学生群	看護学生群	臨床母親群	女性高齢者群	情緒障がい児群
代表的果樹	47.4	83.7	60.9	64.0	73.3	35.1	45.1
トロピカルフルーツ	0.7	1.4	4.2	1.7	0.6	0.0	1.5
その他の果樹	3.1	5.9	6.4	3.7	3.5	8.1	4.0
果物以外の実のなる木	0.9	0.6	4.2	1.7	0.3	13.5	2.5
花　木	2.4	1.6	2.0	0.8	1.3	0.0	2.5
針葉樹	0.1	0.1	0.7	0.8	1.0	5.4	0.0
その他の木	0.1	0.0	0.2	0.4	0.0	0.0	1.5
実のなる木	6.2	0.2	3.4	3.3	1.0	0.0	1.8
漠然とした木	18.3	0.6	5.6	11.6	7.9	13.5	29.1
その他の「木」	4.4	0.9	2.9	2.9	1.0	2.7	4.7
抽象的な木	0.1	0.9	2.7	1.2	0.0	0.0	0.0
異種の果物や実がなる木	0.7	0.9	0.5	2.1	0.0	0.0	0.7
その他の「存在しない木」	2.0	0.4	3.9	2.5	0.0	0.0	1.5
草本性果物	1.6	0.9	0.2	0.0	0.0	0.0	0.0
野菜・草花	1.0	0.1	0.0	0.4	0.3	10.8	0.0
竹・サボテン等	0.0	0.0	0.0	0.0	0.0	0.0	0.0
その他の命名	1.5	0.0	0.0	0.4	0.0	0.0	0.4
無反応	9.1	0.0	0.0	0.0	0.0	0.0	1.1
実施不能	0.4	0.0	0.0	0.0	0.0	8.1	0.7
不　明	0.0	1.8	2.2	2.5	9.8	2.7	2.9

という程度の形容もない「漠然とした木」が情緒障がい児群において最も多く，約 30%も出現する。一方，「代表的果樹」が 80%以上を占める標準児童群では，「漠然とした木」の出現は 1 %に満たない。

次に，標準幼・児童群における学年別の中分類の分布を表 28 に示す。標準幼・児童群では「代表的果樹」の出現が圧倒的に多いことを既に指摘したが，出現率は学年の上昇に応じて 3 歳児前期の 13.9%から増加し，4 歳児後期で約 50%，5 歳児後期で約 70%，小 1 で 80%を超え，小 6 で 90%にまで達する。

一方，3 歳児前期では「代表的果樹」と同率の出現率を示した「漠然とした木」は，4 歳児前期で出現のピークである 28.0%に達した以後は減少し，小 1 ではわずか 1 %程度となるのが標準幼・児童群の特徴と言える。

表 28　学年別の中分類 20 項目の分布（標準幼・児童群）

（%）

中分類	3前	3後	4前	4後	5前	5後	小1	小2	小3	小4	小5	小6
代表的果樹	13.9	20.4	32.0	48.6	61.4	69.6	86.5	83.7	75.3	81.8	88.8	90.6
トロピカルフルーツ	0.5	1.5	0.2	0.2	0.9	0.9	1.7	0.5	1.4	2.6	1.3	0.7
その他の果樹	2.4	2.4	3.4	3.1	4.5	2.1	3.5	6.7	8.2	5.8	5.8	4.7
果物以外の実のなる木	0.0	0.0	0.4	0.7	0.7	2.5	0.3	0.3	0.7	1.3	0.4	0.7
花　木	2.9	1.5	2.4	3.5	2.0	2.3	1.7	0.3	3.4	1.9	1.8	0.0
針葉樹	0.0	0.0	0.0	0.2	0.2	0.0	0.0	0.3	0.0	0.0	0.0	0.0
その他の木	0.0	0.0	0.2	0.2	0.0	0.2	0.0	0.0	0.0	0.0	0.0	0.0
実のなる木	5.3	11.2	8.0	6.8	4.8	4.0	0.3	0.0	0.3	0.0	0.0	0.7
漠然とした木	13.9	25.2	28.0	22.8	13.6	9.6	1.4	1.1	0.7	0.0	0.0	0.0
その他の「木」	5.7	8.3	4.8	5.3	2.7	3.0	1.4	0.5	2.4	0.3	0.0	0.0
抽象的な木	0.0	0.0	0.0	0.0	0.0	0.0	0.7	0.0	0.7	1.6	0.4	0.0
異種の果物や実がなる木	0.0	0.5	0.2	1.8	0.5	0.9	0.7	0.5	2.7	1.0	0.4	0.0
その他の「存在しない木」	6.2	5.3	3.2	0.7	1.1	0.2	0.0	0.5	2.1	0.6	0.0	0.7
草本性果物	0.5	0.0	0.8	2.0	2.5	2.1	0.7	1.3	1.0	1.0	0.9	0.0
野菜・草花	1.0	1.5	1.8	0.4	0.7	0.9	0.3	0.0	0.0	0.0	0.0	0.0
竹・サボテン等	0.0	0.0	0.0	0.0	0.0	0.0	0.0	0.0	0.0	0.0	0.0	0.0
その他の命名	7.7	3.4	1.6	0.7	0.2	0.2	0.0	0.0	0.0	0.0	0.0	0.0
無反応	38.8	18.0	12.5	3.1	3.9	1.5	0.0	0.0	0.0	0.0	0.0	0.0
実施不能	1.4	1.0	0.4	0.2	0.4	0.0	0.0	0.0	0.0	0.0	0.0	0.0
不　明	0.0	0.0	0.0	0.0	0.0	0.0	0.7	4.3	1.0	1.9	0.0	2.0

それに対し，情緒障がい児群（表 29）では，標準幼・児童群に比べると「代表的果樹」の出現がより低く，「漠然とした木」の出現が多い。標準児童群では消失してほとんど出現しない「漠然とした木」が，情緒障がい児群では幼児期の水準から減少せず，児童期になっても 20%～30%台の出現率を示す。その後も「漠然とした木」は増加し，中 3 では 40%を超えて「代表的果樹」と同程度となり，二極化する傾向が見られる。

標準幼・児童群では，“実のなる木”の教示に対して「代表的果樹」がイメージされるが，情緒障がい児群では，標準幼・児童群に比べると「代表的果樹」がイメージされることが少なく，「漠然とした木」が多い。このことから，知能の発達水準には問題はないが何らかの心の問題を抱える情緒障がい児群の特徴として，木のイメージが曖昧，つまり自己像の把握が具体的でなく曖昧模糊と

表 29　学年別の中分類 20 項目の分布（情緒障がい児群）

（%）

中分類	幼3	幼4	幼5	小1	小2	小3	小4	小5	小6	中1	中2	中3
代表的果樹	0.0	18.2	37.5	52.0	35.0	64.4	44.4	34.6	54.5	50.0	43.5	42.9
トロピカルフルーツ	0.0	0.0	4.2	0.0	0.0	0.0	0.0	7.7	0.0	0.0	4.3	0.0
その他の果樹	14.3	0.0	12.5	0.0	5.0	2.2	2.8	7.7	4.5	4.5	0.0	0.0
果物以外の実のなる木	0.0	9.1	0.0	0.0	5.0	2.2	0.0	3.8	4.5	4.5	0.0	7.1
花木	0.0	0.0	4.2	8.0	10.0	0.0	2.8	0.0	0.0	0.0	4.3	0.0
針葉樹	0.0	0.0	0.0	0.0	0.0	0.0	0.0	0.0	0.0	0.0	0.0	0.0
その他の木	0.0	9.1	0.0	0.0	0.0	4.4	0.0	0.0	0.0	4.5	0.0	0.0
実のなる木	0.0	0.0	4.2	0.0	0.0	2.2	2.8	0.0	4.5	0.0	4.3	0.0
漠然とした木	14.3	36.4	20.8	28.0	30.0	17.8	36.1	30.8	27.3	31.8	39.1	42.9
その他の「木」	14.3	0.0	12.5	4.0	10.0	2.2	2.8	7.7	4.5	0.0	4.3	0.0
抽象的な木	0.0	0.0	0.0	0.0	0.0	0.0	0.0	0.0	0.0	0.0	0.0	0.0
異種の果物や実がなる木	0.0	0.0	4.2	0.0	0.0	0.0	2.8	0.0	0.0	0.0	0.0	0.0
その他の「存在しない木」	28.6	0.0	0.0	0.0	0.0	0.0	0.0	3.8	0.0	0.0	0.0	7.1
草本性果物	0.0	0.0	0.0	0.0	0.0	0.0	0.0	0.0	0.0	0.0	0.0	0.0
野菜・草花	0.0	0.0	0.0	0.0	0.0	0.0	0.0	0.0	0.0	0.0	0.0	0.0
竹・サボテン等	0.0	0.0	0.0	0.0	0.0	0.0	0.0	0.0	0.0	0.0	0.0	0.0
その他の命名	14.3	0.0	0.0	0.0	0.0	0.0	0.0	0.0	0.0	0.0	0.0	0.0
無反応	14.3	18.2	0.0	0.0	0.0	0.0	0.0	0.0	0.0	0.0	0.0	0.0
実施不能	0.0	0.0	0.0	0.0	0.0	2.2	0.0	3.8	0.0	0.0	0.0	0.0
不　明	0.0	9.1	0.0	8.0	5.0	2.2	5.6	0.0	0.0	4.5	0.0	0.0

していることが示唆される。

(3) 樹種の出現実態

大分類の「果樹」と「果樹以外の木」に分類した 3,801 の反応の中から，「複数本の果樹」・「未決定の果樹」・「どんぐり」・「梅干しの木」を除いた 3,763 の反応を対象に樹種別の出現数を調べ，その結果を資料 8：「バウムの樹種（関西地方）」に示す。

全反応（5,373）に占める樹種名を伴った反応（3,763）の割合は 70.0% であり，群別では標準児童群が最高の 92.8% を示す。しかし，情緒障がい児群では樹種名を伴った反応の出現率は 56.0% と最も低い。

7 群全体で出現した樹種の総数は，「果樹」の 27 種，「果樹以外の木」の 22

表 30　代表的果樹 5 種の学年別出現率（標準幼・児童群）

(%)

代表的果樹	3 前	3 後	4 前	4 後	5 前	5 後	小 1	小 2	小 3	小 4	小 5	小 6
りんご	7.7	10.7	14.1	22.8	31.6	37.7	51.6	56.8	40.1	52.3	64.1	71.1
柿	2.9	3.9	6.2	10.5	9.1	9.6	11.8	7.5	12.7	9.4	9.9	8.7
みかん	1.0	2.9	6.4	9.2	10.2	11.9	10.7	11.5	11.6	13.6	6.3	4.0
サクランボ	1.4	1.5	1.6	2.4	7.7	7.4	8.0	4.0	5.8	4.2	4.5	2.7
ぶどう	1.0	1.5	3.6	3.7	2.9	3.0	4.5	4.0	5.5	2.3	4.0	4.0

種，計 49 種[1)]であり，「りんご」の出現が圧倒的に多く，具体的な樹種名を伴った反応の約 53%を占める。

群別には，女性高齢者群を除く 6 群で「りんご」の出現率が高く，最高が看護学生群の 57.0%，次いで標準児童群の 54.3%，臨床母親群の 46.3%，医療系学生群の 39.1%，情緒障がい児群の 29.1%，標準幼児群の 24.0%となる。

一方，代表的果樹の出現率が 7 群中最も低い女性高齢者群の「りんご」の出現率は 5.4%であり，同群で最も多いのが「柿」の 18.9%である。

次に表 30 に標準幼・児童群における代表的果樹 5 種の学年別出現率を示す。すべての学年で「りんご」の出現率が「柿」・「みかん」・「サクランボ」・「ぶどう」を抜いてやはり最多である。学年の上昇と共に出現率も増加し，小 3 で出現率は一時低下するが，その後は再び増加し，小 6 で 71.1%に達する。

ところで，バウムの樹種そのものに関する調査は心理臨床領域ではほとんど行われていないが，文化人類学の観点から中尾・吉川（1979）によって行われている。パーソナリティ形成に及ぼす自然環境の影響を検討するために「実のなる木」の教示を使用し，北海道と九州の小学生を対象に樹種を調べ，その土地の植物景観に占める優先樹種の影響について，以下のように報告された。北海道の小学生（1 年～5 年生 234 名）では「りんご」の出現が最多で 54.3%を占め，一方，九州の 2 校の小学生（1 年～6 年 266 名・同 281 名）では「柿」の出現が最多でそれぞれ 50.0%と 45.7%を示し，奄美大島の小学生（1 年～6 年 139 名）では「みかん」が 43.2%，バナナやパパイヤ等の熱帯植物が 41.7%

1)　筆者が収集したバウムの中で，これら 49 種以外に出現した樹種は，金柑・レートソルダム・すもも・キウィフルーツ・ブルーベリー・姫りんご・ボナンザピーチ・山椒・雪柳・ヒノキ・楠・ポプラ・茶・菩提樹の 14 種であった。また，標準児群ではどんぐり（幼児群：16　児童群：7），いちご（幼児群：29　児童群：8）が出現した。

を占めるが「りんご」の出現はない。さらに，奄美大島の小学生における樹種分布を低・中・高学年別に検討し，熱帯植物が4.9%，32.6%，78.9%と増加することから，その土地の植物景観に占める優先樹種の影響の度合いは，学年が進むにつれて顕著になると報告された。

しかしながら，本調査で「りんご」への高い出現率を示した標準児童群は，りんごの木を身近に目にすることのない都市部に在住している。したがって，その土地の植物景観に占める優先樹種の影響を受けたとは考えにくい。むしろ，幼い頃より，家庭で身近に食する果物としてりんごに親しみ，同時に絵本などでりんごの木をよく目にしてきたことが，実のなる木のイメージ形成に大きく影響したのではないだろうか。

自然の景観としての樹木が身近に存在しない都市部では，植生ではなくて文化的要因が「実のなる木」のイメージ形成に影響したと思われる。

(4) 樹種と樹型

りんごの木なら線描樹冠型のバウム，松や杉なら主幹型のバウムというようにバウムの樹種と樹型にはある程度の対応がみられる。そのため，主幹型のりんご（図81a），線描樹冠型の柿（図81b・図45e），枝様の葉で表現されたイチョウ（図81c）などのバウムを見ると違和感を覚えるのは筆者だけではないだろう。

そこで，女性高齢者群を除く6群で「りんご」と命名され，しかも6樹型に

a「りんご」

b「柿」

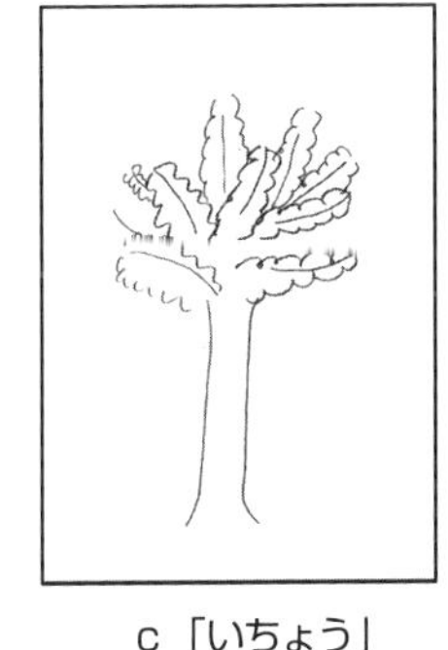

c「いちょう」

図81　樹種と樹型が対応しないバウム

表31 「りんご」と命名されたバウムの樹型

(%)

樹　型	標準幼児群	標準児童群	医療系学生群	看護学生群	臨床母親群	情緒障がい児群
線描樹冠型	58.1	66.1	72.8	93.5	74.7	63.8
人　型	11.5	19.8	2.5	3.6	0.7	18.8
主幹型	15.2	5.9	3.1	0.0	5.5	6.3
放散型	4.1	0.9	1.9	0.7	5.5	1.3
側枝型	3.5	3.3	7.4	0.7	2.7	2.5
その他の樹型	7.6	4.1	12.3	1.4	11.0	7.5

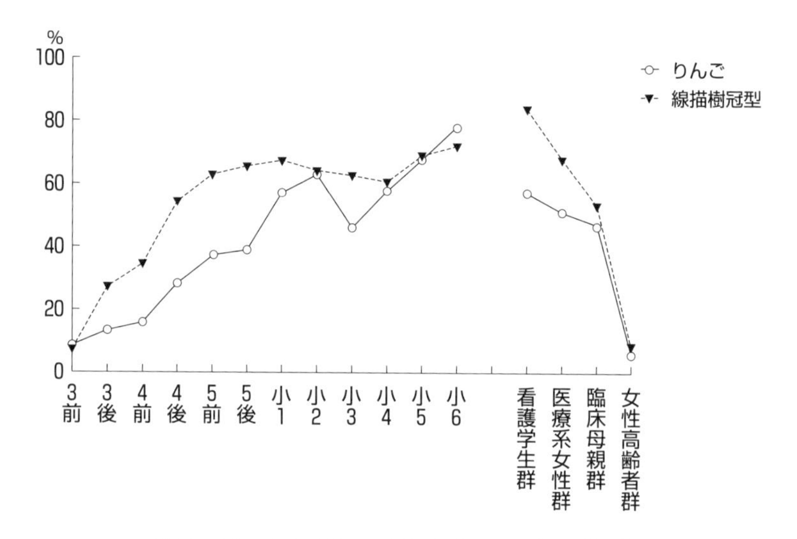

図82 「りんご」と線描樹冠型の出現率の推移（女性）

相当する2,005本のバウムの樹型を調べたところ，表31に示すようにやはり線描樹冠型の占める割合が多く，特に看護学生群ではその傾向が顕著で，90%を超えていることが確認された。

次に，樹種名の「りんご」と線描樹冠型の関係を見てみよう。ここでは成人期と老年期の資料が揃う女性に限定し，幼児期から老年期に至る「りんご」と線描樹冠型の出現率の推移を図82に示す。

女性における「りんご」の出現率は，標準群の女児では小3で一時低下するが3歳児前期の7.6%から小6の77.5%まで上昇する。中・高生の資料を欠くので断定はできないが，恐らく小6が出現率のピークになると思われる。以後，減少し，看護学生群で57.0%，医療系女性群で50.5%，臨床母親群で46.3%となり，女性高齢者群になると5.4%にまで激減する。

女性の線描樹冠型は，表12に示したように，3歳児前期の6.7%から小1の64.7%までは一貫して増加し，その後はやや減少するが，小6で71.8%に達する。看護学生群ではさらに増加して85.1%となる。この時点が線描樹冠型の出現率のピークと思われる。以後，医療系女性群の66.4%，臨床母親群の53.0%と減少し，女性高齢群になると8.1%にまで激減する。

このことから，女性においては幼児期から老年期かけて，「りんご」と線描樹冠型の出現率がほぼ対応していることが示唆される。

以上がバウムに命名された樹種名からとらえた「実のなる木」の検討である。

第Ⅷ章　教示の効果

樹木画法の中で，課題を単なる木ではなく果物の木とするのがバウムテストであり，わが国ではそれを意訳した“実のなる木”の教示が使用されている。

ところが，“実のなる木”の教示に対しては，実の描出を誘発するのではないか？　被検者に実を描くことを強制し，不快感を与えるのではないか？　描く木の種類を指定するのは投映法の教示として不適切ではないか？などの批判や疑問が投げかれられてきた。

また，描く本数についても“１本”と指示する教示としない教示がある。

そこで本章では，教示に関する問題の解決の一助になればとの思いから，「実のなる木を１本，描（か）いてください」の教示で描かれたバウムの実態を樹種・実の有無・本数に焦点を当てて検討する。

1　“実のなる木”の教示効果

木のイメージが表現されているバウム，すなわち６樹型に「幹と付属」と「幹」を加えたバウムを対象に，“実のなる木”の教示効果をバウムの樹種と実の有無から検討する。

まず，「実を付ける木」の出現率を求める。「実を付ける木」は樹種名から判断し，樹種の分類表（表 24）のうち，大分類の「果樹」のすべて，中分類の「果樹以外の実のなる木」・「実のなる木」・「異種の果物や実がなる木」，そして小分類の「果物の木」（中分類の「その他の『木』」の下位項目）とする。

実については，具体的に描かれ実だけでなく丸い形も実として扱い，落下中や落下した実も含めた出現率を求める。

次に，「実を付ける木」と命名されたバウムのうち，実が描かれているバウ

表32 「実を付ける木」等の出現率（標準幼・児童群）

（%）

	3前	3後	4前	4後	5前	5後	小1	小2	小3	小4	小5	小6
実を付ける木	17.7	34.5	42.5	60.8	72.7	80.0	93.1	91.5	88.7	92.5	96.9	97.3
実	13.4	29.6	37.8	62.1	71.6	78.9	96.5	97.9	93.5	92.5	96.4	99.3
実を付ける木×実	7.7	20.4	29.8	49.2	60.2	71.9	91.3	90.7	84.6	87.0	94.2	97.3
1本	42.6	66.5	82.5	94.7	95.7	98.5	98.6	99.2	99.3	100.0	99.6	100.0
複数の木	1.9	8.3	3.6	3.1	2.9	1.1	1.4	0.5	0.7	0.0	0.4	0.0
2本	1.4	3.4	2.6	1.8	2.0	0.6	1.0	0.3	0.3	0.0	0.4	0.0
3本以上	0.5	4.9	1.0	1.3	0.9	0.6	0.3	0.3	0.3	0.0	0.0	0.0
葉	3.3	7.3	13.5	16.8	20.9	23.6	31.5	30.1	42.8	49.0	40.8	38.3
花	0.0	0.5	1.2	2.4	0.9	2.5	0.7	0.0	2.1	1.0	0.9	0.0

ムの出現率を求める。

表32に木のイメージが表現された標準幼・児童群の3,837本のバウムの結果を示す。標準幼・児童群では，「実を付ける木」は3歳児前期の17.7%から急増し，5歳児後期で80.0%に達する。小1で90%を超え，小3で90%をやや下回るがその後増加し，小6で97.3%となる。このように，児童期のバウムのほとんどで“実のなる木”の教示に対して「実を付ける木」がイメージされていることが分かる。

実の出現率は，「実を付ける木」と同様な傾向を示し，3歳児前期の13.4%から増加し始め，5歳児後期で78.9%に達し，児童期を通して90%を超え，小6ではほぼ100%を示す。

「実を付ける木」に実が描かれたバウム（実を付ける木×実）の出現率は，3歳児前期の7.7%から増加し始め，4歳児後期で50%に達し，小1になると90%を超え，小6でほぼ100%に近くなる。

次に，医療系学生群などの4群の結果を表33に示す。女性高齢者群を除く3群では，「実を付ける木」の出現率は80%に近い。実の出現率も高くて看護学生群では90%を超え，「実を付ける木」に実が描かれたバウムの出現率は70%台となる。一方，女性高齢者群では「実を付ける木」や「実」の出現率が低く，そのために「実を付ける木」に実が描かれたバウムの出現率になるとさらに低くなり50%に満たない。

表33 「実を付ける木」等の出現率（4群）

（%）

	医療系学生群	看護学生群	臨床母親群	女性高齢者群
実を付ける木	79.5	76.4	78.7	56.8
実	83.9	93.4	88.3	64.9
実を付ける木×実	70.7	74.0	75.6	45.9
1本	97.8	99.6	99.0	89.2
複数の木	1.7	0.4	0.0	0.0

さて，“実のなる木”の教示を使った国吉ら（1962）の調査では，「果実Früchteは，知的障がい児[1)]はいっぱんに正常児より高率であり，正常幼稚園，小学低学年で17%，22%にみられ，小学高学年で11%に減少し，中学で最低で，高校で再び36%にみられる」と報告された。

しかし，その後の一谷ら（1968）の調査によって，幼稚園児（4歳児クラス）から中学3年生の各学年では「全体を通じて，ほぼ70%以上の者が実を描く傾向」が明らかにされた。以来，“実のなる木”の教示下では実の出現率はコッホに比べると高いという認識が定着した。

ここで，図83aに8つの集団別の実のグラフを示し，図83bに第Ⅵ章で示した方法で作成した本調査とコッホの結果との比較のグラフを示す。コッホの調査では，「子どもは驚くほど頻繁に実を描く」（邦訳p. 259）が，「徐々に成熟していくにつれ，標準児童では実を描く頻度が徐々に減り」（邦訳p. 261），幼稚園の67.5%から初等学校5年の10.2%まで大きく減少する。その後は多少の変動はあるものの10%程度となるが，アフリカ人生徒群で54.5%，中等度知的障がい者群で32.1%の出現率となる。

一方，本調査では5歳児後期で78.9%に達した後も増加し，小1になると90%を超え，小6ではほぼ100%になる。医療系学生群の出現率が83.9%なのでわが国では実の出現率の低下は十数ポイントに過ぎない。このように実の有無に関してはコッホの結果との違いが大きい。

ところでアフリカ人生徒群では，実だけでなく葉・花の出現率もスイス人に比べて高い。葉については，同年齢集団である第二学校3年の22.0%に対し

1）国吉ら（1962）で使用された用語を現行の用語に言い換えた。

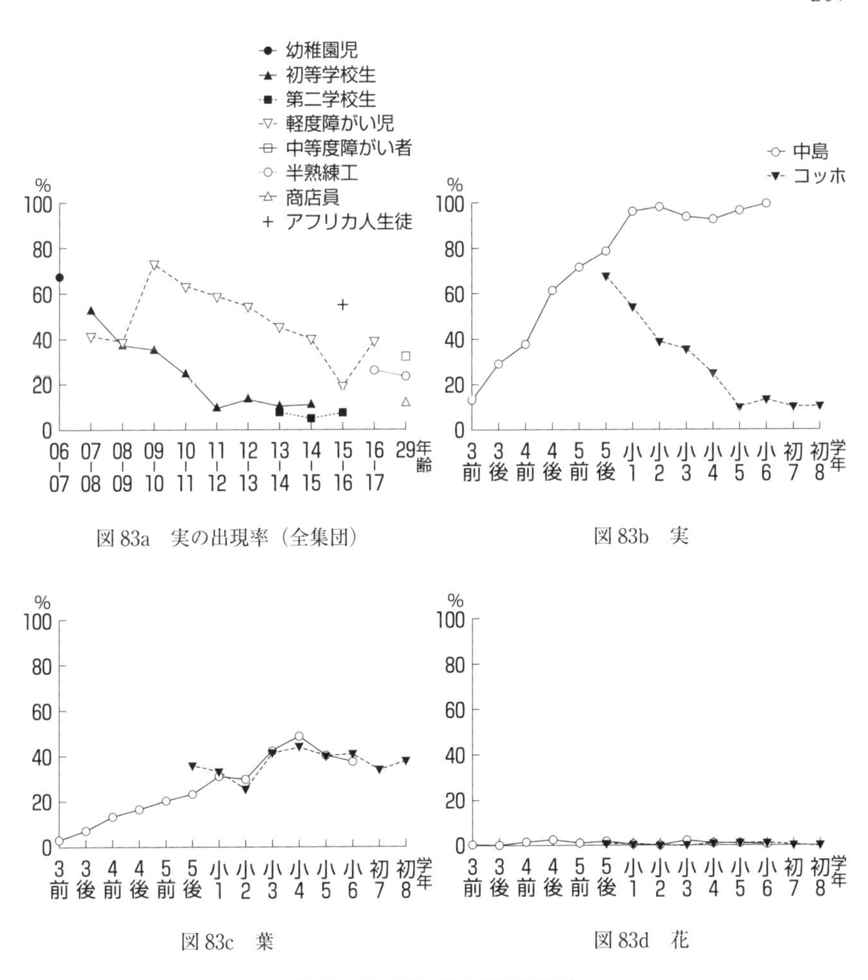

図 83a　実の出現率（全集団）

図 83b　実

図 83c　葉

図 83d　花

図 83　実・葉・花の出現率比較

95.5%という高い出現率を示し[2]，花については，第二学校3年での出現は無いのに対し9.1%の出現率を示す。そこで，葉・花についてもコッホの結果と比較すると，葉については幼稚園を除く学年でほぼ一致し，花ではほとんど出現しないという点で両者は一致した。葉・花の比較のグラフを図 83c・d に，そ

2)　邦訳 p. 254 の「葉の茂った木」を「葉の落ちた木」に訂正。

れぞれの学年別出現率を表 32 に併せて示す。

次に，“実のなる木”と教示しない場合はどうであろうか。表 34 に“木”と“木の絵”の教示を使った場合の実の出現率を示し[3]，併せて“実のなる木”の教示を使った場合の出現率も示す。

“木”や“木の絵”の場合の実の出現率は，実の判定基準は若干異なるが，“実のなる木”に比べると学年を通して極めて低いことが分かる。

“実のなる木”の教示だと，大学生であっても 90％程度の高い比率で実が描かれ，一方，“木”，あるいは“木の絵”の教示だと自発的に実が描かれることは少なく，児童期を過ぎるとほとんど出現しない。

このことから，“実のなる木”を描くように教示されると教示通りに実が描かれ，実に言及しない教示だと実はほとんど出現しないという傾向が読み取れる。

ところで，情緒障がい児群では，標準幼・児童群に比べると「代表的果樹」が少ないことを前章で指摘した。そこで，情緒障がい児群についても「実を付ける木」等について調べ，その結果を表 35 に示す。情緒障がい児群では，幼児期に「実を付ける木」が増加する傾向は標準幼・児童群と同様だが，全学年を通して標準幼・児童群よりも出現率が低く，小 3 で一時増加するものの標準幼・児童群との差は，幼児期よりも児童期で拡大する。小 6 で 68.2％を示すが，中学生になると減少し，中 3 では 50.0％となる。

実の出現率は，小 6 までは「実を付ける木」とほぼ同様な傾向を示すが，中学生では「実を付ける木」とは違って出現率は減少せず，小 6 時の水準と変わらない。しかし，「実を付ける木」に実が描かれたバウムの出現率は，小 6 の 63.6％から減少し，中 3 では 35.7％まで落ち込む。

標準幼・児童群と情緒障がい児群の比較から，“実のなる木”の教示効果を以下のように指摘できる。標準幼・児童群では“実のなる木”の教示通りに「実を付ける木」に実が成ったバウムが描かれるが，情緒障がい児群では「実を付ける木」そのものがイメージされることが少ない。その上，実が描かれることも少ないので「実を付ける木」に実が成ったバウムの出現率はより一層，低くなる。

3）出現率が年齢区分で表示されている場合は，その年齢に近い学年区分に記入した。

表 34　教示の違いによる実の出現率比較

（%）

文献	教示	3歳児クラス	4歳児クラス	5歳児クラス	小1	小2	小3	小4	小5	小6	中1	中2	中3	高1	高2	高3	看護専門学校	大学
深田（1958）	木	3歳 11.5	4歳 13.2　5歳 30.1	6歳 33.0														
深田（1959）	木				5	3	2	1	4	2								
高橋（1974）	木			男：1.3 女：2.9			男：1.7 女：2.3					男：0.0 女：2.4			男：2.7 女：0.0			男：1.7 女：1.0
依田（2007）	木				18.5		12.0		7.1									
高見・中田（1978）	木の絵			5歳 49		8歳 28			11歳 2			14歳 3						
中田（1982）	木の絵				47.6	44.7	33.5	26.9	9.6	3.9								
国吉ら（1961）	実のなる木			17	22			11			最低			36				
一谷ら（1968）	実のなる木		76	73	81	95	87	88	80	64	80	74	72					
佐藤ら（1978）	実のなる木																86	88
小川（1988）	実のなる木																	90.3 92.1
中島	実のなる木	21.4	49.5	75.1	96.5	97.9	93.5	92.5	96.4	99.3							93.4	

文献	調査時期	実の判定基準
深田（1958）		
深田（1959）	1958年	
高橋（1974）		樹冠の中にあるもので，地面に落ちたり落ちかけているものは含まない
依田（2007）	2004年	具体的に果実が描かれているもの。落下している実，落ちた実も含める
高見・中田（1978）	1978年	具体的に果実が描かれているもの
中田（1982）	1980年	具体的に果実が描かれているもの
国吉ら（1961）	1961年	果実
一谷ら（1968）	1966年	具体的に果実が描かれているもの
佐藤ら（1978）	1971～1977年	どこにあれ実らしきものを含む
小川（1988）	1979～1988年 1988年	どこにあれ実らしきものを含む
中島	1981～1992年	丸い実，落下中や落下した実も含む

表 35 「実を付ける木」等の出現率（情緒障がい児群）

(%)

	3歳児	4歳児	5歳児	小1	小2	小3	小4	小5	小6	中1	中2	中3
実を付ける木	14.3	27.3	62.5	52.0	45.0	71.1	52.8	53.8	68.2	59.1	52.2	50.0
実	14.3	18.2	54.2	60.0	50.0	71.1	58.3	65.4	72.7	72.7	73.9	71.4
実を付ける木×実	0.0	18.2	45.8	48.0	45.0	64.4	50.0	42.3	63.6	59.1	47.8	35.7
1本	57.1	72.7	100.0	92.0	100.0	95.6	97.2	92.3	100.0	100.0	100.0	100.0
複数の木	14.3	9.1	0.0	4.0	0.0	2.2	2.8	3.8	0.0	0.0	0.0	0.0

それ故，バウムテストの臨床的利用においては，実が描かれていないこと，あるいは実が描かれるようになったことに特に注意を払う必要があるといえる。

2 “1本”の教示効果

1枚の用紙に2本以上のバウムが描かれた場合，本調査の樹型分類では描画水準が最も高いバウムだけを対象としたが，ここでは1枚の用紙に描かれたバウムの本数を調べる。

第Ⅳ章で，調査対象とは別の5歳児後期の幼児のバウムの本数を報告したが，本章では“1本”の教示効果を検討するために,「幹」以上のバウムを描いた延べ3,837名の標準幼・児童群のバウムを対象とする。

2本以上のバウム（「複数の木」とする）を描いた幼児は延べ75名（実人数64名），小学生は9名（実人数）である。内訳は，幼児では2本が45名，3本が14名，4本以上が16名となり，小学生では2本が6名，3本が2名，5本が1名となる。これを出現率で示すと，幼児で3.1%，小学生で0.6%となる。コッホの結果（第Ⅳ章 p. 102参照）では「複数の木」の出現率は，幼稚園児で11.4%，初等学校1年生で2.8%，2年生で1.3%，3年生で0.5%なので，それに比べるとわが国での「複数の木」の出現率は低い。

表32に，本数別の学年別出現率を併記する。6樹型や「幹と付属」,「幹」のバウムの出現自体が低い3歳児クラスでは，1本の出現率は低いが，4歳児前期になると80%を超え，5歳児後期でほぼ100%に達する。

樹型と本数の関係は，6樹型に分類されるバウムを描いた3,466名の平均本数は1.0本（最高は10本），幹と付属の153名では1.1本（最高は6本），幹の

218 名では 2.1 本（最高は 82 本）となる。

標準幼・児童群以外の集団においても，表 33・表 35 に示すように情緒障がい児群の 3・4 歳児以外では 1 本が圧倒的に多い。

つまり，わが国では「実のなる木を 1 本，描いて下さい」の教示下では，教示通りの本数のバウムが描かれるということになる。

なお，教示通りの本数が描かれていないという特徴を表す指標としては，わが国では 3 本以上ではなく 2 本以上，つまり「多数の木を描くこと」よりは「複数の木」の方が適している。

以上が「実のなる木を 1 本，描いてください」の教示によって描かれたバウムの樹種名・実の有無・バウムの本数についての検討である。

第IX章　バウムテストの特性

本章では，バウムテストの特性について述べたい。

まず，描画法としての基本的な特性として，描画法は言語を媒介とする方法に比べると無意識の心の状態や，言葉で言い表せない感情がより表現されやすいことである。それ故，被検者の自己像の総合的な理解に役立つ。また，描くこと自体にカタルシス効果が期待できる。

さらに，言語を媒介としないので言語能力の発達過程にある子どもにも適用でき，カルチャー・フリーなので異文化間の比較にも利用できる。結果は一目で把握できるサイズの用紙に描かれた木の絵なので，まさに“一目瞭然”と言える。しかしながら，その内容を恣意的な解釈に陥ることなく言語化するのは難しく，筆者も未だに苦戦する。

二つ目は，バウムテストでは情緒的成熟における個人内差がアンバランスな描画表現として視覚的に出現することである。それ故，その年齢，その発達段階で出現するはずの指標（あるいは特徴）が出現していないバウムから，あるいは早期型の指標や早期型の残遺型とみなせる特徴が残るバウムから未だ達成されていない被検者の発達課題や退行の段階を読み取ることができる。

さて，個々の指標の意味を出現率から把握することの意義が，コッホの講演原稿（資料２）に以下のように述べられている。

「物事をしっかりと見る習慣を身につけると，われわれはよりはっきりと相互関係を見抜く，つまり各年齢層における諸徴候の出現頻度を知っておれば，はるかに診断しやすくなるのである」。

大規模な出現率調査を行ったコッホの狙いが，ここに集約されている。当該の指標が発達の影響を受けやすいか否かをまず把握した上で，個々の指標は解釈されなければならないということである。第Ⅳ章の冒頭で，「バウムに表れた指標を読み取る，正確に言えば描かれていない指標も含めて読み取ることから始まる」と述べたが，これは発達過程にある子どもたちのバウムを経験することで自然と身についた，筆者のバウムテストに対する基本姿勢である。それ故，知能の発達水準に異常が認められない臨床事例において，その年齢で出現するはずの指標が描かれていない，あるいはその年齢であれば消失しているはずの指標が出現していることに積極的に着目してきた。1995 年に國吉先生からいただいたコッホの講演原稿で，コッホがバウムテストの発達的な側面を重視していたことを改めて知ったことは，筆者にとっては大きな励ましとなった。

ではここで，部位間の表現がアンバランスなバウムを紹介しよう。中でも，バウムの中核である幹と枝の表現がアンバランスな事例を図 84 に示す。

図 84a は，「多動で落ち着きがない」を主訴に児童精神科を受診した小学 4 年生の女児が初回に描いたバウムである。昼間からウトウトしていると幼稚園で指摘され，入学後には字が上手に書けないと言ってノートを破ったこともあるという。

このバウムの主な特徴は，幹は一線幹・上縁はみ出し（幹上縁出でもある）・幹下縁立で，枝は全二線枝で，幹と枝が直線で描かれている。そして，右側の枝のほとんどが水平枝で，左側には下向枝が目立ち，すべての枝の先端に黒塗りの実が付いた空間倒置が見られ，樹型は十字型も見いだせる主幹型である。

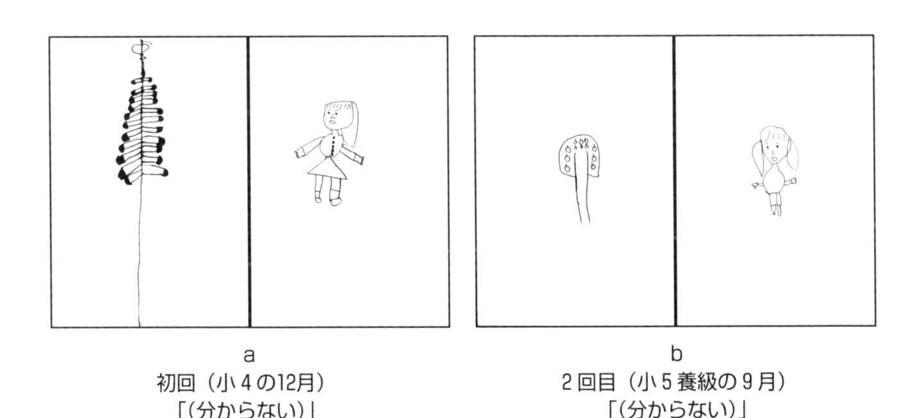

a
初回（小 4 の12月）
「(分からない)」

b
2 回目（小 5 養級の 9 月）
「(分からない)」

図 84　幹と枝の表現がアンバランスなバウムの変化

まず，一線幹や十字型などの早期型が残っているバウムからは，知能の発達水準が正常範囲に達していないことが把握できる。同時に実施した新版K式発達検査によるDQはやはり54で，本児の知能の発達水準は軽度知的障がいに分類される。次に，下向枝や黒塗りの実からは自信のなさ，達成感の乏しさを，そして幹上縁出の幹と実の強調からは自分をより良く見せたいという願望，あるいは見せなければならないという本児の不安が読み取れる。

しかし，筆者がこのバウムから読み取った最大の特徴は，二線幹には二線枝，一線幹には一線枝のバウムを見慣れた目には奇妙に映る，“一線幹に全二線枝”という幹と枝の表現のアンバランスさである。

本調査においても，標準幼・児童群に出現した3,467本の6樹型のバウムのうち，一線幹のバウムはわずか81本（2.3%）で，枝による内訳は全一線枝が43本，枝のないバウムが36本（枝状の葉のバウムを含む），一部一線枝と全二線枝が各1本[1]，つまり，枝のある一線幹のバウムの95.6%が全一線枝であった。また，562本の主幹型のバウムに出現した31本の一線幹のすべてが全一線枝のバウムであり，二線枝のバウムは皆無だった。以上のことから，標準児童群では，一線幹に二線枝の枝が付くことは極めて稀と言える。

幹は一線幹だが枝は全二線枝なので発達的には全一線枝よりは増し，とみなすのではなく，バウムの中核である幹の発達が枝に比べて落ち込んでいる。言い換えれば，環境に直接関わる枝を支える幹が，枝を十分に機能させる程度にまで成熟していない，まさに砂上の楼閣のようなバウムだと筆者は解釈した。そこで保護者に対しては，本児のもつ知的障がいへの理解を促し，家庭内では本児の自我を育てる態度で接するように勧めた。本児が学業や日常生活で出来ないことを出来るようにさせたいという親心を抑え，本児が家庭内の身近な場面で自らの意思を持ち，それを言葉で表現すれば尊重されるという体験の積み重ねが今，必要であることに理解を求めた。食事や衣服に関する場面から始めて，本児の意思を尋ねる機会を適度に作り，意思表示の場を増やすことが本児の自信の獲得に繋がると説明した。

こうして，本児の知的障がいが受け入れられ，養護学級への入級と家庭内の環境が変化した結果，落ち着きのなさは消えた。2回目の発達検査ではDQは

1）一線幹で全二線枝の放散型が4歳児前期の幼児に出現した。

前回と同程度の59だが，バウムは小さいが不自然な背伸びが消えた二線幹の線描樹冠型（図84b）へと変化した。

次に，部位間の表現がアンバランスな事例として，幹と枝の発達がアンバランスなバウムを選んだ理由を述べたい。バウムは，幹と樹冠にまだ分化していない「幹」から「幹と付属」を経て幹と樹冠に分化したバウムになる。次いで，幹と樹冠のそれぞれの機能が充実し，そして両者の機能が統合されたバウムへと発達的に変化する。しかし，幹と樹冠の発達がアンバランス，それも樹冠を支える幹の発達が落ち込んでいると，樹冠の機能を十分に発揮させることはできない。それ故，筆者は発達過程にあるバウムだけでなく，すべてのバウムに対して幹と樹冠のバランスのあり方に特に注意を払っている。

なお，幹と枝の発達的なアンバランスは，一線幹に二線枝のバウムだけでなく，「閉じた形の幹」に枝が付いたバウムとしても出現する。標準幼・児童群に出現した51本の「閉じた形の幹」のうち枝のない幹が42本（82.4%），付属の枝が4本，全二線枝が3本，直線の全一線枝が2本であることからも，枝のある「閉じた形の幹」は幹と樹冠に分化するまでには至っていない幹と言える。

他に，いわゆる二線幹であっても太さが主枝に比べると細い幹，幹線の筆圧が枝の描線よりも弱い幹，多すぎる枝をもつ幹というような樹冠を支えるには不十分な幹も出現する。

三つ目は，バウムテストでは被検者のアンビヴァレンツな心理が表現されやすく，しかも視覚的に表現される。言い換えれば，被検者が示す顕在化された行動と目には見えない被検者の内面との違いを敏感に反映する投映法と言える。初版から掲載されている事例A（邦訳p. 273）では，左右の側枝の方向と太さの違いから被検者のアンビヴァレンツな心理が読み取られている。

その後，バウムに出現したアンビヴァレンツな心理を読み取るのにより有効な空間象徴理論としてグリュンヴァルトの空間図式が第3版で導入されたと言えよう。そして，この図式の導入に伴って，第Ⅱ章で述べたように，「空間象徴をうまく適用できる典型例である」（邦訳p. 288）事例Eが追加された。紙面の枠が表示されたことで，バウムが紙面の左上という偏った位置にあることが第三者にも把握できる。その上，明らかな右強調の樹冠から，事例Eの「アンビヴァレンツ〔両義性〕のイメージが表されていて，意思（右強調）と非意思

（左上の領域の強調）の間で揺れている」（邦訳 p. 290）心の状態をバウムから読み取ることができる。

ここで，バウムテストに限らず木を課題とする樹木画法が他の描画法よりも被検者の無意識の世界を映しだせる理由を人物画との比較で考えてみよう。

木もヒトもその形は左右対称だが，木が自己像を表すバウムとして表現されるとき，左右の枝の長さが極端に違う，側枝の本数が左右で大きく異なる，あるいは左右のどちらかに極端に傾いた幹といった通常でない形が出現することは稀ではない。一方，腕や脚の長さが左右で極端に違う人物画，左右のどちらかに異常に傾いた人物画などは，まず出現しないし，筆者も経験したことがない。おそらく，人物画はバウムよりもはるかに強く被検者の美的感覚に従って描かれるので，目や手などの部分の強調といえる程度のものは出現しても，異形の人物像は描かれないのであろう。あるいは，異様な姿をしたヒトは実在しないので，「こんな変な姿のヒトはいない」という理由で描かれないのかもしれない。

しかし，バウムとして描かれた木の絵では前述したような左右非対称のバウムだけでなく，例えば，樹冠の右側の方が左よりも実が多いバウム，幹の左側の地面に落ちた実だけが黒塗りのバウム，あるいは先端が開いたままの幹などが描かれる。被検者から，「右の方に実が多いことに，今，気づきました」とか，「こっちの実だけ黒いことに，言われてみて初めて気づきました」とか，「ここ（幹先端）が開いたままなのは変だと思うのですが，今はこれしか描けません」というような発言を聞くこともある。描画後に自ら気づいた被検者，あるいは実施者とのコミュニケーションの中で気づいた被検者，描いているときに変だとは思ったがどうしてもそうとしか描けなかったと振り返る被検者もいる。

このようなことからも，バウムは意識的にも無意識的にも作用する被検者のその時点での心理的なバランス感覚に支配されて描かれていることが分かる。

一見して左右差の少ない，普通に描かれたバウムも同様であり，もし，自然の木と同じような比率で樹冠と幹の幅が描かれると，それは幹が細い不安定なバウムになる。また，自然の木と同じ程度の広がりをもつ根元が描かれると，根元の広がりが少ない不安定なバウムになる。自然の木では，たいてい，樹冠に比べると幹は意外に細く，根元の広がりも少ない。

つまり，バウムとして木が描かれるときは，美的感覚よりも心理的なバランス感覚により強く支配されるので，まさに他者からは見えない被検者の内面，被検者自身でさえも気づくことのなかった心の内面が表現され，可視化される。だからこそ，バウムテストは心理アセスメント法としては勿論，心理療法としても有効な手法となり得るのだろう。

なお，被検者のアンビヴァレンツな心理は1本のバウムに生じる左右の非対称だけでなく，例えば，非常に弱い筆圧で描かれた大きなサイズのバウム，紙面の左寄りに描かれた右強調のバウムのような紙面の使い方からも読み取ることができる。

最後に，いわゆる病理指標とされる「メビウスの木」が幼児期に一過的に出現した2事例を紹介したい。4歳児前期で「メビウスの木」が出現し，半年後には主幹型へと変化した標準幼児群のバウム（図85-1）と，入学前（5歳児後期に相当）に出現した「メビウスの木」が，小1で人型へと変化した標準児童群のバウム（図85-2）である。

幼児期に出現する「メビウスの木」は，丁度，書字能力を獲得し始める頃に生じる鏡映文字のような現象に似ていないだろうか。発達過程にある幼児期に出現した鏡映文字は一過性であり問題視する必要はないが，その後に生じた鏡映文字は視知覚能力の異常のサインとなる。

あるいは，「メビウスの木」はヒトの精神面に生じる原始反射のようにも思われる。原始反射は正常に生まれた新生児に出現するが，誕生後の大脳皮質の発達に問題がなければ，原始反射は大脳皮質によってコントロールされるのでいずれ消失する。しかし，後になって何らかの異常が大脳に生じると，再び出現する。

今回，「メビウスの木」の出現と消失をわずか2例だが追跡できた。この事実から，大人に出現する「メビウスの木」は，精神機能の変調が原因で形成される指標ではなく，その起源を幼児期にまで遡れる指標であることが示唆される。

他に，「メビウスの木」だけでなく「幹の上が広くなった木」や「分離した幹」という精神病者の描画研究から見出された指標と同じあるいは類似の特徴を持つ指標が標準幼・児童群に出現することが分かった。ただし，「漏斗状幹上開」の出現はなかった。

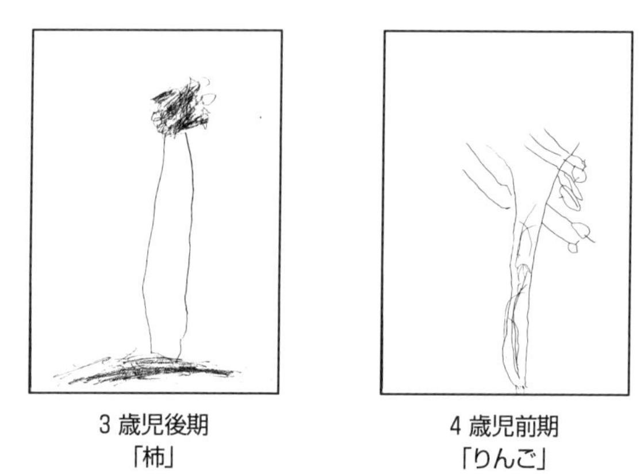

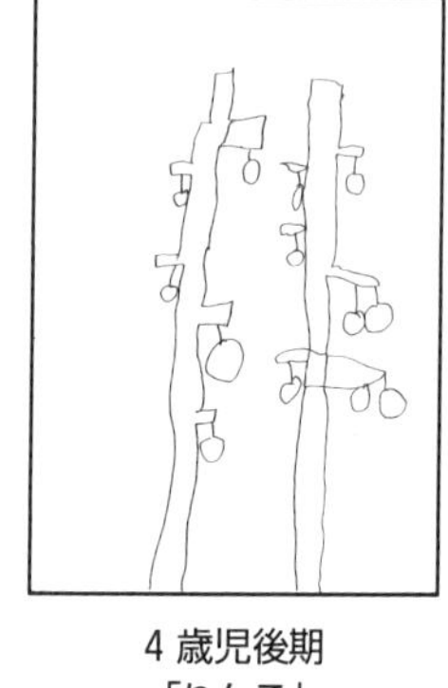

3 歳児後期「柿」　4 歳児前期「りんご」　4 歳児後期「りんご」

図 85-1　標準幼児に出現した「メビウスの木」

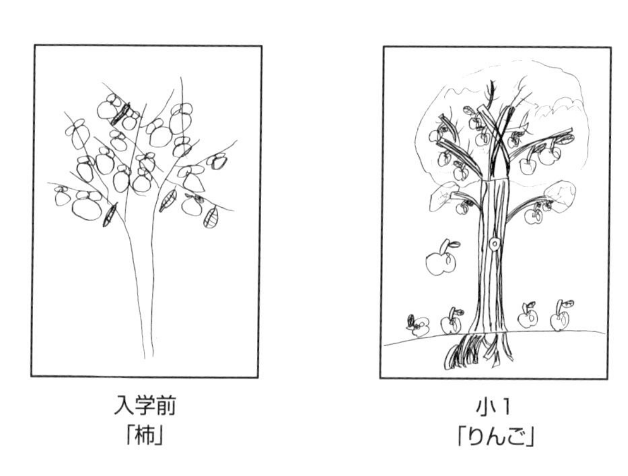

入学前「柿」　小 1「りんご」

図 85-2　入学前の標準児童に出現した「メビウスの木」

図 85　標準児に一過的に出現した「メビウスの木」

このような結果を得たことから，バウムテストの四つ目の特性を敢えて挙げるとすれば，病的な精神症状の発症要因を子ども，特に幼児のバウムからも探れる可能性があるということであろう。幼児のバウムと病的なバウムとの比較対照を重ね，コッホの早期型についての考え方をさらに押し進めることは，バウムテストの臨床的利用に大きな成果をもたらすと思われる。今後の研究に期待したい。

第X章　おわりに

発達臨床の場で心理職として携わっていた筆者の主要な業務は，子どもや発達障がいのある大人の心理アセスメントだった。その中で，バウムテストの有用性を実感したことから，第I章で述べたようにバウムテストとの深いかかわりが始まった。

バウムの発達基準を知るためにバウムテスト関連の文献を読み漁ったが，筆者の要求を満たすものには出会わなかった。幼児期に焦点を当てた発達研究はなく，その上，コッホの指標と謳われていながら指標の判定基準が文献によって異なるなど指標に関する先行文献は十分ではなかった。

そこで，わが国の発達基準，特に筆者が必要とする幼児期から児童期にかけての基準を作成するための第一段階として，58指標の判定基準をコッホの原著（第7版）で理解することにしたが，その作業には苦労した。ドイツ語の原著であることに加えて判定基準が明確に記述されていない指標もあり，コッホの意図を理解するために実に多くの時間を費やすことになった。

また，翻訳作業と並行して第7版と『バウム・テスト』の原本である英語版，そして『バウム・テスト』の補遺で紹介されている1949年発行のドイツ語原著との関係を明らかにする作業も進めた。インターネットが普及し，文献検索が手軽にできる今では考えられないが，初版・英語版・改訂第2版・改訂第3版の4冊の原著を確定するのに年単位の時間を要したことが思い出される。

筆者の目的は『バウム・テスト』の粗探しでもなく，第3版の翻訳でもない。『バウム・テスト』に潜む問題点に気づき，それをきっかけに第3版に辿り着いたのは手段であって，真の目的はわが国で使用できる発達基準の作成であった。スイスで生まれたバウムテストをわが国の文化に根差したものにするには，日本での丁寧な標準化の作業を経なければならない。その一つが，発達的な観点からの解釈仮説の再検討である。

まずは，コッホの判定基準を理解し，次にそれに忠実に従って個々の指標の発達基準を作成し，当該指標の解釈仮説の確認あるいは修正を行う。日本での標準化にはこの一連の作業が必要だが，残念ながら未だ未だ不十分であろう。筆者が目指した幼・児童期の発達基準作りも未だ完成していないが，表36に萌芽期のバウムから成熟したバウムになるまでの発達的変化の方向性を大まかにまとめた。発達的変化の方向性を知っておくことは，臨床経過に伴うバウムの変化の判断にも役立つ。

さて，幼児期から青年期にかけての58指標の発達調査を行うことは，わが国のバウムテスト研究における重要な課題と言える。研究成果をバウムテストの利用者間で共有し，臨床に役立てるための留意点として，筆者はまず，指標の整理を挙げたい。現状では，判定基準や指標名が混乱し，バウムテストの用語としての公共性を欠く指標も一部にある。指標を整理することは，個々の指標の解釈仮説を検討するためには避けて通れない手続きだと筆者は思う。特に発達調査をはじめとする量的研究で指標を利用する場合には，実際に使用した判定基準を具体的に規定することでその後の無用な混乱を防ぐことができる。

また，実施対象や目的に応じた指標を新たに設定する場合，あるいはわが国に特有な指標や幼児期に特有な指標を提案する場合もその判定基準を具体的に記述することで無用な混乱を防げる。

さらに，バウムテストや樹木画テストなどの樹木画法として，用語の共有化を検討することも今後の課題と思われる。

二つ目の留意点として，使用した教示を明記することを挙げたい。バウムテストとしての教示の文言が同じでない現状を踏まえると，止むを得ないと思われる。

三つ目として，バウムを発表する際には，バウムの全体像としての特徴と部分的な特徴と紙面の使用上の特徴が伝わるように提示することを挙げたい。そして，描画過程も明示した方が分かりやすい。筆者は他に，必要に応じてバウムの全体像や部分を拡大したものも提示し，筆圧が非常に弱い場合は加筆したことを断った上で提示している。

最後に，筆者の経験例の中から選んだ対照的な2事例を紹介して本章を終え

表 36　バウムの発達的変化の方向性

木のイメージ：木のイメージ未形成（人物・動物・花など）→ 木以外のイメージと融合（ヒトとの融合など）→ 木としてのイメージ
樹型：不定型 → 幹 → 幹と付属 → 幹と樹冠のあるバウム
バウムの分化と統合：漠然とした全体 → 幹と樹冠に分化 → 幹と樹冠が統合されたバウム
描線：なぐり描き → 直線 → 曲線
幹の輪郭：一線幹 → 二線幹
幹の形状：閉じた形の幹 → 二線幹（幹上直・幹下直の幹※ → 上に行くほど細い幹）

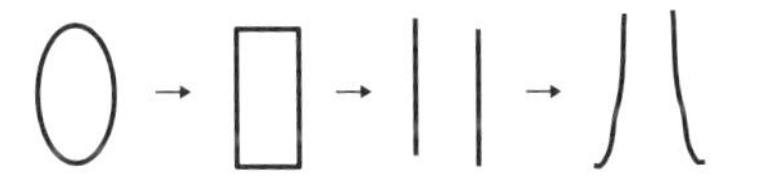

根元の広がり：広がりなし（まっすぐな根元など）→ 広がりあり
主枝：枝なし → 付属の枝 → 一線枝 → 二線枝
主枝の方向：水平枝→成長方向に伸びた枝（主に上向枝）
左右の側枝の高さ：水平な型 → 同じ高さ → 同じでない

枝の描線：直線 → 曲線
下枝：地面までの枝 → 下枝の消失（樹冠の形成）・一部低在枝
分枝：分枝なし → 分枝あり（樹冠内の充実）
分枝の方向：直交分枝 → 成長方向に伸びた分枝
根：未分化な根 → 根なし・二線根・一線根
根元の位置：高い（宙吊り）→ 紙面の下縁まで下がる（幹下縁立）→ 地面線上
バウムのサイズ：小さい → 大きくなる
紙面上の配置：偏った位置 → 中央
実：丸い実 → 明細化された実
葉：半円形の葉 → だ円形の葉 → 葉脈のある葉

※第Ⅵ章 p. 155の脚注 1）参照

たい。バウムテストがパーソナリティの変化を敏感に反映する手法であると改めて実感した事例と，バウムテストであってもパーソナリティの全容を映しだせるとは限らないことを実感した事例である。

図86　統合失調症女性のバウムの変化

1例目は，「漏斗状幹上開」の事例として既に紹介した統合失調症者（女性　初回時：36歳）のバウムである（図86）。保健所で毎週開催される精神障がい者のためのデイケア事業の参加者で，作業所への通所を経た後，当時は小売店での短時間の業務に就いておられた。

バウムテストは参加者の状態の把握を目的に実施したもので，初回時のバウムは「その他の樹型」で，病歴を裏付ける「漏斗状幹上開」を示していたが，9か月後にはこの指標は消失していた。さらにその約2年後に実施したときには，幹先端が開放した主幹型へと樹型が大きく変化していた。同時に実施した人物画と比較すると，バウムの変化の大きさがよく分かる。彼女はデイケア場面では，当初より他のメンバーと比べると発言が多く，積極的に参加されていた。その間，バウムの変化に対応するような行動上の変化をデイケア場面では気づかなかったが，勤務先での業務を順調に続けておられたことがその証かも

図 87　同一女児の 2 年間のバウムの変化

しれない。

2 例目は，2 年間にわたって実施したバウムの樹型の変化がみられなかった幼児（女児）の事例である（図 87）。

4 歳児前期から 5 歳児後期まで，毎回「幹」に分類されるバウムが描かれ，変化したのは幹の形状と本数に過ぎない。担任の先生の話によれば，他児に比べて特に変わった点はなく，友だちともよく遊び何ら問題ないと評されていた。樹型の「幹」は，4 歳児前期で 15.9%，同後期で 8.1% にまで減少し，5 歳児クラスになるとほとんど出現しない樹型である。もし，同時に実施した人物画にそれなりの発達的変化がみられなかったならば，発達診断を受けることを勧めていた事例だろう。

心理アセスメントに従事したときより，テスト結果を絶対視できないことは肝に銘じていたし，第Ⅲ章で紹介したようにコッホもこのことを指摘し，他のテストと組み合わせて利用することを勧めている。この事例は，バウムテストも例外でないことを如実に示している。以来，筆者は解釈に迷いが生じたときや特徴に乏しいバウムに出会ったときにはこの事例を思い出し，バウムの深読みをしないようにしている。

バウムテストには，実施時の雰囲気に左右されやすいという欠点はあるが，それを上回る長所があることに異論はないだろう。バウムテストの長所と欠点を把握した上で利用されるなら，今後も心理臨床をはじめとする多くの領域でバウムテストの真価が発揮され，成果が得られるに違いない。

あとがき

筆者とバウムテストとの関わりは『バウム・テスト』から始まり，そこから第３版に辿り着いた結果，バウムテストへの関心がさらに増し，バウムテストのもつ奥深さに感心し，今では，バウムだけではなく自然の木も好きになった。動物は子どもの頃から好きだったが，何も言わずじっと佇んでいる木を眺めることの素晴らしさに触れることが出来たのは，バウムテストのお蔭だと思っている。

こんなにも長い間，筆者がバウムテストに関わるとは学生時代にはまったく想像できなかった。大学ではロールシャッハテストの図版も知能検査用具も見たこともなく，実験，実験の日々で学習心理学を学んだ。そんな中で，すべての心的活動を行動としてとらえ，行動は overt behavior（目に見える行動，顕在的行動）と covert behavior（目に見えない行動，内潜的行動）に二分され，思考や意識は“目に見えない行動”に分類する，と教わったことはとても新鮮だった。

後にバウムテストとの付き合いが深くなった頃，何故，バウムに惹きつけられるのかを考えたときがあった。その時，頭に浮かんだのが“目に見える行動”と“目に見えない行動”だった。バウムテストは，ヒトの心の中にある“目に見えない行動”を可視化できるからだと改めて気づいた瞬間に，筆者の心の中で基礎と臨床が繋がったような気がした。それは，まるで記念写真のように，その時の様子を一瞬にして写し取ることができるバウムテストの魅力を再確認したときでもあった。

その後もバウムテストとの関わりを続け，しかもその成果を纏めることができた今，長年の肩の荷が下り，ほっとしている。

バウムテストに出会い，それを追い続けてこのような日を迎えることが出来たのは，筆者を支えてくださった多くの先生方のお蔭であり，とても感謝しています。特に，日本描画テスト・描画療法学会会長の高橋依子先生の長年にわたるご指導とご配慮に対しては心からの感謝を申し上げます。学位論文や本書の執筆がいつも予定より遅れがちな筆者に対し，常に暖かく励まして下さいました。

また，第3版の翻訳では共訳者としてご一緒させていただいた岸本寛史先生と宮崎忠男先生に感謝いたします。特に岸本先生は翻訳出版においては中心的な役割を果たされ，いろいろと学ばせていただきました。

そして，私が第7版を手にし，どうしても読みたいと思ったときに榎本 居氏のご協力を得ました。この初めのご協力がなければ，その後の長くて苦労の多い原著への取り組みがなかったかもしれません。ドイツ語は嫌いでしたが，でも，読むと何か新しい発見があるのでワクワクした気持ちで取り組んでいたことも事実です。

次に，今は亡き藤岡喜愛先生，國吉政一先生，塚口明先生にお礼を申し上げ，先生方のご冥福をお祈りしたいと思います。藤岡先生は，バウム研究会でご指導くださっただけでなく，筆者には本書に資料として掲載させていただいた「バウムのとりかた」の他に，タンザニアに住む狩猟採集民のハツァピ族が描いた21枚のバウムのコピーをくださいました。その一部は藤岡（1965）や藤岡・吉川（1971）に掲載されています。幼児のバウムテストに取り組んでいた1985，6年頃にいただいたと思うのですが，当時の筆者にはバウムテストでパーソナリティの進化を考えるという余裕がなく，今となってはそのことが悔やまれます。

しかし，図式的な表現であっても決して画一的ではない幼児のバウムを多数経験した現在では，関心は先史人類が描いた洞窟壁画に向かっています。単なる線ではなく筆者の目には「原初のバウム」に映る旧石器時代の壁画の映像を見て以来，ハツァピ族のバウムと幼児のバウムが繋がったのです。以来，洞窟壁画の写真を見ることは自然の木を眺めることと共に，筆者の退職後の楽しみの一つです。

次に，國吉先生との出会いはとても衝撃的で，ある日突然，職場に電話があり，「心理臨床学会の抄録を見た。われわれは（バウムテスト研究を）30年前からやっているんだ！」と叱られたのが最初でした。しかしその後，直接お会いしてお話しするうちにコッホのバウムテストに対して共に真摯に向き合っていることが通じ合い，互いのわだかまりが消えました。先生は1962年の論文では，コッホのドイツ語原著の初版と第3版を区別されていたにもかかわらず，1970 年の『バウム・テスト』ではその区別をなくし，第 3 版の発行年を 1949 年に書き換えた書誌情報をコッホのドイツ語原著として紹介されました。今から思えば，その理由を先生から直にお聞きする機会を逃したことが悔やまれます。

そして，塚口先生は，臨床経験がまったくない筆者の仕事の相談にのってくださり，臨床のこと，バウムテストのことを最初に教えてくださり，バウム研究会も紹介してくださいました。大学の先輩－後輩という関係だけで先生に頼る筆者を本当に気持ちよく，そして明るく受け入れてくださいました。『バウムテスト第 3 版』の出版，学位論文の提出を喜んでくださった先生に，本書の完成を直接お伝えできないことが残念でなりません。

さらに，さまざまなところでこれまで筆者を支えてくださったすべての方々と私の家族に心からのお礼を述べたいと思います。そして，絵を描いてくれた幼稚園・保育所・小学校の子どもたち，専門学校生の方，バウムテストの実施の機会を与えてくださった先生方や関係機関の方々，臨床心理テストの一環としてバウムを描いて下さった方々など実に多くの人々のお蔭で本書が完成しました。本当にありがとうございます。

最後に，誠信書房編集部の児島雅弘氏にお礼を述べたいと思います。在職中に出版という当初の予定が筆者の遅筆のせいで遅れましたが，お蔭で何とか脱稿できました。

2016 年 5 月

中島ナオミ

引用・参考文献

阿部惠一郎（2006）．樹木画テスト（あるいはバウムテスト）の研究史．『バウムテスト活用マニュアル——精神症状と問題行動の評価』金剛出版，pp. 115-145.

青木健次（1977）．バウム・テストにおけるバウム・イメージの多様性を測る．心理測定ジャーナル，**13**(12)，19-23.

青木健次（1992）．バウム・テスト．氏原 寛他編『心理臨床大事典』培風館，pp. 548-552.

荒木ひさ子（1998）．バウムテスト．現代のエスプリ別冊『心理査定プラクティス』至文堂，pp. 90-102.

朝野 浩（1973）．精神薄弱児の描画の発達．『バウム・テストの臨床的研究』日本文化科学社，pp. 119-162.

Ave-Lallemant, U. (1996). *Baum-Tests.* Ernst Reinhardt Verlag. 渡辺直樹・坂本堯・野口克巳（訳）（2002）『バウムテスト——自己を語る木：その診断と解釈』川島書店.

Bolander, K. (1977). *Assessing Personality through Tree Drawing.* Basic Books. 高橋依子（訳）（1999）『樹木画によるパーソナリティの理解』ナカニシヤ出版.

Buck, J. N. (1948). The H-T-P Technique: A qualitative and quantitative scoring manual. *Journal of Clinical Psychology,* Monograph Supplement, No. 5, Brandon, Vermont, pp. 318-396. 加藤孝正・荻野恒一（訳）（1982）『HTP 診断法』新曜社.

カトリック・マリア会日本管区教育部（1960）．『シャール・コシェの「木のテスト」の解明』

de Castilla, D. (1994). *Le test de l'arbre: Relation humaines et problemes actuels.* Masson. 阿部惠一郎（訳）（2002）『バウムテスト活用マニュアル——精神症状と問題行動の評価』金剛出版.

百々尚美・大野太郎・山田富美雄・服部祥子（1997）．震災後の子どものストレスに及ぼす震度の影響——バウムテストにおける空間利用を指標として．日本生理人類学会誌，**2**(3)，39-42.

Fernandez, L. (2005). *Letest de l'arbre: Un dessin pour comprendre et interpréter.* Collection Psych-Pocket, Editions in Press. 阿部惠一郎（訳）（2006）『樹木画テストの読みかた——性格理解と解釈』金剛出版.

Fischer-Rizzi, S. (1980). *Blätter von Bäumen.* München: Heinrich Hugendubel Verlag. 手塚千史（訳）（1992）『樹——樹木の神話，医療用途，料理レシピ』あむすく.

深田尚彦（1958）．幼児の樹木描画の発達的研究．心理学研究，**28**(5)，34-36.
深田尚彦（1959）．児童の樹木描画の発達的研究．心理学研究，**30**(2)，29-33.
藤中隆久（1996）．バウムテストにおける人間関係の効果の実証的研究．心理臨床学研究，**14**(2)，163-172.
藤岡喜愛（1965）．狩猟採集民ワティンディガのパーソナリティー――パーソナリティーの進化序論．人文学報，**23**，1-66.
藤岡喜愛・吉川公雄（1971）．人類学的に見た，バウムによるイメージの表現．季刊人類学，**2**(3)，3-28.
藤田裕司（1987）．バウム・テストにおける表現病理（1）――樹皮の陰影をめぐって．日本教育心理学会第 29 回総会発表論文集，960-961.
林 勝造・一谷 彊編著（1973）．『バウム・テストの臨床的研究』日本文化科学社.
林 勝造（1978）．描画法．『現代精神医学大系 4A2　精神科診断学 Ib』中山書店，pp. 3-38.
林 勝造（1989）．バウムテストの成立・変遷・展望．『バウムテスト研修セミナー・テキスト』1-21.
林 勝造（1992）．バウムテスト．『臨床心理学体系 6 』金子書房，pp. 118-137.
林 勝造（1994）．「バウムテスト」論考．臨床描画研究，**9**，3-18.
林 勝造　私信 1：中島ナオミ宛の手紙．1984 年 7 月 23 日付け.
林 勝造　私信 2：中島ナオミ宛の手紙．1984 年 11 月 12 日付け.
林 勝造　私信 3：中島ナオミ宛の手紙．1984 年 12 月 3 日付け.
林 勝造　私信 4：中島ナオミ宛の手紙．1984 年 12 月 22 日付け.
林 勝造　私信 5：中島ナオミ宛の手紙．1989 年 5 月 12 日付け.
林 勝造　私信 6：中島ナオミ宛の手紙．1989 年 8 月 21 日付け.
日比裕泰（1990）．2　バウムテスト．『性格心理学新講座 4 』金子書房，pp. 141-145.
堀田 満他編（1989）．『世界有用植物事典』平凡社.
一谷 彊・林 勝造・津田浩一（1968）．樹木画テストの研究――Koch の Baumtest における発達的検討．京都教育大学紀要 Ser. A，**33**，47-68.
一谷 彊・津田浩一・西尾 博・岡村憲一（1973）．場面緘黙の研究 II――バウムテストおよび P-F スタディにみられる特徴と予後との関係．京都教育大学紀要 Ser. A，**42**，29-51.
一谷 彊（1974）．バウムテスト．『児童臨床心理学事典』岩崎学術出版社，pp. 561-562.
一谷 彊・津田浩一・西尾 博・岡村憲一（1975a）．投影法での反応と養育環境との関係についての比較研究――バウムテストと P-F スタディを中心に．京都教育大学紀要 Ser. A，**46**，23-46.
一谷 彊・津田浩一・林 勝造（1975b）．S-D 法によるバウムテストの因子的検討――

診断のための探索的試み．京都教育大学紀要 Ser. A，**47**，1-16.

一谷 彊・横山基弘（1979a）．高校生徒の体育学習（実技）での行動特徴とバウムテストでの樹木画描出パターンとの関係――教育実践における心理検査の利用への一提言．京都教育大学教育研究所所報，**25**，211-222.

一谷 彊・横山基弘（1979b）．樹木画の全体印象と高校生の不適応行動との関係――バウムテストを中心に．京都教育大学紀要 Ser. A，**55**，1-22.

一谷 彊・津田浩一（1982）．『バウム・テスト整理表』の作製とその具体的利用．京都教育大学紀要 Ser. A，**61**，1-22.

一谷 彊（1983）．バウムテスト．『新訂増補 心理テスト法入門』日本文化科学社，pp. 110-112.

一谷 彊・林 勝造・国吉政一編著（1985）．『バウムテストの基礎的研究』風間書房．

一谷 彊・津田浩一・山下真理子・村沢孝子（1985）．バウムテストの基礎的研究 I――いわゆる「2枚実施法」の検討．京都教育大学紀要 Ser. A，**67**，17-30.

飯森真喜雄（1993）．バウムテスト．加藤正明編者代表『精神医学事典』弘文堂，p. 638.

岩城 操・吉川公雄（1979）．現代青年期女性にみられるイメージ形成の特徴――バウムテストによる人間生態学的研究3．京都女子大学自然科学論叢，**10・11**，1-87.

Kalff, D. M.（1966）．*Sandspiel: Seine therapeutische Wirkung auf die Psyche*. Zürich und Stuttgart: Rascher Verlag. 河合隼雄（監修） 大原 貢・山中康裕（訳）（1972）．『カルフ箱庭療法』誠信書房．

木村隆夫・今井利栄（1964）．精薄児の Baum Test 成績について．小児の精神と神経，**4**(4)，46-50.

岸本寛史（2005）．『バウムテスト第三版』におけるコッホの精神．山中康裕・皆藤 章・角野善宏編『バウムの心理臨床』創元社，pp. 31-54.

岸本寛史（2007）．バウムテスト輸入時の問題点とコッホの思想の再評価．平成17～平成18年度科学研究費補助金（基盤研究（C）(2)）研究成果報告書．

小林重雄（1977）．『DAM グッドイナフ人物画知能検査ハンドブック』三京房．

小林敏子（1990）．バウムテストにみる加齢の研究――生理的加齢とアルツハイマー型痴呆にみられる樹木画の変化の検討．精神神経学雑誌，**92**(1)，22-58.

Koch, K.（1949）．*Der Baum Test. Der Baumzeichen-versuch als Psychodiagnostisches Hilfsmittel*. Bern: Verlag Hans Huber.

Koch, C.（1952）．*The Tree Test: The Tree-drawing Test as an Aid in Psychodiagnosis*. Bern※: Hans Huber Publisher. C. コッホ/林 勝造・国吉政一・一谷 彊（訳）（1970）．『バウム・テスト――樹木画による人格診断法』日本文化科学社．（※発行地の Bern は中表紙では Berne，奥付けでは Bern と表記されている．）

Koch, K.（1954）．*Der Baumtest: Der Baumzeichenversuch als Psychodiagnostisches*

Hilfsmittel. Zweite umgearbeitete Auflage. Bern und Stuttgart: Verlag Hans Huber.

Koch, K. (1957). *Der Baumtest: Der Baumzeichenversuch als Psychodiagnostisches Hilfsmittel.* Dritte umgearbeitete Auflage. Bern und Stuttgart: Verlag Hans Huber. 岸本寛史・中島ナオミ・宮崎忠男（訳）(2010)『バウムテスト第3版――心理的見立ての補助手段としてのバウム画研究』誠信書房.

Koch, K. (1976). *Der Baumtest: Der Baumzeichenversuch als Psychodiagnostisches Hilfsmitte.* Siebente Auflage. Bern･Stuttgart･Wien: Verlag Hans Huber.

Koch, K. (2000). *Der Baumtest: Der Baumzeichenversuch als Psychodiagnostisches Hilfsmittel,* 10. Auflage. Bern・Göttingen・Toronto・Seattle: Verlag Hans Huber.

Koch, R.・林 勝造・国吉政一・一谷 彊編 (1980).『バウム・テスト事例解釈法』日本文化科学社.

Koch, R. 私信1：中島ナオミ宛の手紙 1986年1月18日付け.

Koch, R. 私信2：中島ナオミ宛の手紙 1987年4月20日付け.

国吉政一・小池清廉・津田舜甫・篠原大典 (1962). バウムテスト (Koch) の研究 (1) ――発達段階における児童（正常児と精薄児）の樹木画の変遷. 児童精神医学とその近接領域, 3 (4), 237-246.

国吉政一 (1970). 補遺「日本におけるバウム・テストの研究」.『バウム・テスト――樹木画による人格診断法』日本文化科学社, pp. 111-150.

国吉政一・林 勝造・一谷 彊・津田浩一・斎藤通明 (1980).『バウム・テスト整理表とその手引』日本文化科学社.

國吉政一 私信1：林 勝造先生宛の手紙. 1984年9月28日付け.

國吉政一 私信2：中島ナオミ宛の手紙. 1986年2月17日付け.

國吉政一 私信3：中島ナオミ宛の手紙. 1995年1月31日付け.

三船直子・倉戸ヨシヤ (1992). バウムテスト2回施行法－試論Ⅰ――基礎的調査資料. 大阪市立大学生活科学部紀要（分冊2）人間福祉学, **40**, 313-327.

宮崎忠男 (1986). 暗示の変化がもたらす樹木像の変化――バウムテストの基礎的研究. 心理測定ジャーナル, **22**(7), 8-13.

宮崎忠男・藤井純子・小林 淳・望月秋一・上島 求 (1987). 精神分裂病者のバウム・テストにみられる性差について. 心理測定ジャーナル, **23**(9), 14-21.

中尾舜一・吉川公雄 (1974・1975). バウムテストの人間生態学的研究1――医学部進学課程学生の調査から. 久留米大学論叢, **23**(2)・**24**(1), 89-129・41-63.

中尾舜一・吉川公雄 (1978). 幼稚園児のイメージ形成の分化――バウムテストの人間生態学的研究4. 久留米大学論叢, **27**(1), 53-86.

中尾舜一・吉川公雄 (1980). 医学部進学課程学生における7年間隔にみられるイメージ形成の変動――バウムテストの人間生態学的研究8. 久留米大学論叢, **29**

(2), 99-132.

中島ナオミ (1982a). 幼児のバウムについて. 第49回バウム研究会での発表 1982年4月17日.

中島ナオミ・塚口 明 (1982b). 幼児のバウムテスト——幼児バウムの樹型分類について. 日本心理学会第46回大会発表論文集, 239.

中島ナオミ・塚口 明・松本和雄・家常知子 (1982c). 幼児のバウムテスト——樹型分類を中心にして. 大阪府立公衆衛生研究所研究報告精神衛生編, **20**, 29-41.

中島ナオミ・服部祥子・松本和雄 (1983a). バウムテストによる幼児の精神衛生的スクリーニングの試み. 第22回日本公衆衛生学会近畿地方会口演要旨集, 77.

中島ナオミ・塚口 明 (1983b). 幼児のバウム (2). 日本心理学会第47回大会発表論文集, 499.

中島ナオミ (1983c). 幼児のバウムテスト (第2報). 大阪府立公衆衛生研究所研究報告精神衛生編, **21**, 13-23.

中島ナオミ (1983d). 幼児の樹型分類について (下位分類も含めて). 第55回バウム研究会での発表 1983年10月7日.

中島ナオミ (1984a). 幼児のバウムテスト. 心理測定ジャーナル, **20**(5), 13-18.

中島ナオミ (1984b). 幼児のバウムテスト (3) ——樹型分類と処理プログラム. 日本心理学会第48回大会発表論文集, 509.

中島ナオミ (1984c). 幼児のバウムテスト (第3報) ——樹型分類と項目. 大阪府立公衆衛生研究所研究報告精神衛生編, **22**, 21-32.

中島ナオミ (1985a). コッホの原著 (未邦訳部分) の紹介——特に発達過程について. 第60回バウム研究会での発表 1985年1月19日.

中島ナオミ (1985b). バウム・テストについて. 障害児の診断と指導, **4** (2), 24-25.

中島ナオミ (1985c). 幼児のバウムテスト (4) ——3歳クラス前期の描画について. 日本心理学会第49回大会発表論文集, 418.

中島ナオミ (1985d). Kochの原著“Der Baumtest”とその英語版との比較対照による検討 (第1報). 大阪府立公衆衛生研究所研究報告精神衛生編, **23**, 27-40.

中島ナオミ (1985e). バウムテスト日本語版の再検討. 第63回バウム研究会での発表 1985年10月12日.

中島ナオミ (1986a). 日本におけるバウムテスト研究の問題点について. 大阪精神衛生, **31**, 22-34.

中島ナオミ (1986b).『バウム・テスト——樹木画による人格診断法』における問題点——ドイツ語原著との比較対照より. 日本心理臨床学会第5回大会抄録集, 170-171.

中島ナオミ (1986c). バウムテストにおける項目 (指標) の検討——発達に関する項目を中心に. 日本心理学会第50回大会発表論文集, 418.

中島ナオミ（1987）．学習障害児のバウムテストと人物画について．第68回バウム研究会での発表　1987年1月10日．

中島ナオミ（1988a）．幼児のバウムテスト（5）――就学時の健診への導入．日本心理学会第52回大会発表論文集，56.

中島ナオミ（1988b）．就学時健康診断への描画テスト導入の試み．大阪府立公衆衛生研究所研究報告精神衛生編，**26**，47-55.

中島ナオミ（1990）．子どもの心理診断における描画テストの役割．第9回家族画研究大会抄録集，7．

中島ナオミ・大月則子・小林節子・小路浩子（1991a）．描画テストを用いた精神保健活動に関する研究――幼児・児童を対象にして．大同生命事業団第16回（平成元年度）医学研究助成報告集，95-96.

中島ナオミ・小林節子・小路浩子（1991b）．学校精神保健活動に関する研究．第30回日本公衆衛生学会近畿地方会口演・示説要旨集，89.

中島ナオミ（1991c）．落着きのなさを示す幼児のバウム・テストと人物画について．日本描画テスト・描画療法学会第1回大会抄録集，21.

中島ナオミ（1991d）．幼児のバウムテスト（第4報）――粗雑な描線を示す事例について．大阪府立公衆衛生研究所研究報告精神衛生編，**29**，1-11.

中島ナオミ・小林節子・小路浩子（1992a）．学校精神保健活動に関する研究（第2報）――事例を中心にして．第31回日本公衆衛生学会近畿地方会口演・示説要旨集，100.

中島ナオミ（1992b）．バウムテストから学校精神保健活動へ．大阪精神保健，**37**，77-80.

中島ナオミ（1992c）．児童期に脳炎に罹患した男児の描画テストについて――バウムテストと人物画．日本描画テスト・描画療法学会第2回大会抄録集，21.

中島ナオミ（1994）．発達相談における描画テストの利用――多動児の事例から．日本描画テスト・描画療法学会第4回大会抄録集，20.

中島ナオミ（1999）．コッホのバウムテストに関する基礎研究――（1）教示について．日本描画テスト・描画療法学会第9回大会抄録集，26.

中島ナオミ（2000）．コッホのバウムテストに関する基礎研究――（2）実の描画率について．日本描画テスト・描画療法学会第10回大会抄録集，57.

中島ナオミ（2002a）．コッホのバウムテストに関する基礎研究――（3）「木への命名」の分類について．日本描画テスト・描画療法学会第12回大会抄録集，39.

中島ナオミ（2002b）．わが国におけるバウムテストの教示．臨床描画研究，**17**，177-189.

中島ナオミ（2003a）．バウムテストの現状（質疑応答Q&A）．日本醫事新報，No. 4139，92-93.

中島ナオミ（2003b）．幼・児童期のバウム画に関する縦断的研究．日本描画テスト・描画療法学会第13回大会抄録集，24.
中島ナオミ（2004）．幼・児童期のバウム画に関する縦断的研究——（2）樹冠部の表現様式．日本描画テスト・描画療法学会第14回大会抄録集，43.
中島ナオミ（2005a）．バウムテストに関するコッホの原著．日本心理臨床学会第24回大会発表論文集，259.
中島ナオミ（2005b）．『バウム・テスト』（日本文化科学社刊）を読む時の留意点．日本描画テスト・描画療法学会第15回大会抄録集，29.
中島ナオミ（2006a）．『バウム・テスト——樹木画による人格診断法』の問題点．臨床描画研究，**21**，151-168.
中島ナオミ（2006b）．幼・児童期のバウム画に関する縦断的研究——（3）早期型（Die Frühformen）の出現率．日本描画テスト・描画療法学会第16回大会抄録集，52.
中島ナオミ（2006c）．コッホの早期型（Die Frühformen）の紹介．日本心理臨床学会第25回大会抄録集，299.
中島ナオミ（2007a）．コッホのバウムテストに関する基礎研究——樹種の分類と大阪地方における分布．関西女子短期大学紀要，**16**，1-8.
中島ナオミ（2007b）．幼・児童期のバウム画に関する縦断的研究——（4）コッホの58指標の出現率．日本描画テスト・描画療法学会第17回大会抄録集，41.
中島ナオミ（2007c）．コッホの58指標について．日本心理臨床学会第26回大会抄録集，255.
中島ナオミ（2007d）．バウムテストにおける樹種の分類．関西福祉科学大学心理・教育相談センター紀要，**5**，21-32.
中島ナオミ（2008a）．バウムテストにおける樹型の分類．関西福祉科学大学紀要，**11**，123-137.
中島ナオミ（2008b）．幼・児童期のバウム画に関する縦断的研究——（5）樹型分類と幹先端処理．日本描画テスト・描画療法学会第18回大会抄録集，40.
中島ナオミ（2009a）．コッホのドイツ語原著における58指標の判定基準．関西福祉科学大学紀要，**12**，71-90.
中島ナオミ（2009b）　科学研究費補助金成果報告書：基盤研究（C）平成19年度～平成20年度　バウムテスト解釈理論の発達的検討（課題番号19530643）
中島ナオミ（2010a）．58指標の出現率表について，および付表6．『バウムテスト第3版——心理的見立ての補助手段としてのバウム画研究』誠信書房，pp. 340-351.
中島ナオミ（2010b）．バウムの発達．臨床心理学，**59**，668-673.
中島ナオミ（2013）．はじまりのバウム．京都大学大学院人間・環境学研究科新宮研究室精神医学的精神分析プロジェクト研究での発表　2013年5月27日.

中島ナオミ　私信 1：林 勝造先生宛の手紙　1984 年 11 月 26 日付け.
中島ナオミ　私信 2：林 勝造先生宛の手紙　1984 年 11 月 28 日付け.
中島ナオミ　私信 3：林 勝造先生宛の手紙　1984 年.
中島ナオミ　私信 4：林 勝造先生宛の手紙　1986 年 6 月 28 日付け.
中島ナオミ　私信 5：レグラ・コッホ女史宛の手紙　1985 年 4 月 10 日付け.
中島ナオミ　私信 6：國吉政一先生宛の手紙　1986 年 2 月 21 日付け.
中島ナオミ　私信 7：レグラ・コッホ女史宛の手紙　1986 年 7 月 7 日付け.
中島ナオミ　私信 8：林 勝造先生宛の手紙　1989 年 5 月 12 日付け.
中田義朗（1982）．バウムテストの基礎的研究（Ⅱ）児童の樹木画の発達――教示を変えた場合の発達指標の再検討（2）．西宮市立教育研究所紀要，**214**，36-47.
中園正身（1996）．一変法としての樹木画法の研究――根を強調した教示法の導入について．心理臨床学研究，**14**(2)，197-206.
西川 満・一谷 彊・村沢孝子（1985）．バウムテストにみられる精神遅滞者の反応特徴（Ⅰ）――中度・軽度による比較．『バウムテストの基礎的研究』風間書房，pp. 553-569.
小川俊樹・福森崇貴・角田陽子（2005）．心理臨床の場における心理検査の使用頻度について．日本心理臨床学会第 24 回大会抄録集，263.
小川俊樹（2008）．今日の投影法をめぐって．現代のエスプリ別冊『投影法の現在』至文堂，pp. 5-20.
小川芳子（1988）．集団実施の Baum Test にみる学生気質――第 2 報　S63 年度新入生の特徴．共立薬科大学研究年報，**31**，9-17.
岡田 督・堀 祐子・菊池由美子（1990）．運動がおよぼす高齢者の心理的変化――バウムテストの質的分析を通して．老人問題研究，**10**，123-131.
大阪市立弘済院附属病院老人医療調査研究班（1982）．老年期における心理状況について――バウムテストによる検討より．大阪市立弘済院附属病院昭和 57 年度調査.
斎藤通明・大和田健夫（1969）．バウムテストの研究（第 1 報）――精神分裂病の場合．松仁会誌，**8**，83-92.
斎藤通明・大和田健夫（1971）．バウムテストの研究（第 2 報）――うつ状態の場合．松仁会誌，**10**，29-37.
斎藤通明（1973）．陳旧性分裂病・うつ状態にみられる特徴．『バウム・テストの臨床的研究』日本文化科学社，pp. 69-101.
斎藤通明・松永一郎（1982）．バウム・テストにみられる標準練習過程での心理的変化について　自律訓練研究，**4**(1)，34-42.
阪田真代・溝口純二・菊池道子（1999）．統合型 HTP に描かれた「木」とバウムテストに描かれた「木」の比較――大学生を対象とした予備的研究（その 1）．日本心理臨床学会第 18 回大会発表論文集，538-539.

佐々木直美・柿木昇治（1998）．加齢にともなう心理・生理的機能の変容——バウムテスト，GHQ，要求水準課題および心臓血管系反応を指標として．心理学研究，**69**(3)，229-234.

佐藤正保・青木健次・三好暁光（1978）．大学生に集団的に実施したバウムテストの量的分析の試み（第1報）．臨床精神医学，**7**(2)，207-219.

佐藤清公・長嶋紀一（1978）．バウム・テストにみられる老年者の特徴．心理測定ジャーナル，**14**(2)，9-12.

嶋津峯眞監修　生澤雅夫編著者代表（1985）．新版K式発達検査法——発達検査の考え方と使い方．ナカニシヤ出版．

下中邦彦編（1981）．『新版心理学事典』平凡社．

相馬誠一（1998）．子供の「バウムテスト」に関する発達的研究．国際学院埼玉短期大学研究紀要，**19**，57-64.

曽我昌祺・島田 修・市丸精一（1980）．バウムテストにおける類型的アプローチの実際的妥当性について——MPT，MAS，CAS，YG性格検査を測度として．住友病院医学雑誌，**7**，35-45.

高木隆郎・国吉政一（1965a）．小学校における集団精神衛生検査の経験——集団Zテストとバウムテストを使用して．精神神経学雑誌，**67**(3)，209.

高木隆郎・国吉政一（1965b）．中学校における集団精神衛生検査の経験——集団Zテストとバウムテストを使用して．児童精神医学とその近接領域，**6**(1)，28-29.

高橋雅春（1967）．『描画テスト診断法——HTPテスト』文教書院．

高橋雅春（1974）．『描画テスト入門——HTPテスト』文教書院．

高橋雅春・高橋依子（1986）．『樹木画テスト』文教書院．

高橋依子・中島ナオミ（2012）．第3章　描画法．『投映法研究の基礎講座』遠見書房，pp. 82-103.

高見良子・中田義朗（1978）．バウムテストの基礎的研究——教示を変えた場合の発達指標の量的検討．西宮市立教育研究所紀要，**180**，33-41.

武田由美子（1973）．樹木画の発達段階について——実例からみた錯画期・図式期・写実期の現われ方．『バウム・テストの臨床的研究』日本文化科学社，pp. 56-68.

津田浩一（1992）．『日本のバウムテスト——幼児児童期を中心に』日本文化科学社．

辻 悟（1966）．バウム・テスト．『異常心理学講座第2巻　心理テスト』みすず書房，pp. 419-436.

山中康裕・中井 幹（1970）．学童の精神医学的追跡調査と学校内力動——Baumtest（Koch）および人物画テストを中心に．名市大医誌，**21**(1)，70-83.

山中康裕（1976）．精神分裂病におけるバウムテストの研究．心理測定ジャーナル，**12**(4)，18-23.

山野 保（1973）．変形した樹木画描写の心理．『バウム・テストの臨床的研究』日本文化科学社，pp. 163-197.
山下一夫（1983）．バウム・テストの臨床的研究――精神科入院患者を対象に．京都大学教育学部紀要，**29**，184-194.
山下真理子（1981）．バウムテストにおける発達の研究――樹冠と幹の比率を中心に．心理適性ジャーナル，**17**(11)，2-6.
山下真理子（1982）．バウムテストの発達的研究．教育心理学研究，**30**(4)，23-28.
依田茂久（2007）．樹木画テストにおける近年の児童の発達状況の変化について――発達指標の経年的比較・検討．臨床描画研究，**22**，187-210.
横田正夫（1992）．バウム・テスト――分裂病スペクトラムに対応する歪んだ描画表現．精神科治療学，**7**(3)，249-257.
吉川公雄（1978）．『人間生態学――生物としての認識からの出発』東海大学出版会.

資　料

1　バウムテストと関連事項の年表
2　國吉政一訳「カール・コッホの講演 1957 年 3 月」
3　藤岡喜愛による「バウムのとりかた」
4　教示の実態調査
5　掲載バウムについて
6　58 指標の指標名一覧表
7　58 指標の出現率一覧表（コッホ）
8　バウムの樹種（関西地方）

資料1

バウムテストと関連事項の年表

1906年9月14日　スイスのアーラウでカール・コッホ（Karl Koch）誕生[※1]

1926年　チューリッヒの精神技術研究所で学び始める[※1]

1928年頃から，エミール・ユッカー（Emil Jucker）が木の絵を利用（初版・英語版の序言より）

1930年頃に筆跡学に関する著書がドイツとフランスで出版される[※2]

1931年　マックス・プルファー（Max Pulver　スイスの筆跡学者）著『筆跡の象徴』の出版[※2]

1933年　ルツェルンに精神技術研究所（現　応用心理研究所）創設[※1]

1947年　初版で使われたバウムを収集（レグラ・コッホ女史からの私信）

1947年9月　ローザンヌの研究会で初めて発表[※1]

1948年2月　バウムテストに関するプリントの配布[※1]
ある学会でコッホが発表し，この発表をストラが「コッホのテスト」としてフランスに紹介[※2]

1948年　Buck著“*The H-T-P technique: A qualitative and quantitative scoring manual*”の出版

1949年　初版（88頁）の出版
「序」の日付は1949年10月

1952年　英語版（87頁）の出版
「序」の日付は1952年5月

DER BAUM-TEST

DER BAUMZEICHEN-VERSUCH
ALS PSYCHODIAGNOSTISCHES
HILFSMITTEL

初版の書名

1952年12月7日　催眠を使った描画実験
（8日と同じ被験者に実施，年齢の下降実験，邦訳pp. 111-113）

1952年12月8日　催眠を使った描画実験（被験者Rに対する年齢の上昇実験，邦訳pp. 59-67，「当初は18歳，しばらくの中断の後21歳のときに実験が行われた」（邦訳p. 59）の記述があるので，この3年前にも催眠実験が行われた可能性あり）

1953年1月～3月　チューリッヒ市内の幼稚園・初等学校・第二学校でバウム収集（邦訳p. 70）

1954年　改訂第2版（239頁）の出版
「序」の日付は1954年1月

1957年　改訂第3版（258頁）の出版

	「序」の日付なし
1957年3月	コッホの最終講演？ • 1993年に来日されたコッホ女史によって講演内容が発表される • 國吉先生が訳されたコッホの講演原稿を1995年1月にいただく（資料2に全文を掲載）

DER BAUMTEST

DER BAUMZEICHENVERSUCH ALS PSYCHODIAGNOSTISCHES HILFSMITTEL

第2版の書名

1958年1月	わが国最初の樹木画法（Buck の tree test）に関する論文の発表 深田尚彦：幼児の樹木描画の発達的研究．心理学研究，28(5)，34-36.
1958年10月28日	心臓マヒのため，コッホが52歳で逝去※1※3
1958年	スペイン語版やフランス語版の出版※2
1961年	わが国にバウムテストが導入される

ずいぶん多くの人々の協力がありました。バウム・テストが，日本ではじめて注目され，研究されたのは，1961年であります。京都洛北にある精神科Y病院において，久保喜歳院長を中心とした医局に当時在籍していた篠原大典，津田舜甫，小池清廉，国吉政一らが，最初の研究グループであります。なかで

『バウム・テスト』の「訳者はしがき」より

1962年	非改訂第4版の出版
1962年	わが国最初のコッホのバウムテストに関する論文が発表され，グリュンヴァルトの空間図式が紹介される 国吉政一・小池清廉・津田舜甫・篠原大典：バウムテスト（Koch）の研究（1）――発達段階における児童（正常児と精薄児）の樹木画の変遷．児童精神医学とその近接領域，3(4)，237-246.

（文献欄）

12) Koch, K. : *Der Baumtest* : Der Baumzeichenversuch als psychodiagnostisches Hilfsmittel. Hans Huber, Bern, 1949.
13) Koch, C. : *The tree test*. Hans Huber Publisher, Berne, 1952.
14) Koch, K. : *Der Baumtest* ; Der Baumzeichenversuch als psychodiagnostisches Hilfsmittel, Dritte umgearbeitete Aufl., Hans Huber, Bern und Stuttgart, 1957.

（14には改訂第3版とあるので，12・14の2冊の原著は明らかに区別されている）

1966年	カトリック・マリア会日本管区教育部による『シャール・コシュの「木のテスト」の解明』の出版（原本は1964年発行のフランス語版，また，10：11.3の比が紹介されているので，フランス語版の原本は第3版と思われる）
1966年11月	辻悟が英語版の内容を「バウム・テスト」と題して詳細に紹介（『異常心理学講座第2巻：心理テスト』）
1967年	高橋雅春著『描画テスト診断法――HTPテスト』（文教書院）の出版
1967年	非改訂第5版の出版
1970年2月	C.コッホ著／林 勝造・国吉政一・一谷 彊訳『バウム・テスト――樹木画による人格診断法』の出版 （ドイツ語の原著についての記述　同書の国吉による補遺p. 112より）

> この本の著者K. Kochは，1949年にドイツ語で「バウム・テスト――精神診断学的補助手段としての樹木テスト――」[1]を著わした。この日本語訳の原著は，1952年に英語で書かれたものであり，著者名もそのためCharles Kochとなっている。
>
> 1) Karl Koch : Der Baumtest : Der Baumzeichenversuch als psychodiagnostisches Hilfsmittel. Hans Huber, Bern u. Stuttgart, 1949.

（紹介された書誌情報は，前掲の第3版の発行年を1949年に書き換えたもので，この時点でドイツ語原著の区別が無くなったことが見て取れる）

1972年	非改訂第6版の出版
1972年2月	大阪で第1回目の「バウム研究会」が開催される
1974年2月	高橋雅春著『描画テスト入門――HTPテスト』の出版
1973年11月	『バウム・テストの臨床的研究』の出版
1976年	第7版の出版（第7版より“非改訂”の表記がなくなる）
1977年	Bolanderの“*Assessing Personality through Tree Drawing*”の出版
1978年	林 勝造が英語版を1949年発行のドイツ語原著のマニュアル本とする見解を発表し，十字の図式・置きテスト・グリュンヴァルトの空間図式・標準バウムの図などを紹介

Kochは1958年に満54歳で心臓病で死亡している．1949年に出版されたこのDer Baumtestは，1952年には英訳版[12]がはやくもだされている．しかし英訳版では理論的・研究的な部分は大幅に削られ，簡便なマニュアル形式になっている．著者らはこの英訳版を翻訳し，若干日本での研究を補追して1970年に公刊した[7]．このマニュアル形式の英訳版には掲載されていない理論的な面の紹介に力点をおきつつ本稿を執筆したので，他は拙著に譲ることとしたい．

『現代精神医学大系4A2　精神科診断学Ⅰb』の「描画法」（林，1978）より

1978年	吉川公雄が『人間生態学――生物としての認識からの出発』の中で「体系化され出版されたのが1949年である。この初版は1952年に英語版が刊行され（中略）1957年に新しく追加補充されて第三版が刊行され決定版になった」と言及
1980年	『バウム・テスト整理表とその手引』の出版
1980年12月	『バウム・テスト事例解釈法』の出版 •ドイツ語原著から「ヴィトゲンシュタイン指数」を紹介 •同書の林 勝造による「はしがき」に，1978年3月にコッホ女史に会い，編集と事例提供を依頼したとの記述

その間に私は1978年3月に，スイスのルツェルンにある，バウム・テストの原著者である今は亡き Karl Koch 博士の創始した Institut für Angewandte Psychologie を訪れ，現在亡き父のあと，その研究所を継承している臨床心理学者 Regula Koch と故 Karl Koch 博士夫人の Anne Koch Hug に会い，本書の企画について報告し，Regula Koch に本書の編集に参加するとともに，Regula Koch 自身による事例の解

『バウム・テスト事解釈法』の「はしがき」（林，1980）より

1981年7月	幼児のバウムテストに取り組み始める（中島　予備調査実施） 4歳児クラスの幼児に対し，「実のなる木を1本，描いてください」の教示で実施可能なことを確認
1982年4月	第49回バウム研究会で「幼児のバウムについて」を発表し，その際に日本語版に対する疑問点を話す（二線幹の出現率の異常な低さ・T型の幹，マツの木，マツ科型の幹，T字型の幹における指標名の混乱と指標の判定基準など）
1982年11月	Buck著／加藤孝正・荻野恒一訳『HTP診断法』の出版
1983年10月	第7版の現物を手にする機会があり，巻末の出現率表を見て二線幹の出現率傾向がわが国と同じであることを知る

1983年12月	文献検索（大阪大学医学部附属中之島図書館の協力）によって第2版の存在を初めて知り，書誌情報上だが第7版は第3版の重版と判断
1984年1月	第7版の全頁複写を入手し，「発達テストとしてのバウムテスト」の章から訳し始める
1984年	• 英語版は既に絶版になり購入不能，また英語版の改訂はされていないことを確認（丸善を通じてハンス・フーバー社に問合せ） • 英語版の全頁複写を入手
1984年8月	北海道旅行でエゾマツ・トドマツを見て，幹がまっすぐに伸びるマツの存在を知り，「松科の木（T型の幹）」のTはTanneのTであると確信する これをきっかけに樹木図鑑で調べ，モミはマツ科モミ属，幹が曲がりくねったマツはマツ科マツ属の黒松であることを知る
1984年9月頃	筆者の疑問に関連する英語版と第7版の当該箇所の記述を検討し，T型の幹のTはTanneのT，Tanneの英訳はfirであり，英語版にあるT-trunk，pinetrunk，pine trunk（T-trunk）は，すべて同じ指標を表していることなどを林先生に書面で伝える
1984年10月	英語版出版後にドイツ語原著は改訂されていること，英語版は第7版（第3版）のマニュアル本ではないこと，英語版にある二線幹の出現率は異常に低すぎることなど，英語版についての疑問を林先生に直接お会いして伝えたが同意は得られず
1984年11月	第7版巻末に掲載された58指標の出現率表の再計算完了
1984年11月	林先生から，「國吉先生と相談したが，コッホに間違いはない，英語版のミスは考えられない，アメリカでの出版に向けてコッホがアメリカで収集したデータに違いない。T型の幹のTはモミのTであることは知っていた」などの返答を電話で受ける
1985年1月	第60回バウム研究会で「コッホの原著（未邦訳部分）の紹介——特に発達過程について」を発表
1985年2月	一谷 彊・林 勝造・国吉政一編著『バウムテストの基礎的研究』の出版
1985年3月	第2版の複写を入手（ただし，全頁ではない）。訳者らのいう1949年のドイツ語原著は，第2版ではなく第3版だと判明
1985年4月	林先生から住所を教えていただき，レグラ・コッホ女史へ英語

版の二線幹の出現率が第2版や第7版と異なるのは何故か，初版の出現率は英語版と同じかなどを問い合わせる

1986年1月　コッホ女史からの返信が届く

1986年2月　英語版邦訳者らから第3版の邦訳出版の誘いを受け，分担箇所が決まる（この計画はその後進展せず，頓挫する）

1986年7月　コッホ女史に再度，英語版での二線幹の出現率を問合せ。英語版での二線幹の出現率は二線枝の値に類似していると伝え，再計算した出現率表を同封

1986年8月　日本心理臨床学会第5回大会で「『バウム・テスト――樹木画による人格診断法』における問題点」を発表

1986年9月　國吉先生から，「冠の大きさ」の邦訳をいただく
高橋雅春・高橋依子著『樹木画テスト』の出版

1987年4月　コッホ女史からの2度目の返信が届く

1989年5月　初版の所在を知るために，再度，文献検索（京都大学附属図書館の協力）をしたが，初版に関する情報は得られず。その際，京大病院精神科に第3版があるとの返事をいただく。同書の図書カード（コピー）に「昭和36.11.24」と印字されていたことから，バウムテストがわが国に導入された頃のものと思われる

1989年8月
- 「バウムテスト研修セミナー（8月9・10日開催）」のテキストに，1977年にコッホ女史に会い，英語版が初版の英訳本であることを初めて知ったとの記述あり

> ない。その初版本の英訳版を日本語に訳したのが，筆者と国吉と一谷であった。当時，既に国吉は改訂第3版を入手しており，その骨子は大体において違わないにしても，内容的にたとえば統計資料にしても，研究紹介にしても，理論構成の中核になるグリュンワルトの空間象徴にしても，その記載が英訳版にないことを不思議に思っていた。1977年に筆者がルッツェルンにあるKochの残したInstitut für Angewandte Psychologieにその継承者であるKochの長女Regula Kochを訪ねて初めて英訳版は初版本の全訳であることを知ったのである。したがって日本語訳版は独語版初版の英訳版を翻訳したものであり，改訂第3版に比べると，不備な点が多い。目下，鋭意，国吉が中心となって，独語改訂第3版の翻訳を進めているので近い将来出版される予定になっていることを付言しておく。

セミナーテキスト：バウムテストの成立・変遷・展望（林，1989）より

- 1977年の林とコッホ女史との対面は，「「バウムテスト」論考」（林，1994）においても紹介されている。1977年の時点で“初版本”の存在を把握し，英語版が初版の英訳本であると認識していたなら，1977年以降に出版された『バウム・テスト整理

表とその手引き』(1980)・『バウム・テスト事例解釈法』(1980)・『バウムテストの基礎的研究』(1985) にそのことの記載があれば，余分な混乱は防げたであろう。『事例解釈法』のコッホ女史の序にある“初版”への言及はない。

である。実は1977年に Luzern に行き，後継者である彼の長女 Regula に会った時に「英語版は，初版独語版の英訳版か」と確めたところ「そうだ」とのことであったので，筆者は完全な翻訳と思い込み，いくつかの論文にそのように書いてきたが，Regula がスイスの古書籍店で入手してやっと1989年7月に筆者に送ってくれたものを見てその間違いを知った。その経緯を述べてここにお詫びをしておきたい。改訂増補第2版も1993年8月に Regula を東京に招いてセミナーを開いた時に持参してくれた。こうしてやっとその4冊が筆

「バウムテスト」論考（林，1994）より

います。林，国吉，一谷各博士は『バウム・テスト』の初版の翻訳者として日本においてはすでに著名であります。

「コッホ女史から寄せられた序」(『バウム・テスト事例解釈法』，1980)

1989年8月	林先生より初版の全頁複写が突然，届く（8月21日付け）
1989年9月	第77回バウム研究会が開催され，77回で閉会する
1993年8月	コッホ女史が来日し，1957年3月のコッホの講演を発表（國吉先生からの1995年1月31日付けの私信より）
1995年1月	「カール・コッホの講演　1957年3月」の邦訳が國吉先生から届く
1999年8月	Bolander著／高橋依子訳『樹木画によるパーソナリティの理解』の出版
2002年3月	de Castilla著／阿部惠一郎訳『バウムテスト活用マニュアル——精神症状と問題行動の評価』の出版
2005年3月	岸本が「『バウムテスト第三版』におけるコッホの精神」で日本語版の問題点を指摘し，第3版を「仮想初版」と命名
2006年8月	Fernandez著／阿部惠一郎訳『樹木画テストの読み方——性格理解と解釈』の出版
2010年9月	コッホ著／岸本寛史・中島ナオミ・宮崎忠男訳『バウムテスト第3版——心理的見立ての補助手段としてのバウム画研究』の出版

※1　吉川（1978）で紹介されたレグラ・コッホ女史の手紙からの引用
※2　阿部（2006）からの引用
※3　日付けは林（1989）からの引用

資料2

カール・コッホの講演　1957年3月

國吉政一　訳

投影と表現をなかだちとして人間のパーソナリティーの一部をさまざまに明らかにすることができる。したがって，線描画，なかでも樹木線描画については，一言述べてみるだけの価値がある。テストのやり方は簡単である，すなわち，画紙と鉛筆それに消しゴム，それに「実がなる樹を描きなさい」という指示。テストに対する反発は比較的少ない，たとえ強力な反発があったとしても，状況次第では，このことがかえって線描そのものよりも診断的に重要になることがある。私が樹を線描するとしよう，その時には客体世界 Objektwelt と主体的投影ならびに表現現象とが一つに合体している。心の中の実像の模写と純粋な客体表出とが，さまざまな金属が融けて合金がつくられているようにひとつに合体している。学校で使う手本の通り描こうとする例があるが，これでは判断するのにあまり役に立たない。客体がはっきりと見極められないような投影は，あきらかに実際の客体と関連しているとは思えない。

意識的に形を作り上げた場合と同様に，すべての投影には，心の中の混じり気のない形象や，欲動的・情動的動向（Heiss[1]）が現れている。投影の結果として出てきたものは，意識というフィルターによって篩（ふるい）に掛けられコントロールされている。所与のテーマ，ここでは「樹木」であるが，これは線描する人の個性によってそれぞれ形を変える。心の中で想起することは，心の外へ移されて特定の形態が生じる。

したがって，表現運動がそのまま単なる投影となるような線描画は，ほとんどないといえる。現象というものを正しく評価するために Vetter の説に従って，我々は形態と運動の対立，相貌学と表現学との対立を取り上げる必要がある。形態は見るものであり，運動は読み取るものである。こうしてわれわれは，樹木線描で診断できるものは，いったい何であるのかと，問題提起することが可能となる。樹木線描画はまさに形態そのものであり，一定の大きさ，とりわけ独自といえる大きさの比率を持っている，そしてこの形態は発達してゆくのに伴って変化する。一般にこの形態がどのような構造を持っているのかは，次第にあきらかにされるであろう。典型的な樹木の形態が示す相称性は，人間の体型との類似性を暗示しており，一方，C. G. ユングが簡潔に述べているように樹木の横断面はマンダラになっている。マンダラに準拠するならば，樹木線描画は自己象徴の俯瞰図であり，自己と象徴の正面像，すなわち，象徴は自己 Selbst[2] というものを発達の過程としてとらえているのである。象徴的属性はただ単に原初的事物 Urding[3] としての樹木だけではなく，花，葉，蕾，そして実，さらに風景にさえも認められる。ここでいう風景とは，梯子，巣，鳥，それに鳥小屋などのような付属物が介在する自然環境に樹木が立っている様子を指している。杭とか生け垣，それに補強用の輪にも象徴的意味が認められる。

なかでも樹冠が，さまざまな表現行動のあらわれる領域であるとするならば，また，それも，運筆のいかんにより，すなわち動きがゆったりしているか，こわばっているか，陰影の度合い，釣合がとれているかいないか，満ちあふれているかいないかによって，最大限にその表現行動が判断されているならば，筆跡学，さらに追体験できる行動の筆跡を判断することが重要となる。もちろんこの樹木線描画における行動の領域には制限があり，映画のフィルムのように次々と流れ出てくる筆跡とは異なっている，筆跡と樹木線描画との違いは，筆跡の方が自動化されているところにある。

最初のテストを始めてからほぼ成人期近くまでの間，樹木線描画の発達を観察すると，幼児期の比較的短い時期には，その線描画は図式的な印象がはっきりしているし，部分的にも図式化されていることに気が付く。発達の最初の段階は，いわゆる原初的形態 Frühform[4] の系列であると思われる。この形態は，普通に発達してゆけば，やがて消されるものである，例えば，ひまわりの形，まっすぐに水平に伸びる枝の形，空間倒置，直交枝 Winkeläste[5]，大きすぎる実や葉などがそれである。冠の高さに比べて幹の長さの方が，過度に強調されている幼少年期を経て，13 歳ごろになると，冠のほうが幹より優位となり，冠と幹との比率が反転する，もっともこれには被験者が健康的で平均的であることが前提となるが，このように比率が変わっていくことがあきらかになっている。これとは逆に，枝が大地に近いところについている樹が，生長していくにつれて普通の形の幹になっていくことがある。まるで樅の樹の生長と同じような成熟が見られる。それは，樅の樹が年をとるにつれて小うるさい隣人と仲良くやってゆくために，下枝を払い落としてしまうようなものである。とりもなおさず人間によく起こることが，同じようにそっくりそのまま見られる。

われわれは，幼少年のこころ Psyche[6] の在り方について十分知りつくしているつもりであるが，幼少年期の一連の発達を，ここで述べたような角度から考察できるとは思いもよらなかった。幼少年の示すこのような姿は，原始的であり，無意識的であり，そして未開発であるなどと表現するのが一番ふさわしい。このような原始性の形骸が，幼少年期以後の年齢にまで，引き続き見られるようであるならば，これは一層発達の早い段階への固定を意味することになるし，人間心理の情動の分野における遅滞，または部分的遅滞を意味する。さらにこれには退行という意味もある。もっともこの退行が出現するのは，成熟とともに育ってゆく情動の心理的構造が攪乱されるときであり，また思春期になって，この心理的構造が弛緩して，再び原始的段階が顔を出してくるようなときである。

診断に臨むにあたっては，この情動の成熟度というものが大変重要な問題となる。例えば知能テストのような自然科学的方法を使って評価することがあるが，このとき情動の分野における状態像が，その年齢とかけ離れて，はるかに若い年代にとどまっているものであるならば，この自然科学的方法の結果は，まったく信頼がおけなくなると，私は主張したい。例えばテストの結果の評価のすべてにわたって，われわれは，もともとはっきりした根拠に基づいて，情動面の年輪を判断しないわけにはいかなくなった。情動性が部分的に遅滞していれば，成熟した層と未成熟な層との間に隔たりができて，成熟が遅れ実を結ぶことが難しくなっている。そればかりか実を結ぶことがまったくできなくなることさえもある，一方，人格を統合する能力が抑圧され，状況によっては成熟した層と原始的な層とが，入れ替わり立ち替わり現われる。すなわち揺れ動く不安定な状態になっている。

バウムテストは，このような成熟の遅れをはっきりと指摘することができる。しかしながら，結果論的に見れば一部ではあるが，線描の巧みさ－才能があるかないかということが影響していることを認めざるを得ない。しかし，この点に関し大切なのは，線描の才能にあまり影響を受けないか，まったく影響されないことがあることである，それは幹と冠とを比べた時の大きさの割合である。種々さまざまな発達遅滞の諸症状には，それぞれそのもつ意味の重さが違っていることに，われわれは留意しなくてはならない。ひとつひとつの症状を統計的に処理することの目的は，実際問題として，徴候の持つ意味の重さを見つけ出すことであった。例えば，一線枝は7歳児の60％に，15歳で10％に見られる。ひまわり型は7歳児で12％に現れるが，1年後には全くなくなってしまう。したがって一線枝は，ひまわり型にくらべればそれほど重要ではない。20歳の人がひまわり型を描くときは，これはあきらかに警告徴候となる，この意味で一線枝の方がはるかに重要性が低い。もちろんこの重要性の判定は比較上の問題であり，本来各国で追試されなくてはならない問題である。投影テストに統計的手法を用いるにあたって，数値が正確であるかどうかを論じるのは無意味なことである。それにしても，物事をしっかりと見る習慣を身につけると，われわれはよりはっきりと物事の相互関係を見抜く，つまり各年齢層における諸徴候の出現頻度を知っておれば，はるかに診断しやすくなるのである。

われわれが注目したのは，すなわちバウムテストはまず発達テストであるという点にあり，さらに象徴解釈を取り入れ筆跡学的知見をバウムテストに適用する点にある。次に問題となるのが描画空間における定位であり，なかでも特有な空間象徴が問題となる。描画空間における樹木の位置の解釈が可能となるために，反論の余地がないとは決していえない現在の状況の打開を急がなくてはならない。子どもは，幹を画紙の下縁に立てて描く，また催眠下でテストを行い幼児期にあることを暗示した時には描画は右下に位置する，が思春期危機や，それよりさらに早い時期では，樹木は画紙の上縁近くに描かれ，左隅にぴったり位置する，右上のことはほとんどない。基本的には，たしかに樹は画用紙の中央に線描される，が「少し右より」「少し左より」という例もある。M. プルヴァ[7]は，その著書に提示しているような座標軸を使って，筆跡に関する領域理論を完成した。十字は樹木の基本的象徴でもある，が厳密に考えてみると人間の姿態にも似ている，とくに十字は大まかではあるが空間定位一般を表しておる，左と右が何を意味するか，また上と下が何を意味しているのかは，言うまでもなく決まってはいない。よく知られている最も簡単な意味は，すなわち左は，過去性，起源，母であり，右は未来，待望されるもの，父，目標であり，上は，精神，神，天，理想的なものであり，下は，大地，地獄，物質，無意識性である。筆跡学では，この図式をほとんど反論の余地のないものとして受け入れてきた。もっともこれに関して，ごく最近になってようやく異説が唱えられ出した。この異説というのは，ただ単に作為的に作り上げられたものなのか，また，それ以上のものであるのかは，にわかに断じがたいのではあるが。空間，ここでは矩形で限られた空間を指すのだが，この空間は形態観察が中心となるときは，静止的であり，空間がエネルギーの場をあらわすときは，力動的である。このように静止的で力動的な空間の中でこそ，相互関係，緊張状態，引きつけたり反発したりする地点，両極性というものが組み立てられている。そして，このような領域はいろいろな方向性をそれとなく示しており，何処から来たか（今まで[8]）と何処へ行くか（これから[8]）という両者の間にあって，いろいろな動きが，少し違った地点（時点[8]）を出発点として始まる。

私の知る限りでは，わが友 M. グリュンヴァルト[9]が美学の立場から出発して，空間の幾何学というものに気がついたのである。この幾何学は古くから一般的に美術と同じように見られていたようである。グリュンヴァルトは，この原始的幾何学 Urgeometrie に基づいて，形を置くテスト Formlegetest を考案した。いずれそのうち刊行物として発表されると思うが，このテストは，とにかく見逃すことのできないテストである。もっとも象徴思考というものが氷の下に閉じ込められてしまっているとつい見落とすことになる。原始的幾何学というものは，もともとわれわれの身についているものに違いないので，作為的にこしらえる必要はない。またこれは，おそらく普遍的妥当性に類似したものを備えているのであろう。

手短な問いかけで設問が順を追って始められる。画紙を被験者の前に横長に置く。この画紙はわれわれの人生を，すなわち初めから終わりまでの全人生を表わす。さて硬貨を手に取るか，ひとつの点を思い浮かべる，この点は自分自身であると仮定する。この自分の点 Ichpunkt を，画紙の上で，今自分が人生において位置していると思われる地点に置く。このテストは，現時点で自分が一番気についたところに，点を置くように被験者に要求しさえすれば，それで充分である。ここで次のように質問する，この点は何処からやってきたのか，すなわち初めは何処にあったのか，何処で人生の第一歩を踏み出したのか。こうして始まりを表す空間の点が，それぞれの個性に応じて浮かび出てくる。次に以下のように質問するのがよい。人生においてそこより先に進むとすれば，自分－点 Ich-Punkt はどこへ向かって移動するのか。こうして，例えば目的地とか終りを表したり，また少なくとも終りに到達しようと努力している第 2 の点が決まる。

このようにして，右方向の横座標系には時間を，上方向の縦座標系には，到達水準，業績，現在位置，および結果の高さを書き込むことができる。こうして，いろいろのことがあきらかとなる。何処からと，何処へとのごとく一般的な結びつきは，左下（初め）から右上（終り）へ移ってゆく力の統合 Synthese された方向と一致する。グリュンヴァルトは，この統合のことを生活線 Lebenslinie とも名付けている。

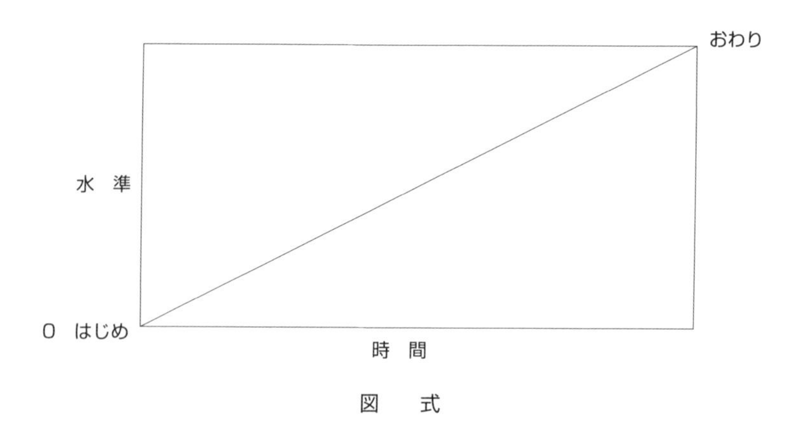

図　式

もっとも，この空間はさらにいろいろと分けることもできる。最初に決めた自分点の位置は，ぴったり当てはまっていたと，普通は考えるものである。そしてここで，自分点が右下に位置していたならば，どのような気分になるのであろうかと自問自答していよう。その応えは次の通りである。落ちぶれている，朽ち果てた，ここは地獄だ，うまくいっていない等々－さらに，その点が左上に位置していたとすれば，どういう気分になるのであろうか。答えはすなわち，努力せずに立身出世している，帝王または金持ち，働かずして身分は初めから既に上層にあり，いかにも業績や知識があるかのように自慢する人，不当に出世している，本来の役割を回避している，真の目的に反している。このようにして，質問し，その答えを並べ，ひとつの空間ができあがる。その空間とは，かなり鮮明で完全に近い形で，いろいろな帯域と方向を備え，種類が異なり，評価が違っているのである。

（前ページの図表を参照せよ）

この原始的幾何学を理解するためには，言うまでもないことではあるが，ある程度こまやかな心遣いが必要となる，それだけでなく，意識と生活基盤とがありのままの姿で結びつくことも前提条件である。

この空間に，自分点のかわりに樹をおいてみよう，ここで言う樹はC. G. ユングが述べているように成長の過程として自己の象徴なのであるが，こうすると，これまでは確かに，やむを得ないことであったといえるのだが，納得いくまで根拠をあげて説明できなかったことが，突如としてあきらかになってくる。

子どもは，樹を画紙の下縁に立てて描く。このとき子どもは引き続きなおまったく無意識の状態にある。逆に，10歳になると樹は，突如として画紙の上縁からはみ出すようになる。発達心理学の観点から，この年齢層で自分自身と世界との関係に変化が始まることを，われわれは知っている。自分を取り巻く環境との間にある連帯感，そして論理的で批判的な立場にある大人との連体感，このような連帯感が失われているという報告を耳にする。10歳で子どもたちの12％が画紙の上縁からはみ出して線描する，11歳では早くも22％以上となるが，次いでパーセンテージが9に落ち，16歳以降では約5％まで下がる。統計的には処理されていないが，画紙の左上の領域に描かれた樹木線描画は，いろいろな角度から考察されている。ダンスの時の壁の花たちは，傍観者的性格空間に逃げ込んでおり，思春期であり，いつも疲れ消耗していて，自分からは望んでいない願望の世界に身を避けている。こういうことは，内気な人によくあることである，というよりもこういう人は，所謂怠け者といってもよいのだが，とにかく体を休めたいという思いが強く，いつまでも休んでいたいと思っている人でもある。

投影が意識によって篩にかけられることがまったくないような催眠下で，暗示が幼児段階まで適用すると，右下に描き，その段階から少しずつ年齢が増えていくとともに中央に向かい，さらに左上に展開してゆくのだが，このような現象については，解釈することがなかなか難しい。われわれは，「なんじ土から授かりしものよ……」という言葉を思い出す。右下の領域は，土に近い地点であり，無意識性を帯びており，われわれが空間象徴の見地から感じる原始的な表現がもっとも強烈に出現する帯域である。このような無意識の深層は，思春期になって再び姿を現す。ふつうに見られ，きわめて典型的とされている，左下から右上に向かう生活線と対照的に，思春期には生活線が反転して右下から左上にむかう。樹木線描画で運筆の方向を転換するときに，交差する線がよく見られる。この線は心理的阻害の徴候を示す，一般に阻害とは，ふつう力が抜けたような印象を与えるが，このような状態が成人期にまで引きつづいて持ち越されるならば，この線は警告的な徴候となる。このような現象は成人期に特有の現象である，というのは，この時点で，それまでのパーソナリティー構造が壊れてできた瓦礫のなかの割れ目や掻き傷から，無意識というものが次々と顔を出して来て，意識と無意識が対立し，自我発見への道が開かれるといわれているのだが，残念ながら，この道は見つからないことの方が多いのである，このような点で，成人期に特有な現象といえる。樹木に塗られた黒っぽい色調を手がかりとして，われわれは，無意識の再活性化の減少と，原始的段階の掘り起こしの現象との類似性に気がつく。6歳児では60％で最高にまで達した出現率は，10歳で約16％に落ち，15歳で40％以上に上昇する。

以上をまとめてみると次のようになる。バウムテストには，幼児の診断に関して，あまり多くを期待できないようである。ほぼ9歳以降になると，バウムテストに徴候が出てくるようになるし，またパーソナリティーの多様性が増えてくるのに伴って，このテストの長所が明らかになってくる。しかしながら，ある一部の成果からすべてを絶対視することは根拠が薄弱であり成立しない。というのは，バウムテストはいろいろの検査の相互の関連においてこそ，文字通り実り多い役割を演じるからである。そしてこれは，テストにとって避けて通ることのできない道標（みちしるべ）[10]を見過ごすことが少なければ少ないほどそのように言うことができる。しかしその検査方法が，ただひとつの試験だけに限定される場合はこの限りでない。また，この試験をよりよくしようとする努力が，次々と続けられる限り，バウムテストは実り多い役割を演じるに違いない。

註

1．Heiss, Robert: 1903-1974，ドイツの心理学者，哲学者，性格学の研究者，筆跡学分野でも著名。ケルン フライブルグにて大学教授。著書：Die Lehre vom Charakter（1936），Die Deutung der Handschrift（1943），Allgemeine Tiefenpsychologie（1956）。

2．Selbst: C. G. ユングによれば「自己Selbstは意識，無意識を含む心の中心であり，意識の中心としての自我Ichをも包含する。自己そのものは意識されることはないが，そのはたらきは，象徴として自我に把握される」（加藤正明他編＜精神医学事典＞弘文堂，p. 244，昭和50年，C. G. Jung＜Aion, Beiträge zur Symbolik des Selbst＞Walter-Verlag, 8. Auflage, 1992）。

3．Urding: Ur- はurtümlich「原初的」の意味を持つ，また，Urmutterを元型的太母とも訳す（C. G. ユング著，河合隼雄監訳＜人間と象徴＞上巻，河出書房新社，p. 207，1989），これにならって「元型的事物」と訳出することもできる。

4．Frühform: コッホは，一線幹，一線枝，水平枝，十字形Kreuzformen，直線形Geradeformen，直交枝Winkelast，ヒマワリ形，空間倒置Raumverlagerungen，などをあげている（Karl Koch＜Der Baumtest＞3. Auflage, Verlag Hans Huber, Bern und Stuttgart, S. 59，1957）。

5．Winkeläste: 4を参照。

6．Psyche: ギリシャ語で，生命・死者の魂・霊魂の意味を持つ，がここでは，感情，意思，知性などの根源としての心の意味を採る（古川晴風編＜ギリシャ語辞典＞大学書林，p. 1218，平成元年）。

7．Pulver, Max: 1889-1952，スイスの筆跡学，性格学，深層心理学の研究者，詩人としても有名な文学者。著書：Symbolik der Handschrift（1931），Intelligenz im Schiriftausdruck（1949），Himelpfortgasse（1927）。

8．訳者註

9．Grünwald, Michael: 詳細不明。

10．Mändel: Mandl（山頂や登山道を示すために積み上げた石，石標，ケルン cairn）。

これは，1995年1月に國吉先生からいただいたものです。添え状には，1993年にレグラ女史が来日された時に発表されたものとあり，先生から事前に「今，訳を清書中。訳を送るから受け取って欲しい」というお電話がありました。その時，コッホの最終講演の原稿と言われたように思うのですが，昔のことなので記憶が定かではありません。

この講演原稿には，コッホのバウムテストに対する考えのエッセンスが第3版以上に語られていると思いますが，あまり知られていません。私もこの原稿で初めて知りました。この機会に，多くの方に読んでいただきたいと願い，掲載しました。

資料3

「バウムのとりかた」

藤 岡 喜 愛

1．用意するもの

Ａ４の画用紙と４Ｂの鉛筆。消しゴム。

普通市販の画用紙は，各種用紙のようなＡ列，Ｂ列という規格には従っていないものがほとんどである。そのため，筆者らは文具店に注文して裁断してもらっている。バウムそのものは，Ａ４の大きさの画用紙でなくとも描いてもらえるので，とっさの場合には，ありあわせの紙と鉛筆で間にあわせても，描いてもらわないよりはマシである。しかし，紙の大きさが異なると，のちに述べるような空間配置の問題や，バウム全姿の紙面に対する相対的な大きさなどが判断しにくくなる。HBのような普通の硬さの鉛筆で描いてもらうと，４Ｂで描いてもらったバウムにくらべて，どうしても硬い感じのバウムになる。

でき上がったバウムの解釈には，同じ規格によって描かれたバウムを沢山見ているという経験が必要だから，そのためには，やはり，はじめにコッホが規約した規格で揃えておくにこしたことはない。与えられたバウムと，すでに得ているバウムとが直接に比較できるということが，経験蓄積の上では，やはり大切な要件であると考えられる。

2．すすめ方

著者らは，画用紙を，被験者に対して縦になるように置き，その横へ鉛筆を添えて置くことにしている。そうして，「実のなる木（の絵）を，（１本）描いて下さい」と頼むことにしている。

コッホははじめ，「木を一本描いて下さい」といったらしい。しかしこのいい方では，マツやポプラなど，いろんな樹種が描かれたので，「葉のある木」，「マツではない木」，「果樹」という三つのいい方を試みて，結局「果樹」に落ち着いたという。

日本のように樹種の多い国では，なおのこと「果樹」に限定したいのだけれど，困ったことに，「果樹」という言葉は，日常の熟した言葉ではない。そこでこれを，「実のなる木」というようにいいかえたのは，著者の記憶が正しければ，京都大学医学部精神医学教室のバウム・テスト研究会の工夫であった。

画用紙と鉛筆を眼のまえに出して，「実のなる木を描いて下さい」といえば，絵を描くことにきまっている。だから，「絵を」描いて下さいというと，のちに述べるような，様式的な絵や，抽象画のようなものを誘発しやすいという意見がある。著者は，被験者と1対1の場合には，どちらとも，あまりこだわらずにアクセントさえつけなければ，どうという支障もないように思う。ただ，「絵を描くんですネ」と念を押された場合には，「ハイ，木を描いて下さい」と返事をすることにしている。

集団テストとして実施する場合には，「実のなる木を一本描いて下さい」と黒板に書くことにしている。わざわざ「一本」といわなくても，たいがいは一本の絵になるものである。しかし描き手によっては二本以上を描くときもあるし，「一本」といっておいてさえ，二本以上を描く被験者があらわれるので，あえて「一本」ということにした。なお，集団テストの場合は，10分ほど経過してから，もう大概の人は描き終わっているから，「まだでき上がっていない人は急いで仕上げて下さい」といったり，なお1分間も待ったのちに，「仕上げのすんでいない人は，未完成の註を裏に書いておいて下さい」といってテストを打ち切るなどの工夫もありうる。バウムを描くのに要する時間は，普通は成人で10分以内，小学生低学年で15分以内と見ておくと差支えないようである。打ち切りにしなかった場合には，所要時間を裏に，こちらで，メモを記しておくのがよい。

3．質問にこたえる

「一本だけしか，描いたらいかんのですか」と たずねる人がある。「ハイ，まあ一本だけにしといて下さい」

「実を描かんといかんのですか」「イエ，実のなる木さえ描いてもらえれば，それでケッコウです」

「時間に制限がありますか」「べつにきめてありません。あなたの気のすむように描いて下さい」

以上は，ごく普通に生ずる質問と，それへの答の例であるが，要点は，1）被験者が自由に発想して描いてくれるものとこちらは期待していること。2）したがって，何の木か，どのように描き上げるか，には一切制限がないこと。(ただし写生することだけはやめてもらう）という趣旨を了解してもらえるように，質問には答えることとする。答の形そのものは臨機応変でよいはずのものである。

「(紙を）横にして描いたらあかんのですか」「どちら向きでも，あなたの都合のよいようにして下さい」

「描きそこないましたが……」「消しゴムを使ってもらってもかまいません」あるいは相手の様子によっては「裏へ描きなおしてもらってもいいのです」

「柿の木でもかまいませんか」「何の木でもけっこうです」「竹を描いてもかまいませんか」「できたら木を描いてほしいのですが」

質問の例はあげればきりがない。被験者の気分の固さをほぐし，勝手な思いこみを解いて，自由さを発揮してもらうのが趣旨である。

4．その他の注意事項

窓の外を見て，「あの木を描いたら」などという人がないでもない。そんな時には，「写生ではなしに，あなたの思っている木（心の中にある木）を自由に描いていただくほうがよろしいのです」などということにしている。

「実のなる木なんて，あんじょう見たことおまへん」，「木の絵なんて，よう描きません」，「絵は下手ですん，かんにんしとくれやす」など，こちらの要請が不発に終わりそうな気配が濃厚な場合もしばしば生ずる。

「あなたが，こんなもんや，思うてはる木を自由に描いて下さい。すきなように（描けるように）描いてもらえばよいのです。だから，上手，下手は関係ないんです」，「はあ，まあお互い，学校出てしまうと，あんまり絵なんて描かんものですからな」「いや，どない描かなあかん，いうようなきまりは何もおまへんねや，まあひとつ気がるに描いてみてくれやす」など，適当なあいずちや，強制的にならないすすめ方を工夫してみる必要もある。

「実のなる木，ではお困りなら，べつにどんな木でもけっこうです」，「こんな木，描いてみたら，いうのでもいいんです，何の木をかかなあかんちゅうことないんです」，というときは，話を切りかえて雑談その他，適当な時をおいてからもう一度水をむけることも試みられてよい。

画が仕上がったら，裏へ，氏名，年齢を書いてもらう。集団の場合は念のために，生年月日，性別，日付など書いてもらう。とくに左利きの場合はそのことを注意書きしてもらうのもよい。

その他，テスト中の態度や，描いているときの動作，発言など，気のついた点を備忘しておくことは当然の心掛けであるだろう。

なお，個人的な臨床検査の場合には，さらに，「いまのとはちがう木をもうひとつ描いて下さい」と要請してみるような仕方もある。これはとくに，簡単すぎる木をサッと描いて済ませたり，竹や草花，また枝だけ，実だけなどを描くだけで済ませた場合には，一応要請してみる方がよい。ただしこれには，追打ちをかけるかのようにすぐ要請するのでなく，少し他の話などをしてから持ちかけてみることが有効な場合もある。要はその場の空気次第というほかはない。

絵具や色鉛筆を使うこと，また，バウムだけでなく家屋や人物，風景などまで描いてもらうなど，工夫すればいろいろのすすめ方があるのは当然のことである。ただそうなると，考慮すべき因子が際限もなく増えて，手に負えなくなるのではないかと思われる。実際，バウムの鉛筆描きだけでも現象はけっこう複雑であって，その解析的な吟味はすでにきわめて困難なのである。だからバウムも，「果樹」に限定したいというのがコッホの趣旨であった。

これは，藤岡先生が手書きで書かれた原稿のコピーを中島に渡されたものです。時期は覚えていませんが，多分，大阪の北野病院の「バウム研究会」でコッホのドイツ語原著の紹介や幼児のバウムテストの発表をしていた頃だと思います。

2000 年頃に教示の検討を始めた頃にこの原稿を思い出し，探し出して読んでみました。教示をはじめとする実施状況がこれほど丁寧に書かれているものは，他にないと改めて思いました。一部に推敲のあとはありますが，完成原稿ではないようです。なお，字句はその通りにしました。

資料 4

教示の実態調査

わが国では，コッホのバウムテストと謳われていながら，使用される教示は利用者間で一定していない。

そこで，実際に使用されている，あるいはバウムテストについての概説や用語解説で紹介されている教示の実態を調査したので報告する。

1．調査方法

(1) 教示（通常の教示）

まず，バウムテストに関する論文が初めて発表された1962年から1999年までに発表された樹木画法に関する文献の中から，コッホのバウムテストに関する文献であることがタイトルや引用文献から判断し得た220編を選んだ。

次に，「方法」などの箇所に教示の文言が具体的に記述され，しかも実施対象を幼児に限定していない115編を選んだ。それらは，論文・著書（分担執筆や事典などでの用語解説も含む）・学会等の発表抄録である。調査対象の重複を避けるために，学会等での口頭発表が論文化されている場合は，論文のみを対象とした。また，同一研究者・研究グループによる別の内容の文献であっても，教示に変更がない限り調査対象から除外した。

さらに，「日本語訳版に従う」とか「中尾・吉川（1974）に従う」のように教示の内容が具体的に記述されていない場合は，引用文献で示された教示の文言とした。なお，バウムテストを同じ人に2回実施する2枚法の場合には，1回目の教示を調査対象とした。

以上の基準で選定した56編の文献に記された56の教示を調査対象とする。

方法は，すべての教示を概観し，教示の要素となる文言として“実のなる木”，“木”，“木の絵”，“1本”，“上手に（十分に，丁寧に，しっかりなどを含む)”，“全面（紙面全体，用紙の全面の意)”，“想像”の7語をキーワードとして選定し，各教示における7語のキーワードの有無を調べる方法である。

キーワードの一覧表を作成し，それぞれの教示に含まれるキーワードに○印を付け，その中で教示の文言として最初に提示されるキーワードには◎印を付ける。例えば「実のなる木を1本描いてください」であれば，“実のなる木”に◎印，“1本”に○印を付ける。あるいは，「1本の実のなる木を描いてください」であれば，“1本”に◎印，“実のなる木”に○印を付けて個々の教示の特徴を把握する。

(2) 幼児向けの教示

実施対象を幼児に限定，あるいは対象に幼児が含まれている場合の教示について調べる。先の220編の中から，対象が幼児，あるいは幼児が含まれている，あるいは幼児向けの特別な教示として紹介されている30編を選び，その中から一般的な教示と同じ基準で選んだ11の教示を幼児向けの教示の調査対象とした。キーワードとして，“りんごの木”，“どんな木でも”，“実のなる木”，“木の絵”，“1本”，“上手に”の6語を選定し，各教示における6語のキーワードの有無を調べた。

2．結　果

表1に通常の教示として使用あるいは紹介された教示の文言を年代順に示す。わが国で使用された最初の教示は，国吉ら（1962）の「実のなる木を画いて下さい」であり，キーワードは“実のなる木”だけで“1本”は含まれていない。この教示は，明記されていないが第3版の教示（“Zeichnen Sie bitte einen Obstbaum, so gut Sie es können.）に由来するが，“上手に”と“1本”とは訳出されていない。

“上手に”が訳出されなかったのは，われわれ日本人は，“上手に”描くように指示されると，それがマイナスの心理的負荷になり委縮しやすい。臨床場面では，自信をなくしている人が多いので，そのような文言を含む教示はわが国には適さないと判断されたのであろう。

“1本”が訳出されなかったのは，日本語には不定冠詞は馴染まない，あるいは描く本数を1本に限定しないで被検者の自由に任せるためだったかもしれないが，その後の『バウム・テスト』の補遺では，“1本”を訳出した「実のなる木を一本かいて下さい」の教示が紹介されたが，“1本”を訳出した理由は説明されていない。

『バウム・テスト』では英語版の教示は，「実のなる木をできるだけ上手にかいて下さい。画用紙は全部使ってよろしい」と邦訳されてわが国に紹介された（これを，日本語版の教示とする）。この教示は，“1本”を訳出しないで“実のなる木”を出来るだけ“上手に”描くように指示し，画用紙の使用領域は“全面”を使ってよいとするところが特徴といえる。

日本語版の教示は，『バウム・テスト』の出版後の十年余の期間は使用されているが，英語版が改訂前の旧い原著であるという指摘を契機に使用されなくなったことが表から読み取れる。

さて，英語版の邦訳者の一人である一谷は，被検者から「実と1本に質問が集中した」経験から「投影法としては，反応の方向性を暗示しすぎてはいないだろうか」と疑問を呈し，実と1本を省いた「樹の絵をかいてください」の教示を提案した（一谷ら，1975a）。その後，「これから，想像して木をかいてください。原則として1本で

表1　わが国で使用あるいは紹介された教示（1）

文　献	キーワード						
	実のなる木	木	木の絵	1本	上手に	全面	想像
国吉ら（1962）	◎						
木村・今井（1964）	◎						
カトリック会（1966）☆	◎※1						
辻（1966）☆※2	◎						
一谷ら（1968）	◎						
斎藤・大和田（1969）			◎				
日本語版の教示（1970）☆	◎				○	○	
補遺の教示（1970）☆	◎			○			
山中・中井（1970）※3	◎						
藤岡・吉川（1971）	◎			○			
一谷ら（1973）※4	◎				○	○	
朝野（1973）	◎			○		○	
山野（1973）※5	◎		○				
一谷（1974）☆	◎			○			
中尾・吉川（1974）	◎			○			
一谷ら（1975a）△※6			◎				
一谷ら（1975b）※7	◎				○	○	
青木（1977）△	◎			○			
佐藤・長嶋（1978）	◎			○			
吉川（1978）	◎			○			
佐藤正ら（1978）	◎			○			
高見・中田（1978）			○	◎			
林（1978）☆	◎				○	○	
岩城・吉川（1979）	◎			○		○	
一谷・横山（1979a）	◎			○			○
一谷・横山（1979b）		○					◎
曽我ら（1980）	◎						
『バウム・テスト整理表手引』（1980）☆	◎			○			
山下真（1981）	◎			○		○	
一谷・津田（1982）☆	◎				○	○	
弘済院老人研究班（1982）	◎			○		○	
中田（1982）			◎				
斎藤・松永（1982）	◎			○			
山下一（1983）	◎			○			
一谷（1983）☆△	◎						
西川ら（1985）	◎				○	○	
一谷ら（1985b）△			◎				
宮崎（1986）	◎				○		
藤田（1987）	◎			○			
宮崎ら（1987）	◎			○	○		
林（1989）☆	◎						
岡田ら（1990）	◎						
日比（1990）☆	◎			○			
林（1992）☆	○			◎	○		
三船・倉戸（1992）△	◎						

表1　わが国で使用あるいは紹介された教示（2）

文　献	キーワード						
	実のなる木	木	木の絵	1本	上手に	全面	想像
横田（1992）	◎						
津田（1992）☆	○			◎	○		
飯森（1993）☆	3通りの教示を紹介（日本語版・補遺・「木を1本」）						
藤中（1996）※8	◎			○			
本田ら（1996）	○			◎			
中園（1996）△	◎						
百々ら（1997）※8	○			◎	○		
相馬（1998）	◎			○	○		
佐々木・柿木（1998）	◎			○			
荒木（1998）☆	◎			○			
阪田ら（1999）		◎		○			

☆　バウムテストについての概説や用語解説
△　同じ被検者に2回実施する場合の最初の教示
※1　「くだもののなる木をかいてください」を“実のなる木”とした。
※2　「できるだけ，実のなる木を画いてください」を“実のなる木”とした。
※3　「Koch-国吉らに基づく方法」とあるので，国吉ら（1962）の教示とした。
※4　「Koch（1952）の提案する教示」とあるので，日本語版の教示とした。
※5　2枚目に対する教示から1枚目の教示内容を推測し，「実のなる木の絵」とした。
※6　中島（2002）で示した表1の「一谷ら（1975a）」に相当する。
※7　「ふつうの教示」と説明されていたので，日本語版の教示とした。
※8　「実のなる木の絵」を“実のなる木”とした。

す」の教示（一谷・横山，1979a）で“1本”を復活させ，“実のなる木”も「実のなる木を一本，想像してかきなさい」（一谷・横山，1979b）や「実のなる木を描いてください」（一谷，1983）で復活させた。しかし再び，“実のなる木”は消え，「樹の絵を描いてください」（一谷ら，1985）の教示に戻ってしまう。

また，同様に邦訳者の一人である林は，「著者はKochのインストラクションを忠実に実施している」（林，1978）と述べて日本語版の教示を紹介しているが，その後は「実のなる木を描きなさい」の教示を薦めている（林，1989）。実を言う，言わないに関しては“実のなる木”の立場に立ち，その理由を「「実のなる木」という教示の方が，自我の発動方向に一定の枠組みを与え」，「ある種の制限がないと，木のイメージは多様」になり，「得られた資料は自我の発動方向の異なったものを比較することになる」と説明している。

このように，コッホのバウムテストを特徴づける“実のなる木”でさえも，教示の文言として確立されていない時期があったことが分かる。

“1本”に関して，林は「「1本」という指示も，私は必要がないと思っている」（林，1989）と述べているが，その後，「第三版の教示を教示定式として統一すべきで

表2　幼児向けの教示

文　献	キーワード						
	りんごの木	どんな木でも	実のなる木	木の絵	1本	上手に	対　象
国吉ら（1962）		◎					5歳児
一谷ら（1968）			◎				4歳児～
補遺（1970）☆	◎						幼　児
高見・中田（1978）				○	◎		5歳児
中尾・吉川（1978）		◎			○		5歳児
山下真（1981）			◎		○		5歳児
中島ら（1982）			◎		○		3～5歳児
日比（1990）☆	◎				○		幼い被験者
青木（1992）☆	◎				○		子ども
津田（1992）☆			○		◎	○	幼　児
相馬（1998）			◎		○	○	3歳児～

ある」とし，補遺の教示に“上手に”を加えた「1本の実のなる木を，できるだけ十分に画いてください」の教示を統一教示として提案するようになった（林，1992）。津田（1992）も，「1本の実のなる木をできるだけ十分にかいてください」の教示を，「Kochの意向を汲みながら，わが国に合った教示」と位置づけ，「最終的な統一教示」として提案している。

以上の結果から，バウムテストの教示として，国吉ら（1962）で紹介された教示，補遺で紹介された教示，補遺の教示に“上手に”を加えた教示の三種が主に使用されていることが分かった。

次に，表2に幼児向けの教示として使用あるいは紹介された教示の調査結果を示す。

国吉ら（1962）では，通常の教示に加えて，「実のなる木が画けないときは，どんな木でもよろしいと指示して下さい」と書かれた指示書がバウムテストの実施者に渡されている。

一谷ら（1968）では幼児向けの教示に言及されていないので，幼児に対しても通常の教示が使用されたとみなした。

補遺（1970）では，「幼児には“リンゴの木をかきましょう”などわかりやすい指示を与えてください」と述べられている。りんごの木が例示されたのは，コッホが「幼い子には「リンゴの木を画きましょう」と子供にわかりやすい指示を与えることをすすめている」（国吉ら，1962）と思われていたからであろう。

一方，5歳児クラスの幼児を対象にした中尾・吉川（1978）では，「幼稚園児の場合は，どんな木でもよろしいから，木を1本描くように受け持ちの先生から話してもらっている」とし，幼児向けの教示が使用されているが，りんごの木を例に挙げていない。

津田（1992）は，通常の教示をより分かりやすくする工夫として，幼児などには「十分に」の代わりに「気のすむまで，精一杯，一生懸命に」と言い換える方法を示している。

なお，発達指標を検討した一谷ら（1968），コッホのバウムテストであっても敢えて“木の絵”の教示を使って幼児から中学生までのバウムを検討した高見・中田（1978），樹冠と幹の比率の発達調査を行った山下（1981・1982），子どものバウムテストを検討した相馬（1998）では，幼児向けの教示に言及されていないので，幼児に対しても通常の教示が使用されたと判断した。なお，筆者は対象によって教示は変えるべきではないという立場から，すべての被検者に対して同じ教示を使用している。

以上のことから，幼児向けの教示については，幼児に対しても通常の教示が使用されている場合と，“実のなる木”を使用しないで，りんごの木あるいはどんな木でもよいとする場合の二通りがあることが分かった。

資料 5

掲載バウムについて

被検者の学年（年齢），性別，バウムの樹種，臨床事例における主訴あるいは診断名の順に示す。

養級は養護学級，養護は養護学校中等部あるいは高等部，☆印は5歳児クラス後期に相当する時期に実施された標準児童のバウムを示し，○印は臨床事例であることを示す。

「？」は，「(何の木か) 分からない」，「…」は質問に対して反応が無かったことを示し，記入もれあるいは聞き忘れの場合は不明とした。

そして，当該バウムが調査対象群に含まれていない場合には△印を付け，また，バウムを拡大表示した場合は，紙面の枠を省いた。

図 16a　5歳児前期　女　？
図 16b　5歳児後期　男　実のなる木
図 16c　5歳児後期　男　みかん
図 16d　4歳児前期　男　柿
図 21a　医療系　26歳　男△　不明
図 22a　5歳児後期　男△　柿
図 22b　5歳児後期　女　ぶどう
図 22c　小3　女　びわ
図 22d　小5　男△　何とかバナナの木　○低学力・爪噛み
図 24a　5歳児後期　女　りんご
図 24b　5歳児後期　女　りんご
図 24c　5歳児前期　男　柿
図 24d　小1　男　りんご　○チック
図 27b　母親　39歳　りんご
図 28a　5歳児後期　女　みかん
図 28b　小1　男　みかん
図 28c　小6　女　四角いりんご
図 31a　医療系　年齢不明　男　真理
図 31b　小2　男　りんご
図 38a　4歳児後期　女　柿

図 38b　5 歳児前期　男　夏の木
図 38c　3 歳児後期　男　実のなる木
図 38d　中 1　女△　普通の木　○同年代の子どもと遊べない・学力不振
図 39a　3 歳児後期　男　実の木
図 39b　4 歳児前期　男　？
図 39c　4 歳児後期　女　？
図 39d　4 歳児前期　女　？
図 40a　医療系　28 歳　男　命の木
図 40b　母親　33 歳　樹種不明
図 40c　デイケア参加者　27 歳　女△　りんご　○高機能自閉症
図 40d　デイケア参加者　年齢不明　男△　楠，楠は葉が落ちないので桜にします
○躁うつ病
図 42a　4 歳児前期　男　柿
図 42b　5 歳児後期　男　りんご
図 42c　5 歳児前期　女　りんご
図 42d　4 歳児前期　女　柿
図 45a　小 2　男　？　○夜尿
図 45b　小 1　男　梅干しの木
図 45c　小 4　男　みかん
図 45d　女性高齢者　66 歳　夏みかん
図 45e　母親　46 歳　柿
図 46f　小 5　男　りんご
図 46g　小 6 養級　男△　実のある木　○発達の遅れ・落ち着きない
図 46h　母親　36 歳　りんご
図 48a　3 歳児後期　男　僕の木
図 48b　3 歳児後期　女　みどりの木
図 48c　小 2 養級　女△　木　○ダウン症候群
図 48d　3 歳児前期　女　柿
図 48e　3 歳児後期　男　りんご
図 48f　3 歳児前期　女　柿
図 49-1　中 3 養護　女△　？　○知的障害・二分脊椎
図 49-2　小 6　女　りんご
図 49-3　6 歳　男☆△　実のなる木
図 49-4　中 1　女△　りんご　○やせ願望

図 49-5　小 4　男　みかん
図 49-6　5 歳児前期　男　はっぱの木
図 49-7　5 歳児前期　男　りんご
図 49-8　小 5　女　りんご
図 49-9　中 3　男△　枝のある木　○朝起きられない・低学力・進路相談
図 49-10　小 5 養級　男△　？　○集団の中で緊張する
図 49-11　母親△　年齢不明　サクランボ
図 49-12　中 1　男　柿　○学校に行きたくない
図 49-13　中 3　男△　小学校にあった木を思い出した　○歩行困難
図 49-14　小 4　男　柿
図 49-15　母親　39 歳　みかん
図 49-16　中 3　男　りんご　○頭痛・不登校傾向・反抗的
図 49-17　高 1　男△　みかん　図 49-16 と同一人物
図 49-18　5 歳　男☆△　「…」
図 49-19　小 2　男　みかん
図 49-20　小 6　男　柿
図 49-21　4 歳児前期　女　実の木
図 49-22　小 3　男　柿
図 49-23　4 歳児前期　女　りんご
図 49-24　小 1　男　みかん
図 49-25　小 5　男　りんご
図 49-26　医療系　18 歳　男　柿
図 49-27　医療系　28 歳　男　りんごのつもり
図 49-28　母親△　年齢不明　大木
図 49-29　3 歳児後期　男　？
図 49-30　5 歳　女☆△　？
図 49-31　中 1 養護　男△　「…」　○自閉症
図 49-32　母親　年齢不明　びわ
図 50-1　小 3　男　柿　○気にいらないと暴れる
図 50-2　4 歳児後期　女　柿
図 50-3　5 歳児後期　女　サクランボ
図 50-4　4 歳児後期　男　柿
図 50-5　小 6　女　木ぶどう
図 50-6　母親　39 歳　りんご

図 50-7　５歳　女☆△　りんご
図 50-8　デイケア参加者　48 歳　女△　りんご　◯統合失調症
図 50-9　中２　女　特になし　◯心因性難聴
図 50-10　小３　男　りんご
図 50-11　デイケア参加者　36 歳　女△　特になし　◯統合失調症
図 50-12　母親　38 歳　柿
図 50-13　母親　38 歳　りんご
図 50-14　５歳児前期　男　りんご
図 50-15　小４　男　みかん
図 50-16　４歳児前期　男　ぶどう
図 50-17　小５　女　特になし　◯不登校
図 50-18　６歳　男☆△　柿
図 50-19　５歳児前期　男　？
図 50-20　小２養級　男△　みかん　◯対人関係がとりにくい
図 50-21　５歳児前期　男　りんご
図 50-22　小４　女　ヤシ
図 50-23　小４　女　ヤシ
図 50-24　女性高齢者△　年齢不明　ぶどう
図 50-25　小１　男　りんご
図 50-26　作業所利用者　29 歳　男△　りんご　◯知的障害・てんかん
図 50-27　５歳　男☆△　柿
図 50-28　医療系　19 歳　男　りんご
図 50-29　小２　女　ぶどう
図 50-30　31 歳　女△　楠　◯統合失調症
図 50-31　母親　36 歳　柿
図 50-32　小５　男△　りんご　◯学習の遅れ・集中力ない
図 52a　母親△　年齢不明　柿かと思っても具体的に柿がどうなっているかわかりません
図 52b　４歳児前期　男　実のなる木
図 52c　４歳児前期　男　トマト
図 52d　小３　男△　忘れた　◯嘘をつく・落ち着きない・髄膜炎の既往あり
図 52e　高１　女△　りんご　◯相手の気持ちが分からない
図 52f　小４　女　みかん
図 52g　母親△　年齢不明　ぶどう

図52h　デイケア参加者　年齢不明　男△　？　○統合失調症
図56a　４歳児前期　女　生きてる人
図56b　３歳児後期　女　人間の木
図56c　４歳児後期　女　「…」
図56d　３歳児後期　女　桃
図56e　小２　女　りんご
図56f　小２　女△　りんご
図56g　中１　男△　実の木　○自閉症・学校でパニック起こす（地域の中学校に養護学級がないので普通学級に在籍）
図56h　高２養護　男△　葉っぱの木　○知的障害
図59a　５歳　男☆△　ぶどう
図59b　３歳児後期　女　？
図59c　５歳　男☆△　葉っぱの木
図62a　３歳児後期　男　りんご
図62b　４歳児前期　男　桜
図62c　４歳児前期　男　葉っぱの木
図62d　４歳児後期　男　葉っぱの木
図63a　４歳児前期　男　どんぐり
図63b　４歳児前期　女　？
図63c　５歳　女☆△　「…」
図63d　３歳児前期　女　木
図64a　４歳児後期　男　？
図64b　５歳児前期　男　柿
図64c　４歳児後期　女　葉っぱの木
図64d　中１　男　？　○不登校
図65a　小６　女　りんご
図65b　５歳児後期　男　りんご
図65c　小６　男　りんご
図65d　５歳児後期　男　みかん
図65e　小１　男　樹種不明
図65f　４歳児後期　男　？
図65g　５歳児前期　男　みかん
図65h　６歳　男☆△　柿
図66a　５歳　女☆△　りんご

図 66b　小 5　男△　りんご
図 66c　4 歳児後期　男　杉
図 66d　6 歳　男☆△　実のなる木
図 66e　5 歳児前期　男　柿
図 66f　5 歳児後期　男　柿
図 66g　5 歳児後期　女　りんご
図 67a　小 5　男　りんご
図 67b　小 2　女　いちご
図 67c　3 歳児後期　女　りんご
図 67d　5 歳　男△　？　○登園しぶり，緊張すると頭痛・腹痛
図 68a　小 6　男△　普通の木　○落ち着きない・集団生活できない
図 68b　小 1　女　りんご
図 68c　小 4　女　りんご
図 68d　看護　18 歳　りんご
図 68e　小 2　女　りんご
図 68f　小 4　男　スイカ
図 68g　4 歳児後期　女　いちご
図 68h　5 歳児前期　男　みかん
図 69a　小 5　男　りんご
図 69b　養護高等部卒在宅　18 歳　男△　木　○自閉症
図 69c　小 2　女　柿
図 69d　母親　年齢不明　みかん
図 70a　4 歳児後期　女　りんご
図 70b　小 3　女　みかん
図 70c　小 3　男　みかん
図 70d　5 歳児後期　女　桜
図 70e　医療系　19 歳　女　りんご
図 70f　4 歳児後期　女　りんご
図 71a　小 4　男　柿
図 71b　小 4　男　りんご
図 71c　小 5　女　サクランボ
図 71d　アルバイト　19 歳　男△　りんご　○要領が悪い・人目が気になる
図 72a　小 4　男　りんご
図 72b　5 歳児後期　女　りんご

図 72c　小 4　男　ぶどう
図 72d　小 1　女　りんご
図 73a　6 歳　男☆△　りんご
図 73b　小 2　男　りんご
図 73c　6 歳　女☆△　りんご
図 73d　小 4　男　梨
図 73e　5 歳児後期　女　みかん
図 73f　小 3　男　みかん
図 73g　小 2　女　梅（盆栽）
図 73h　4 歳児前期　女「…」
図 74a　5 歳児後期　男　朝顔
図 74b　5 歳児後期　男　りんご
図 74c　小 3　女　りんご
図 74d　小 3　男　色々な実のなる木
図 75a　5 歳前期　男　りんご
図 75b　4 歳後期　男　？
図 75c　小 3　男　ぶどう
図 75d　5 歳児後期　女　りんご
図 75e　4 歳児後期　男　柿
図 75f　母親　27 歳　りんごやみかんの木なら書けるけど，木は大きい木しか浮かばない。大きい木は松やけやき。松やけやきに実がなるのは……
図 75g　6 歳　男☆△　柿
図 75h　5 歳児後期　男　りんご
図 77a　小 6　男　りんご
図 77b　小 1　女　りんご
図 77c　デイケア参加者　34 歳　女△　りんご　○統合失調症
図 77d　4 歳児後期　男「…」
図 77e　小 4　女　りんご
図 77f　小 6　男　実のなる木
図 77g　看護　18 歳　女　特になし
図 77h　小 1　男　柿
図 78a　小 3　男△　りんご
図 78b　3 歳児後期　女「？」
図 78c　4 歳児後期　女　りんご

図78d　小3　女△　実になる木　○頭痛・算数の時間にパニック起こす
図81a　主婦　41歳　女△　りんご　○何もする気がしない
図81b　母親　35歳　柿
図81c　デイケア参加者　53歳　男△　いちょう　○統合失調症

資料 6

58 指標の指標名一覧表

No	指標名	巻末の指標名	グラフ	表番号
1	全水平枝	Waagrechte Äste, rein		
2	一部水平枝	Waagrechte Äste, vereinzelt		
3	直線枝	Gerade Äste		5
4	十字型	Kreuzformen		6
5	一線幹	Strichstamm		1
6	二線幹	Dopperstrichstamm		
7	全一線枝	Strichast	○	2
8	一部一線枝	Strichast, vereinzelt		3
9	全二線枝	Doppelstrichast	○	4
10	全直交分枝	Winkelast, rein		25
11	一部直交分枝	Winkelast, vereinzelt		26
12	地面までの枝	Äste bis zum Borden		9
13	一部低在枝	Tiefliegende Äste, vereinzelt		10
14	幹の中の葉や実	Blätter und Früchte in Stamm		
15	幹，幹と付属の枝	Stamm ohne Krone, kurze Äste		
16	日輪型や花型	Sonnenrad und Blumenform		8
17	暗く塗られた幹	Dunkelfärbung, Stamm	○	29
18	暗く塗られた枝	Dunkelfärbung, Ast		31
19	陰影手法の樹冠	Krone in Schattenmanier (nicht Äste)		30
20	実	Früchte	○	43
21	葉	Blätter	○	42
22	花	Blüten		
23	大きすぎる実や葉	Übergrose Früchte und Blätter	○	44
24	黒塗りの実や葉	Früchte und Blätter geschwärzt		32
25	空中の実	Früchte frei in Raum (Kugelbaum)		45
26	落ちる，あるいは落ちた実，葉，枝	Früchte/Blüten/Äste fallend/abgefallen		46
27	空間倒置	Raumverlagerungen		7
28	一線根	Strichwurzel		14

No	指標名	巻末の指標名	グラフ	表番号
29	二線根	Doppelstrichwurzel		15
30	モミ型幹	T-Stamm		17
31	半モミ型幹	Halb-T-Stamm		18
32	円錐幹	Kegelstamm		16
33	幹下縁立	Stammbasis auf Blattrand	○	11
34	まっすぐな根元	Stammbasis gerade	○	12
35	球形樹冠	Kugelkrone		20
36	カール状樹冠	Kugelkrone in Lockenmanier		
37	もつれた線の樹冠	Krone mit Liniengewirr, Kritzelei		
38	管状枝	Röhrenäste		21
39	さまよった長すぎる枝	Schweifungen, überlange Äste		27
40	さまよって空間をうめる	Schweifungen, Raumfüllungen		
41	樹冠における主題の変化	Themawechsel in Krone		
42	幹上直	Lötstamm	○	22
43	枝先直	Lötast		23
44	切断された枝，折れた枝，折れた幹	Astschnitt, Astbruch, Stammbruch		35
45	幹の瘤や凹み	Stammkeröpfe, Kerben		19
46	積み重ね型，建て増し	Additive Formen, Aufstockungen		24
47	ステレオタイプ	Stereotypien		28
48	留め杭や支柱	Pflock und Stutzen		34
49	梯子	Leitern		41
50	格子で保護，針金	Schutzgitter, Draht		
51	変質型	Degenerationsformen		13
52	前方に突き出た枝	Dritte Dimension (ohne “Augen”)		36
53	逆向きの分枝	Gegenzüge an den Ästen		33
54	付属品	Zuberhör, Vögel, Häuschen, Herzchen		40
55	多くの風景	Viel Landschaft		38
56	ほのめかされるだけの風景	Landschaft nur angedeutet	○	39
57	島や丘の形	Inseln, Hügelformen		
58	上縁はみ出し	Über den obern Blattrand hinausgezeichnet		37

資料7

58指標の出現率一覧表（コッホ）(1)

No	指標	幼稚園	初等学校1年	初等学校2年	初等学校3年	初等学校4年	初等学校5年	初等学校6年	初等学校7年	初等学校8年
1	全水平枝	0.8	0.0	0.0	0.0	0.0	1.4	0.4	0.5	0.0
2	一部水平枝	4.7	3.2	0.0	4.5	4.7	4.6	7.0	4.4	8.2
3	直線枝	27.8	5.6	10.5	4.5	1.9	1.9	0.8	2.5	0.0
4	十字型	10.2	10.2	6.6	3.2	4.3	3.7	9.5	2.9	1.6
5	一線幹	1.6	0.9	0.9	0.0	1.4	0.0	0.8	0.0	0.0
6	二線幹	98.4	99.1	98.7	100.0	98.6	100.0	99.2	100.0	100.0
7	全一線枝	61.6	52.3	38.9	26.2	29.4	10.2	30.5	15.2	18.6
8	一部一線枝	2.0	1.9	2.2	3.6	3.8	1.9	4.5	3.9	8.2
9	全二線枝	17.6	24.1	49.8	71.5	66.8	86.6	70.8	81.4	74.3
10	全直交分枝	19.2	0.9	1.3	4.5	0.5	0.5	1.2	0.0	1.6
11	一部直交分枝	22.0	24.5	34.5	24.0	21.8	16.2	27.6	30.4	19.7
12	地面までの枝	5.9	0.9	0.4	0.0	0.9	0.0	0.8	0.0	0.5
13	一部低在枝	5.1	6.5	5.2	6.8	6.2	9.3	6.2	5.9	10.4
14	幹の中の葉や実	0.4	0.0	0.0	0.0	0.0	0.0	0.0	0.0	0.0
15	幹，幹と付属の枝	2.0	0.5	0.0	0.0	0.0	0.0	0.0	0.0	0.0
16	日輪型や花型	6.3	0.0	0.0	0.0	0.0	0.0	0.0	0.0	0.0
17	暗く塗られた幹	60.0	25.9	13.5	28.1	15.2	13.4	28.0	27.5	41.5
18	暗く塗られた枝	12.2	7.9	4.4	17.2	7.1	7.9	18.5	20.1	25.1
19	陰影手法の樹冠	9.8	2.3	1.3	5.0	1.4	1.9	2.9	7.4	5.5
20	実	67.5	53.7	38.9	35.7	25.1	10.2	14.0	10.8	11.5
21	葉	36.5	33.8	25.8	41.6	44.5	40.3	41.2	34.3	38.3
22	花	0.4	0.5	0.0	0.5	0.9	0.9	0.8	0.0	0.0
23	大き過ぎる実や葉	47.5	21.8	11.4	13.1	8.1	5.6	4.9	4.9	1.1
24	黒く塗った実や葉	39.2	11.1	7.4	8.6	3.8	5.1	6.2	4.9	9.8
25	空中の実	13.7	22.7	9.2	1.4	3.3	2.3	0.8	1.0	0.5
26	落ちる，あるいは落ちた実，葉，枝	16.9	19.0	7.4	9.5	10.4	5.1	7.4	15.2	10.4
27	空間倒置	20.8	1.9	3.9	2.3	0.9	0.5	1.2	1.5	0.0
28	一線根	1.6	2.3	2.2	2.3	3.3	1.4	5.8	2.0	0.5
29	二線根	1.2	3.7	4.4	18.6	12.3	19.9	10.7	15.2	13.7
30	モミ型幹	3.9	1.9	8.3	3.6	7.1	5.6	14.8	8.8	4.9
31	半モミ型幹	9.4	16.2	14.0	14.0	5.7	4.2	1.6	4.4	0.5
32	円錐幹	4.3	12.0	11.8	7.2	7.1	3.7	3.7	2.9	1.6
33	幹下縁立	75.3	47.7	42.8	31.2	18.5	3.2	0.8	9.3	4.9
34	まっすぐな根元	43.1	30.1	17.9	7.2	9.0	2.3	4.1	0.0	4.4
35	球形樹冠	21.2	23.6	10.9	5.4	6.6	15.3	2.9	15.2	15.8

No	指　標	幼稚園	初等学校1年	初等学校2年	初等学校3年	初等学校4年	初等学校5年	初等学校6年	初等学校7年	初等学校8年
36	カール状樹冠	1.6	0.0	0.0	0.9	0.5	0.9	2.1	1.5	4.4
37	もつれた線の樹冠	0.8	0.5	0.4	1.4	0.0	1.9	1.2	1.5	0.5
38	管状枝	0.4	0.0	13.5	5.4	8.5	15.3	9.5	14.7	17.5
39	さまよった長すぎる枝	16.1	13.9	12.7	14.0	13.3	12.0	16.0	13.2	7.1
40	さまよって空間をうめる	0.4	0.9	1.3	3.2	3.8	3.2	0.4	1.0	2.2
41	樹冠における主題の変化	2.4	0.9	0.9	0.5	0.0	1.4	0.0	0.0	0.0
42	幹上直	70.2	44.0	37.1	22.6	13.3	0.9	4.1	2.0	0.5
43	枝先直	12.5	5.1	14.8	10.4	5.2	0.0	0.8	0.5	0.0
44	切断された枝，折れた枝，折れた幹	1.6	1.9	5.2	10.0	18.5	13.0	3.7	13.2	14.2
45	幹の瘤や凹み	0.0	0.0	1.7	2.7	0.9	10.2	3.3	5.9	1.6
46	積み重ね型，建て増し	3.5	5.1	6.6	5.4	2.4	2.8	3.3	5.4	0.5
47	ステレオタイプ	18.4	6.5	9.6	6.8	5.7	5.1	3.7	1.5	0.5
48	留め杭や支柱	0.8	0.9	0.4	1.4	3.8	2.3	4.9	6.9	14.2
49	はしご	11.8	6.9	5.2	3.2	0.9	0.9	1.6	0.5	1.6
50	格子で保護，針金	0.0	0.0	0.0	0.9	0.9	0.5	1.6	0.0	1.6
51	変質型	0.0	0.0	2.2	1.4	2.4	3.2	1.2	3.9	1.1
52	前方に突き出た枝	0.0	0.0	0.9	1.8	6.2	7.4	7.8	4.4	3.3
53	逆向きの分枝	0.0	1.4	0.0	2.3	3.3	3.2	3.7	1.0	2.7
54	付属品	5.5	7.4	5.2	13.1	9.0	8.3	5.8	4.9	6.0
55	多くの風景	22.4	34.7	19.2	13.6	7.1	15.3	0.4	3.4	9.8
56	ほのめかされるだけの風景	25.1	26.4	19.7	31.2	46.9	35.2	60.9	55.9	65.6
57	島や丘の形	0.4	4.2	0.0	3.2	1.4	2.3	1.6	1.0	3.8
58	上縁はみ出し	2.0	2.8	11.8	22.2	12.3	12.0	4.1	8.8	4.9

58 指標の出現率一覧表（コッホ）(2)

No	指　標	第二学校1年	第二学校2年	第二学校3年	半熟練工15~16歳	半熟練工16~17歳	半熟練工20歳~	商店員	知的障がい者	アフリカ人生徒
1	全水平枝	0.5	0.0	0.0	0.0	4.7	4.4	0.0	8.9	0.0
2	一部水平枝	3.2	6.6	1.7	5.8	7.4	6.1	10.6	12.5	0.0
3	直線枝	0.9	2.4	1.3	2.6	0.5	0.4	1.5	32.1	4.5
4	十字型	3.2	0.9	0.9	0.0	1.4	0.0	0.0	30.4	13.6
5	一線幹	0.0	0.0	0.4	1.9	0.0	2.6	0.0	17.9	0.0
6	二線幹	100.0	100.0	99.6	98.1	100.0	97.4	100.0	75.0	100.0
7	全一線枝	11.4	4.3	9.9	19.5	26.0	31.9	22.7	62.5	59.1
8	一部一線枝	7.3	4.7	6.9	6.5	3.7	5.7	1.5	1.8	4.5
9	全二線枝	75.9	87.7	73.7	76.0	66.0	62.0	59.1	14.3	40.9
10	全直交分枝	0.0	0.0	0.0	0.6	0.9	1.3	0.0	12.5	0.0
11	一部直交分枝	17.7	24.6	10.8	26.6	29.3	16.6	10.6	16.1	54.5
12	地面までの枝	0.0	0.0	0.0	1.3	0.5	0.0	0.0	46.4	0.0
13	一部低在枝	9.5	10.0	8.6	7.8	6.0	3.9	3.0	3.6	27.3
14	幹の中の葉や実	0.0	0.0	0.0	0.0	0.0	0.0	0.0	0.0	0.0
15	幹，幹と付属の枝	0.0	0.0	0.0	0.0	0.0	0.0	0.0	1.8	0.0
16	日輪型や花型	0.0	0.0	0.0	0.0	0.0	0.0	0.0	5.4	0.0
17	暗く塗られた幹	40.9	45.0	55.6	29.2	30.7	24.0	27.3	44.6	59.1
18	暗く塗られた枝	27.3	39.8	38.4	11.0	13.0	12.2	21.2	10.7	13.6
19	陰影手法の樹冠	15.9	26.5	17.7	0.0	2.3	2.2	15.2	5.4	0.0
20	実	7.7	5.2	7.8	算出せず	26.0	24.0	12.1	32.1	54.5
21	葉	25.5	19.9	22.0	算出せず	37.7	39.3	24.2	3.6	95.5
22	花	0.9	0.0	0.0	算出せず	算出せず	算出せず	0.0	1.8	9.1
23	大き過ぎる実や葉	3.2	1.4	1.3	7.1	11.6	8.7	6.1	25.0	45.5
24	黒く塗った実や葉	1.8	6.2	7.8	0.6	7.0	5.7	1.5	12.5	18.2
25	空中の実	0.9	0.0	0.0	0.6	0.9	0.9	1.5	5.4	0.0
26	落ちる，あるいは落ちた実，葉，枝	3.6	4.7	4.7	1.9	3.7	2.2	1.5	7.1	9.1
27	空間倒置	0.0	0.0	0.0	3.2	2.3	0.9	3.0	19.6	13.6
28	一線根	2.3	0.5	1.3	9.1	8.8	11.8	1.5	8.9	100.0
29	二線根	16.8	8.1	11.2	7.8	11.6	7.9	18.2	7.1	0.0
30	モミ型幹	4.5	11.8	9.5	20.1	17.7	15.3	12.1	30.4	9.1
31	半モミ型幹	2.3	0.9	0.4	15.6	7.9	8.7	10.6	10.7	45.5
32	円錐幹	0.5	1.9	0.0	7.8	14.9	9.6	10.6	8.9	9.1
33	幹下縁立	3.2	2.4	0.0	9.1	2.8	5.7	7.6	12.5	27.3
34	まっすぐな根元	4.1	2.8	2.2	7.1	3.7	3.9	7.6	32.1	0.0
35	球形樹冠	18.2	21.8	16.4	6.5	3.7	8.7	50.0	7.1	0.0

No	指　標	第二学校1年	第二学校2年	第二学校3年	半熟練工15~16歳	半熟練工16~17歳	半熟練工20歳~	商店員	知的障がい者	アフリカ人生徒
36	カール状樹冠	2.3	2.4	5.2	1.9	2.8	5.2	15.2	0.0	0.0
37	もつれた線の樹冠	2.3	4.3	1.3	0.0	0.0	0.0	3.0	0.0	4.5
38	管状枝	13.6	18.5	4.3	17.5	16.3	21.4	13.6	1.8	40.9
39	さまよった長すぎる枝	17.3	9.0	8.6	24.0	7.4	4.4	6.1	12.5	0.0
40	さまよって空間をうめる	2.3	4.7	3.4	0.6	0.0	0.9	0.0	0.0	4.5
41	樹冠における主題の変化	0.0	0.0	0.0	0.0	1.9	0.9	0.0	0.0	36.4
42	幹上直	0.5	0.5	0.4	13.0	12.6	12.7	0.0	28.6	9.1
43	枝先直	0.0	0.5	0.0	1.9	2.3	0.9	0.0	1.8	0.0
44	切断された枝, 折れた枝, 折れた幹	7.3	15.2	14.2	12.3	10.7	3.5	12.1	0.0	0.0
45	幹の瘤や凹み	3.6	3.8	2.6	5.2	6.5	4.8	1.5	0.0	4.5
46	積み重ね型, 建て増し	4.1	2.8	0.9	10.4	8.4	2.2	0.0	1.8	18.2
47	ステレオタイプ	1.8	0.0	0.0	4.5	2.8	2.2	0.0	25.0	0.0
48	留め杭や支柱	5.0	6.2	10.8	1.3	0.9	0.4	0.0	0.0	0.0
49	はしご	0.0	1.4	1.3	0.0	0.0	0.0	0.0	1.8	0.0
50	格子で保護, 針金	1.8	1.9	0.9	0.0	0.5	0.0	0.0	0.0	9.1
51	変質型	2.3	2.8	1.3	2.6	5.6	1.7	3.0	1.8	0.0
52	前方に突き出た枝	3.6	5.2	4.3	算出せず	算出せず	算出せず	7.6	3.6	4.5
53	逆向きの分枝	0.9	5.7	1.7	14.3	9.3	7.9	3.0	3.6	4.5
54	付属品	0.9	1.9	5.2	1.3	0.9	0.0	0.0	0.0	0.0
55	多くの風景	5.5	2.4	5.2	0.0	0.0	0.0	9.1	7.1	13.6
56	ほのめかされるだけの風景	52.7	44.1	44.4	41.6	30.2	43.7	53.0	37.5	0.0
57	島や丘の形	1.4	3.3	2.6	5.2	1.9	6.1	0.0	1.8	0.0
58	上縁はみ出し	5.9	5.7	3.4	0.0	1.4	0.0	1.5	0.0	0.0

資料 8

バウムの樹種（関西地方）

大分類	中分類	樹種名	標準幼児群	標準児童群	医療系学生群	看護学生群	臨床母親群	女性高齢者群	情緒障がい児群	計
果樹	代表的果樹	りんご	589	889	163	138	146	2	80	2,007
		柿	195	163	51	4	58	7	20	498
		みかん	202	170	22	3	23	2	17	439
		サクランボ	107	81	2	8	2	0	5	205
		ぶどう	72	66	11	2	2	2	2	157
	トロピカルフルーツ	ヤシ	3	15	14	4	1	0	3	40
		バナナ	13	8	1	0	0	0	1	23
		パパイア	0	0	0	0	1	0	0	1
		マンゴー	0	0	2	0	0	0	0	2
	その他の果樹	桃	39	13	4	1	2	0	3	62
		びわ	7	50	0	0	2	0	1	60
		梨	8	18	6	4	3	0	1	40
		栗	11	5	3	1	0	0	3	23
		イチジク	1	0	1	0	1	0	2	5
		レモン	2	4	0	0	0	1	0	7
		夏みかん	0	1	3	1	0	1	0	6
		オレンジ	1	0	1	0	1	0	0	3
		ざくろ	0	2	1	1	0	1	0	5
		ぐみ	0	1	0	0	0	0	0	1
		洋ナシ	0	0	2	1	0	0	0	3
		胡桃	1	1	0	0	0	0	0	2
		グレープフルーツ	0	1	2	0	0	0	0	3
		八朔	0	0	1	0	0	0	0	1
		山もも	0	0	0	0	1	0	0	1
		オリーブ	0	0	1	0	0	0	0	1
		あけび	0	1	0	0	0	0	0	1
		文旦	0	0	1	0	0	0	0	1
果樹以外の木	果物以外の実のなる木	イチョウ	2	1	12	2	1	0	3	21
		南天	1	0	2	0	0	3	0	6
		樫	2	0	1	1	0	1	0	5
		しい	0	0	0	0	0	0	1	1
		くぬぎ	0	0	0	0	0	0	1	1
		ぶな	0	0	1	0	0	0	0	1
		もち	0	1	0	0	0	0	0	1
		千両	0	0	0	0	0	1	0	1

大分類	中分類	樹種名	標準幼児群	標準児童群	医療系学生群	看護学生群	臨床母親群	女性高齢者群	情緒障がい児群	計
果樹以外の木	花　木	桜	41	15	8	2	2	0	5	73
		梅	13	9	0	0	1	0	2	25
		バ　ラ	3	0	0	0	0	0	0	3
		アジサイ	2	0	0	0	0	0	0	2
		藤	1	1	0	0	0	0	0	2
		椿	0	0	0	0	1	0	0	1
		泰山木	0	1	0	0	0	0	0	1
	針葉樹	松	0	1	3	1	2	2	0	9
		杉	0	0	0	0	1	0	0	1
		モ　ミ	2	0	0	1	0	0	0	3
	その他の木	モミジ	2	0	0	1	0	0	3	6
		ケヤキ	0	0	0	0	0	0	1	1
		柳	1	0	0	0	0	0	0	1
		バオバブ	0	0	1	0	0	0	0	1
計			1,321	1,518	320	176	251	23	154	3,763
群別の全反応数に占める具体的な樹種名を伴った反応の割合（%）			53.7	92.8	78.2	72.7	79.7	62.2	56.0	70.0

索　引

ア　行

カ　行

サ　行

タ　行

ナ　行

ハ　行

マ 行

ヤ 行

ラ 行

ワ 行

著者略歴

中島ナオミ（なかしま なおみ）

1971 年　関西学院大学文学部心理学科卒業

　　　　大阪府立公衆衛生研究所精神衛生部勤務

1998 年　大阪教育大学大学院精神・社会健康科学コース修了

2003 年　大阪府退職，関西女子短期大学助教授

2005 年　甲子園大学大学院博士後期課程満期退学

2007 年　関西福祉科学大学准教授

2012 年　同大学教授

2014 年に同大学を退職し，現在に至る。博士（人間文化学）・臨床心理士

著訳書

『スタディガイド心理学』（分担執筆）ナカニシヤ出版，コッホ『バウムテスト第 3 版——心理的見立ての補助手段としてのバウム画研究』（共訳）誠信書房，『投映法研究の基礎講座』（第 3 章：描画法　共著）遠見書房

バウムテストを読み解く——発達的側面を中心に

2016 年 9 月 5 日　第 1 刷発行

著　者　中島ナオミ

発行者　柴田敏樹

印刷者　田中雅博

発行所　株式会社　誠信書房

〒112-0012　東京都文京区大塚 3-20-6

電話　03（3946）5666

http://www.seishinshobo.co.jp/

印刷所／創栄図書印刷　製本所／協栄製本　落丁・乱丁本はお取り替えいたします

ISBN978-4-414-41617-6 C3011

S-HTP法

統合型HTP法による
臨床的・発達的アプローチ

三上直子著

S-HTP法（統合型HTP法）の成立過程，実施と評価の仕方，統合失調症・うつ病・境界例などの臨床的研究，幼児から大学生までの発達的研究について，200枚以上の絵と統計データを使いながら詳細に論じている。

主要目次

第1章　S-HTPの成立過程
Ⅰ描画テストとは / Ⅱ課題画テストの成立 / Ⅲ BuckのHTP法 / 他
第2章　S-HTPの評価
Ⅰ評価の手掛かり / Ⅱ全体的評価 / Ⅲ人の評価 / Ⅳ家の評価 / Ⅴ木の評価
第3章　S-HTPの研究
PART1：S-HTPの臨床的研究 / PART2：S-HTPの発達的研究
第4章　S-HTPについての総括的考察
Ⅰ S-HTPの有効性について / Ⅱ S-HTPにおける統計的アプローチと現象学的アプローチ

A5判上製　定価(本体3500円+税)

S-HTPに表れた発達の停滞

三沢直子著

地域コミュニティが崩壊し，他者との関わり方が大きく変化した現代社会で，子どもの心が育ちにくくなっている。臨床家はそこにどうアプローチできるか。S-HTP法の第一人者である著者による最新の研究データから，180枚超の絵とともに現状の課題と展望を解説する。

目次

第1章　描画テストに表れた子どもの心
第2章　問題に対するS-HTPを用いたアプローチ
Part 1.　タイの小学生のS-HTP画との比較
Part 2.　保育園での試み――子どもの問題を保護者に伝える
Part 3.　小学校での試み――先生の関わりで1981年の絵が蘇った！
第3章　S-HTPの標準化に向けての試み
Part 1.　S-HTPの評定用紙の作成と各判断基準についての研究
Part 2.　S-HTPにおける発達的要素・環境的要素・個人的要素の分析

A5判上製　定価(本体2500円+税)